MACD

指标精讲与实战操盘

郭晓静 / 编著

中国宇航出版社

· 北京 ·

图书在版编目（CIP）数据

MACD指标精讲与实战操盘 / 郭晓静编著. -- 北京:
中国宇航出版社，2021.6
ISBN 978-7-5159-1920-1

Ⅰ. ①M… Ⅱ. ①郭… Ⅲ. ①股票投资－基本知识
Ⅳ. ①F830.91

中国版本图书馆CIP数据核字(2021)第096399号

责任编辑　卢　珊　　　封面设计　宇星文化

出版发行　中国宇航出版社
社　址　北京市阜成路8号　　邮　编　100830
(010)60286808　　(010)68768548
网　址　www.caphbook.com
经　销　新华书店
发行部　(010)60286888　　(010)68371900
(010)60286887　　(010)60286804(传真)
零售店　读者服务部
(010)68371105
承　印　北京天顺鸿彩印有限公司
版　次　2021年6月第1版　　2021年6月第1次印刷
规　格　710×1000　　开　本　1/16
印　张　13　　字　数　191千字
书　号　ISBN 978-7-5159-1920-1
定　价　39.00元

本书如有印装质量问题，可与发行部联系调换

让 MACD 指标助你盈利

（代序）

长期以来，很多投资者都在尝试寻找更好用的技术分析指标和工具。不过，当大家试验了各类新的技术指标和技术工具后发现，原来最好用的工具还是最基础的那几种，比如，MACD 指标就是其中最经典的代表。MACD 指标在技术指标分析领域有“指标之王”的美誉，由此可见其受欢迎的程度。

从杰拉尔德·阿佩尔(Gerald Appel)发明 MACD 指标至今，MACD 指标已经得到了市场上投资者的普遍认可。在股票交易软件中，每天借助该工具做交易分析与决策的投资者数不胜数。与此同时，MACD 指标的应用途经与方法也在不断地拓展。

其一，应用领域的拓展。MACD 指标不仅在股票交易市场得到了广泛的应用，在期货市场、外汇市场也同样得到了投资者的认可；其二，分析方法的拓展。借助不同的分析框架和分析周期，使 MACD 指标的应用方法与技巧更为丰富，本书中我们就给出了多种分析框架，以供读者选择；其三，交易策略的拓展。投资者在应用 MACD 指标时，所采用的交易策略并不相同，有短线投机策略，也有中线波段交易策略。比如，同样是 MACD 指标低位金叉，超短线交易者喜欢在该信号出现后搏反弹，而有的波段交易者可能还在等待进一步明确的买入信号。

总之，学习技术指标，重点在于理解和掌握技术指标的运行原理，同时根据市场环境和自己的交易策略，有选择、有变化地使用。这就如同一部兵法，虽然很有用，但市场上读到这本书的人很多，市场上的主力读得更多，理解得也更加到位。当散户与主力相遇，大家都在读同样的兵书，谁会赢？当然是能够将兵书灵活运用的人才会笑到最后。投资者如果只知道刻板地照搬兵书上的内容，只会输得很惨。包括 MACD 指标在内的所有技术指标，在使用过程中都遵循这一原理，我们要学会这些技术指标的用法，同时也不应拘泥于这些用法，还要大胆地尝试技术指标新的应用方法。

在本书中，为了帮助投资者在短线交易、波段交易以及趋势判断等方面获得更为清晰和更加准确的交易信号，我们还尝试将 MACD 指标与其他技术指标进行组合分析，以提升交易信号的有效性和准确性。当然，有些投资者对此存在一些疑问：单独的技术指标就可以发出买卖信号，为何还要与其他技术指标组合分析，是不是多此一举？其实，这就如同股价已经出现了反弹，为何还要看技术指标是相同的道理。我们的交易必须以资金安全为前提，单独的交易信号，准确性肯定有所不足，通过多指标交易信号共振，无疑可以增加交易信号的有效性。将 MACD 指标与其他技术指标结合分析，也是基于这样的考虑。总之，一切都是为了保证资金安全，降低判断失误的概率。

股市中，能够获得最终胜利的人，肯定不是那些看了很多投资理论书籍的人，而是那些懂得灵活运用投资理论和技术分析工具的人。

目 录

第三章　金叉不败：MACD 指标金叉交易技法

第四章　背离出击：MACD 指标背离战法

第五章　顺势而为：MACD 指标趋势识别技法

第六章 短线出击：MACD 指标短线追涨技法

第七章　随波逐流：MACD 指标波段交易技法

第一章

指标之王：MACD 指标的构造及交易含义

目前，MACD 指标是公认的在识别价格运动趋势方面准确性最高的指标，也正因如此，MACD 指标才有“指标之王”的美誉。

第一节　MACD 指标的形成及发展

MACD 指标英文全称是“Moving Average Convergence and Divergence”，中文全称为“指数平滑异同移动平均线”，是由杰拉尔德·阿佩尔（Gerald Appel）在移动平均线的基础上发展出来的一种技术指标。

如图 1-1 所示，MACD 指标主要由 DIFF 快线、DEA 慢线、MACD 柱线、0 轴四部分构成。MACD 指标是很多炒股软件默认的首选指标，可见其应用的广泛性，也从侧面说明该指标是被历史检验过的最有效和最实用的指标之一。

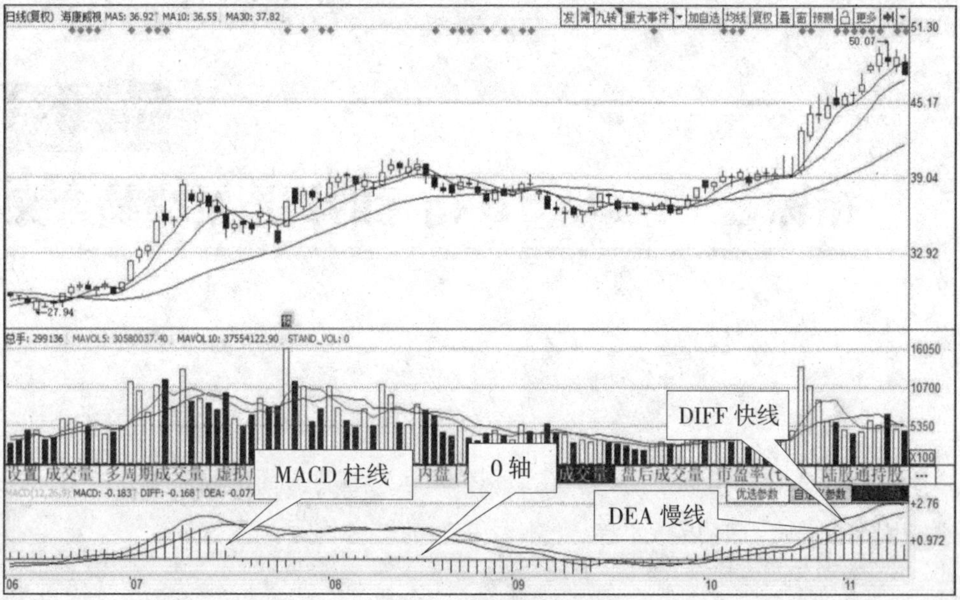

图 1-1　MACD 指标示意图

一、MACD 指标的产生

阿佩尔从 19 世纪 70 年代开始从事投资市场研究。那时正是证券分析理论蓬勃发展的年代，我们目前使用的很多技术指标，都是在那个年代产生的，比如威廉指标、RSI 指标等。MACD 指标是 1979 年在阿佩尔和弗雷德·海茨契勒（Fred Hitschler）两人合著的《股市交易系统》一书中首次提出的。

不过，在阿佩尔发明的 MACD 指标中，实际上只有两条指标线和 0 轴，并没有 MACD 柱线。MACD 柱线是由美国人托马斯·阿斯普雷（Thomas Aspray）在 1986 年加入的。从此以后，MACD 指标才变成了我们今天看到的样子。

从 MACD 指标的英文全称“Moving Average Convergence and Divergence”中可以看出该指标的核心设计思路。Moving Average，字面含义为移动平均线（MACD 指标是根据指数平滑移动平均线，即以 EMA 为基础设计出来的）；

Convergence and Divergence，指的是收敛和发散（异同），也就是说，MACD 指标对 EMA 指标进行了一定的平滑异同处理。

二、MACD 指标的参数设置

在 MACD 指标中，DIFF 线是整个指标系统的核心，DEA 线是 DIFF 线的移动平均线，MACD 柱线反映的是两者之间的差值。因此，DIFF 线的参数设置也是整个 MACD 指标参数设置的核心。

DIFF 是快速平滑移动平均线（EMA1）与慢速平滑移动平均线（EMA2）之间的差值，快慢只是时间参数不同，快速是短期的，慢速则是长期的。DEA 是连续一段时间内 DIFF 的算术平均值，因此 DEA 有自己独自的时间参数，即平滑的天数（M）。

1. 时间参数设置

根据经验，一般将快速移动平均线的时间参数（短期参数）设为 12 天，将慢速移动平均线的时间参数（长期参数）设为 26 天，而将平滑的天数（M）设为 9 天，这三个参数也是很多炒股软件中的默认参数。例如图 1–1 中，MACD（12,26,9）指的就是慢速移动平均线的时间参数为 26，快速移动平均线的时间参数为 12，平滑天数为 9。当然，投资者也可以根据个人偏好自行设置移动平均线的时间参数，具体方法如下。

第一步，将鼠标移至 MACD 指标线的位置，DIFF 快线或 DEA 慢线均可。

第二步，右击鼠标，在弹出的“对话框”中选择“修改指标参数”项目。

第三步，在弹出的“对话框”中重新设置指标参数，如图 1–2 所示。

2. 时间参数设置的依据

大多数交易软件默认的时间参数都是（12,26,9），有些投资者根据个人喜好将其换成（13,34,5）、（10,20,5）等。

（12,26,9）这组时间参数的设置主要考虑了我国股市的休市时间安排。当时我国执行每周休一天的工作休息制度，因此，“12”是两周交易日的天数，

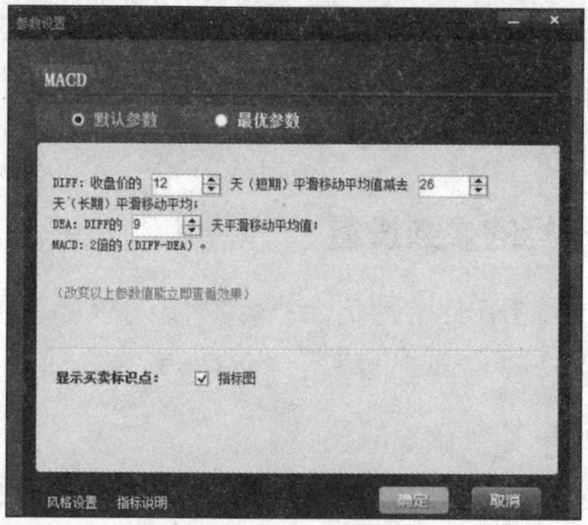

图 1-2　MACD 指标参数设置

“26”基本相当于一个月的交易天数。也就是说，这一时间参数的设置，基本是按照两周线和月线来设置的。当然，投资者也可以按照目前的休市时间安排，将其换成（10,22,9）。

个别经验丰富的投资者，将时间参数设置为（13,34,5），主要是按照斐波那契数列中的数字进行设置的。

斐波那契数列由一串神奇的数字构成：1，2，3，5，8，13，21，34，55，89，144，233，377，610，987，1597，…直至无限。构成斐波那契神奇数字排列的基础非常简单，由 1，2，3 开始，产生无限数字系列，而 3 实际上为 1 与 2 之和，以后出现的一系列数字，全部依照上述简单原则产生，即两个连续出现的相邻数字相加等于后面的数字。

很多投资者相信，斐波那契数列是一串神奇的数字，其中也蕴含了股市涨跌变化的规律，当股价运行至斐波那契数列中某一个数字所代表的时间点时，可能会发生反转或加速。

3. 市场环境与时间参数设置

无论采用哪种时间参数设置方法，都不会对 MACD 指标的运行构成太大的影响。投资者只需选择一种自己能够接受的参数即可。不过，实战中存在这样一种情况，即某一参数市场上应用的人多了，其准确性可能会降低一些，这是因为主力经常会利用大家熟知的技术指标为散户设置“陷阱”。主力想要向下打压股价，常常先小幅拉升股价，以使技术指标发出买入信号，引诱散户入场，然后再反向打压股价，将散户套在高位；反之亦然。

实战中，投资者可结合操作手法的不同，设置具有个人特点的时间参数。下面给出的时间参数仅供读者参考。

第一，在常规市场中，将 MACD 指标设置为（12,26,9）即可。

第二，在大牛市开启后，为了让自己的买入信号更加灵敏，可以尝试将 MACD 指标的参数调整为（6,19,6）。该系统通过缩短 DIFF 线、DEA 线的分析周期，可以更早地捕捉到买入信号。

第三，同样在大牛市中，卖出信号的设置要考虑股价振荡幅度增大的问题。为了不在股价振荡时过早离场，可考虑将 MACD 指标的参数系统设置为长周期的时间参数，如（19,39,9）。

第二节　MACD 指标的构成及计算方法

在 MACD 指标中，DIFF 线是最核心的指标线，其主要是通过对 EMA（指数移动平均线）的平滑计算得出，DEA 线又是根据 DIFF 线得到的，MACD 柱线则反映的是 DIFF 线与 DEA 线之间的落差关系。因此，在解析 MACD 指标各条指标线前，需要对 EMA 有所了解。

一、EMA 的计算及交易指示含义

通过前文介绍可知，DIFF 数值主要是通过短期 EMA 和长期 EMA 计算得出的，因而计算 EMA 就是 MACD 指标的基础和重要依据。

1. EMA 指标及其计算方法

EMA 指标英文全称为“Exponential Moving Average”，中文全称是“指数

平滑移动平均线”，简称“指数平均线”。它也是一种趋向类指标，本意是指以指数式递减加权的移动平均。也就是说，距离计算日越近的数据，会被赋予越大的权重，与计算日相隔较远的数据，会被赋予相对较小的权重。在炒股软件中，该指标数值多用曲线表示，所以称为指数移动平均线。

其基本计算公式为：

$$\mathrm{EMA}_n=\alpha\times C_n+(1-\alpha)\times \mathrm{EMA}_{n-1}$$

其中　EMA_n 为第 n 日 EMA；

α 为平滑系数，设定值为（$2/n+1$）；

C_n 为第 n 日收盘价；

EMA_{n-1} 为第 $n-1$ 日 EMA。

指数平均线 EMA 与我们经常见到的均线 MA 是有区别的。为了能让读者更清晰地了解指数移动平均线 EMA，下面将二者进行对照介绍。

（1）均线 MA。

移动平均线，英文名称为“Moving Average”，简称“MA”，原本的意思是移动平均。由于我们将其制作成线形，所以一般称为“移动平均线”，简称“均线”，它是将某一段时间的收盘价之和除以该周期得来的。比如，日线 MA5 指的是 5 天内的收盘价除以 5，其计算公式为：

$$\mathrm{MA5}=(C_1+C_2+C_3+C_4+C_5)/5$$

其中　C_n 为第 n 日收盘价，如 C_1，为第 1 日收盘价。

总之，均线 MA 的数值是通过连续几个交易日收盘价之和简单平均计算出来的。投资者需要注意一点：很多指标在计算时需要用到股票价格，一般选择的都是股票某一周期的收盘价。之所以选择收盘价，是因为收盘时段形成的价格更能反映当日买卖双方的真实意愿。在股市中也有这样一种说法，开盘时段的价格是由散户交易形成的，收盘时段的价格则是由专业投资机构（或主力）交易形成的。

（2）指数平滑移动平均线 EMA。

和均线的命名有所不同，指数平滑移动平均线 EMA 的名称中多了“指数平滑”几个字。这几个字的意思就是在均线计算公式的基础上对收盘价进行了指数平滑处理，不再是简单的算术平均了。下面以连续 5 个交易日收盘价的处理为例进行说明。

均线 MA 是将这 5 个交易日的收盘价简单相加，然后除以 5，就得到了一个均价，这就是均线上的各个价格点。指数平滑移动平均线 EMA 则是将 5 个交易日的收盘价按照先后顺序分别赋予一定的权重（越靠后的收盘价将被赋予越大的权重），然后计算加权均价，其计算公式为：

$EMA_5=2/6 \times C_5 + 4/6 \times EMA_4$

按照 EMA 的计算公式，还可以计算出 EMA_4 的数值，即：

$EMA_4=2/5 \times C_4 + 3/5 \times EMA_3$

按照 EMA 的计算公式，还可以计算出 EMA_3 的数值，即：

$EMA_3=2/4 \times C_3 + 2/4 \times EMA_2$

按照 EMA 的计算公式，还可以计算出 EMA_2 的数值，即：

$EMA_2=2/3 \times C_2 + 1/3 \times EMA_1$

按照 EMA 的计算公式，还可以计算出 EMA_1 的数值，即：

$$
\begin{aligned}
EMA_1&=2/2 \times C_1 + 1/2 \times EMA_0\\
&=2/2 \times C_1\\
&=C_1
\end{aligned}
$$

至此，我们可以将上述公式合并计算，重新得到一个 EMA_5 的计算公式：

$EMA_5=2/6 \times C_5+ 4/15 \times C_4+3/15 \times C_3+ 2/15 \times C_2+1/15 \times C_1$

2. EMA 指标的交易指示含义

EMA 指标与 MA 指标十分相似，同样都能起到与 MA 指标相似的作用。

如图 1-3 所示，紫光国微的股价经过一段时间的快速上涨后，出现振荡筑顶态势。2020 年 8 月 20 日，该股股价跌破了 12 日 EMA，说明股价短期内可能由上涨走势转为下跌走势，可以考虑卖出股票。

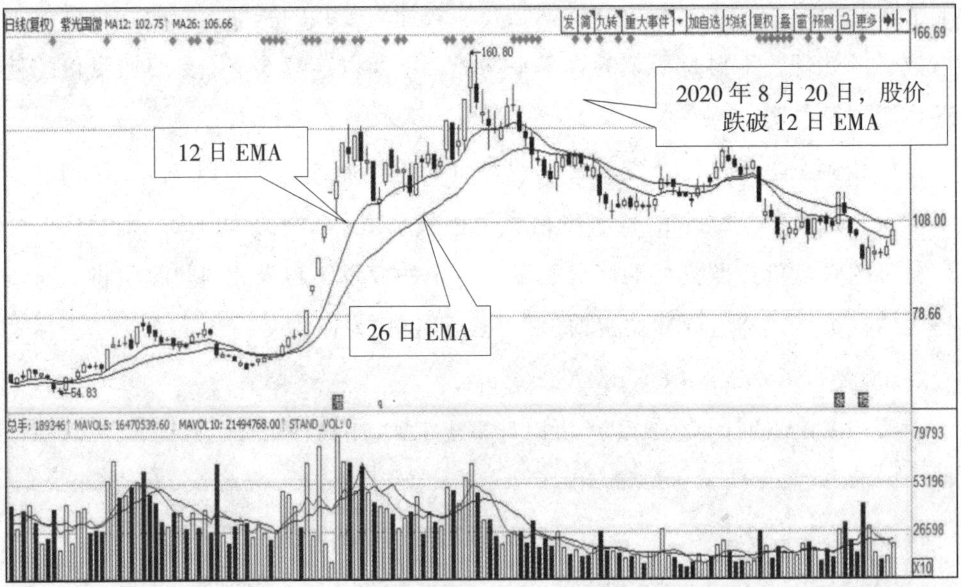

图 1-3　紫光国微（002049）日 K 线走势图

概括起来说，EMA 指标线的作用与 MA 相似，主要包括以下几个方面。

第一，支撑与阻力作用。股价自上而下跌至 EMA 指标线附近时，EMA 会对股价起到一定的支撑作用，转而再度上涨。一旦股价跌破 EMA 指标线，则 EMA 指标线的支撑作用就会转化为阻力作用，其后若股价出现反弹，当反弹至 EMA 指标线位置时，就会遇到阻力再度下跌。

第二，指引空头与多头行情。EMA 指标线中的短期均线、中期均线和长期均线自上而下排列时，说明此时属于多头排列，股价看涨；EMA 指标线中的短期均线、中期均线和长期均线自下而上排列时，说明此时属于空头排列，股价看跌。

第三，识别买点与卖点。短期 EMA 自下而上穿越中长期 EMA，且股价位于短期 EMA 上方，属于典型的看涨信号，投资者可买入股票；短期 EMA 自上而下穿越中长期 EMA，且股价位于短期 EMA 下方，属于典型的看跌信号，投资者可卖出股票。股价自上而下有效跌破短期 EMA，属于短线卖出信号；股价自下而上有效突破短期 EMA，属于短线买入信号。

二、DIFF 的计算及交易指示含义

DIFF 快线是 MACD 指标的核心和重要组成部分。DIFF 英文全称为“Difference”，本意是差离值。如前所述，在 MACD 指标中，DIFF 快线的计算公式为：

DIFF = EMA（12）- EMA（26）

也就是说，DIFF 快线的数值是 EMA 快线与 EMA 慢线之间的差值：当差值为正数时，即 EMA 快线位于 EMA 慢线上方，DIFF 快线运行于 0 轴上方；当差值为负数时，即 EMA 快线位于 EMA 慢线下方，DIFF 快线运行于 0 轴下方；当差值为 0 时，即 EMA 快线与 EMA 慢线交叉之时，DIFF 快线与 0 轴交叉。

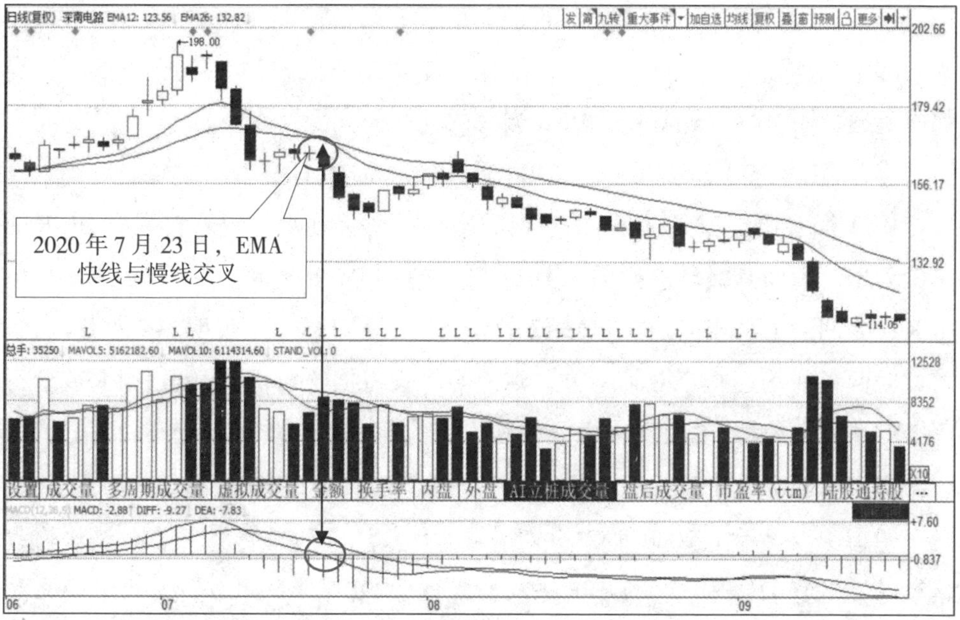

图 1-4 深南电路（002916）MACD 指标走势图

如图 1-4 所示，深南电路的股价在 2020 年上半年随着大盘的上涨走出了一波振荡上升行情。进入 7 月份后，股价出现筑顶迹象，随后出现了一波下跌走势，EMA 快线（12 日线）与 EMA 慢线（26 日线）同步出现拐头向下的走势。

此时 MACD 指标中的 DIFF 快线尽管也随之出现拐头向下的态势，但仍位于 0 轴上方，说明此时多方力量虽逐渐走弱，但整体上仍强于空方。7 月 23 日，该股股价大幅下跌，EMA 快线自上而下穿越 EMA 慢线，当两条线交叉时，也正是 DIFF 快线向下穿越 0 轴之时，说明市场上的多空力量发生逆转，从此空头将占据主导地位。

通过上述案例，可以更加直观地看出 EMA 指标线与 MACD 指标之间的关系。

三、DEA 的计算及交易指示含义

DEA 慢线是对 DIFF 的平滑处理。DEA 英文全称为“Difference Exponential Average”，本意是 DIFF 快线的异同移动平均数，中文全称为“指数平滑指标异同移动平均数”。也就是说，该指标的计算方法与 EMA 的计算方法相同。如前所述，在 MACD 指标中，DEA 慢线的计算公式为：

当日 DEA（9）＝ 2/（9+1）DIFF+（9–1）/（9+1）前日 DEA

DEA 线实质上就是一条 DIFF 线的指数平滑移动平均线，它是对 DIFF 的平滑处理，因而其灵敏度要弱于 DIFF 线。它和 DIFF 之间的关系与 EMA 与股价 K 线之间的关系相似。当 DIFF 线运行于 DEA 线上方时，说明多头力量较强，若此时两条线均运行于 0 轴上方，则说明多头占据绝对优势；当 DIFF 线运行于 DEA 线下方时，说明空头力量较强，若此时两条线均运行于 0 轴下方，则说明空头占据绝对优势。

如图 1–5 所示，2020 年 7 月初以前，科大讯飞的股价发动了一波快速上涨行情，MACD 指标中的 DIFF 快线一直位于 DEA 慢线上方，且出现距离越拉越大的情况。此后，该股股价出现筑顶迹象，在此之前，DIFF 快线已经出现拐头向下的走势。投资者要特别注意，一旦 DIFF 快线跌破 DEA 慢线，就可以考虑卖出股票。2020 年 7 月 16 日，DIFF 快线自上而下穿越 DEA 慢线，说明多空力量对比发生了逆转，投资者应于当日或次日卖出股票。

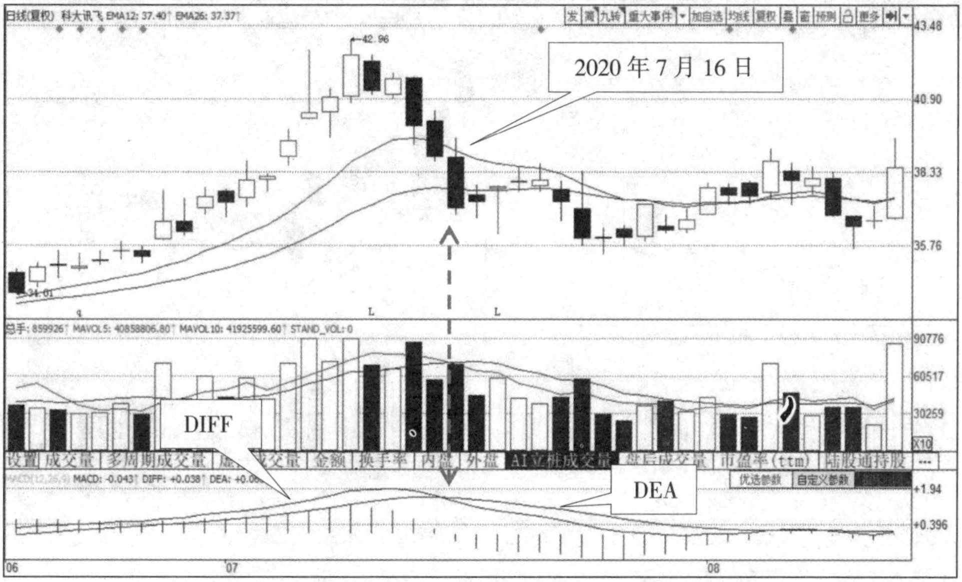

图 1-5　科大讯飞（002230）MACD 指标走势图

四、MACD 柱线的计算及交易指示含义

MACD 柱线，也有人习惯称为 BAR 柱线，它是将 DIFF 线与 DEA 线的相对位置关系进行可视化处理，有助于投资者更加直观地了解 MACD 指标的运动与变化趋势。

该指标的计算方法非常简单，就是将 DIFF 与 DEA 的差值放大两倍。

MACD 柱线＝ 2×（DIFF-DEA）

MACD 柱线，实质上就是反映 DIFF 与 DEA 差值变化的柱形线。它的交易指示作用，本质上就是 DIFF 与 DEA 之间关系对交易的指示作用。当 MACD 柱线位于 0 轴上方，说明 DIFF 数值大于 DEA 数值，多头占据优势；当 MACD 柱线位于 0 轴下方，说明 DIFF 数值小于 DEA 数值，空头占据优势。同时，MACD 柱线连续伸长时，说明多方或空方力量逐步增强；反之，则说明多方或空方力量逐渐削弱。

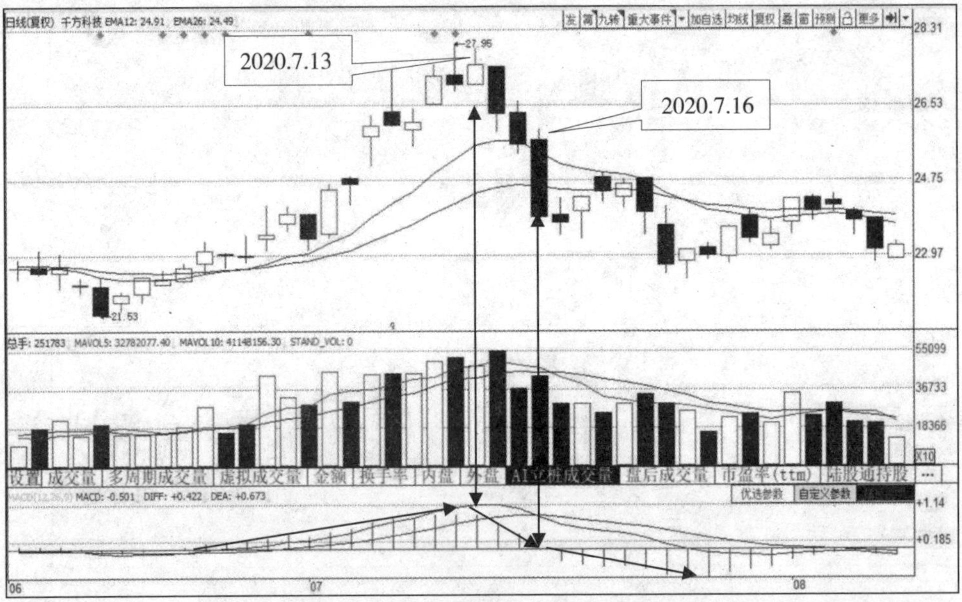

图 1–6 千方科技（002373）MACD 指标走势图

如图 1–6 所示，千方科技的股价在 2020 年上半年出现了一波快速上涨行情，MACD 柱线突破 0 轴后不断伸长，说明买方力量逐步增强。7 月 13 日，该股股价上涨到顶部区域后，DIFF 快线出现拐头向下走势，MACD 柱线也出现逐步萎缩态势，但此时 MACD 柱线仍位于 0 轴上方，说明多方力量虽有不足，但仍占据相对优势地位。

2020 年 7 月 16 日，千方科技的股价大幅下跌，DIFF 快线自上而下穿越 DEA 慢线，MACD 柱线也从 0 轴上方转到 0 轴下方，说明多方与空方的力量发生了逆转。随后 MACD 柱线不断拉伸，说明空方力量不断加强，投资者宜空仓等待。

第三节 阿佩尔要求交易者具备的四项品质

对自己所从事的事业保持足够的热情，是阿佩尔最大的特点。同时，他也一直执着于完善自己的交易系统。阿佩尔认为成功的交易者必须具备以下四项品质，如图 1–7 所示。

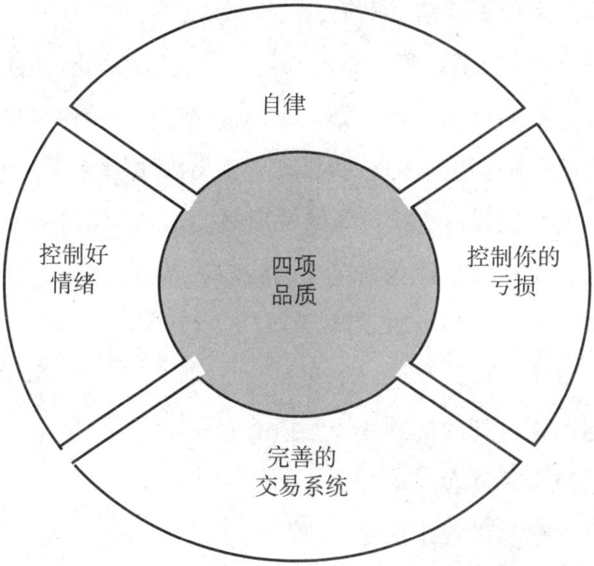

图 1-7 成功交易者需要具备的四项品质

一、自律

这是几乎所有交易大师都非常重视的一种品质。股票交易活动是一种高风险与高收益并存的投资活动，缺乏自律精神，是很难在市场上生存的。阿佩尔就是一个极度自律的人，他擅长分析数字和统计数据，并根据分析结果不断地完善、调整自己的交易系统。

从某种意义上来说，阿佩尔获得的成功，并不只是他发明了一些实操性强的分析方法或技术工具，而是源于他对交易细节的不断完善。我们常说“细节决定成败”，在交易领域，一个小小的细节确实可能对交易结果产生巨大的影响。

二、控制你的亏损

阿佩尔认为，把亏损控制在低水平非常重要，他反对冒大的风险。国外市场不仅没有涨跌停板制度，还多为杠杆交易，这在一定程度上放大了盈利与亏损的规模，使得很多投资者稍有不慎，就会倾家荡产。

在控制亏损方面，A 股市场的情况与境外其他股市稍有不同。在 A 股市场，由于涨跌停制度、单向交易（只能做多，不能做空）等制度的存在，一定程度上控制了投资者的亏损额度。但近些年来，随着融资融券交易的开展，以及场外非法配资的出现，也让一些投资者的亏损幅度达到了非常高的水平。

阿佩尔认为，投资者应该为每笔交易设置一个固定的止损单，同时，投资者也不应该轻易地承受一些小的亏损。

在控制亏损方面，应该牢记以下几点。

第一，永远不让盈利的交易变成亏损的交易。

第二，永不摊平亏损。

第三，为每次交易设置止损单。

三、完善的交易系统

交易系统，通常来说都是由一整套买入信号、持仓与加仓、减仓、卖出信号构成的。投资者不能凭着自己的直觉预设交易系统，建立交易系统后，更不能毫无依据地修改交易系统。当然，这并不是说设置好交易系统后就不能修改或完善了，而是要在交易系统运行一段时间后，根据其运行情况，适当地进行调整或修正，以使其盈利能力更强。

大家还必须清楚这样一件事，任何交易系统都有运行不理想的时候，也都有各自适应的市场环境。投资者不能因为一两次交易失败而否定一个交易系统，也不能因为自己或他人觉得某一个交易系统有效而死抱着不放。

总之，交易系统需要通过实战去检验、修正与完善，而不是根据投资者个人的喜好去调整。

四、控制好情绪

情绪是很多投资者在交易过程中需要战胜的一个对手。很多投资者喜欢盯盘，这里并不是说盯盘不好，但盯盘的投资者需要事先建立完善的交易系统并严格执行，不能因为盘中的某些价格波动而随意改变交易计划。

事实上，很多投资者，特别是投资新手，很难控制好自己的情绪。也正因如此，主力总是喜欢在盘中制造若干波动，让投资者因情绪的变化而放弃自己的交易计划，从而进入他们预设的“陷阱”。

第二章

经典用法：MACD 指标经典实战技法

实战中，MACD 指标中的 DIFF 线、DEA 线以及 MACD 柱线，会随着股价的波动而出现波动，并展现出不同的形态，这些形态往往对股价未来走势起到一定的指示作用。

第一节　交叉：黄金交叉与死亡交叉

MACD 指标中，DIFF 线与 DEA 线交叉是该指标最重要的一种形态，也是对股价运行趋势最具影响力的一种形态。按照 DIFF 线与 DEA 线的位置关系，可以将 MACD 指标的交叉分为黄金交叉和死亡交叉两类。

一、MACD 指标金叉形态

MACD 指标金叉，是指随着股价的上行，DIFF 线自下而上与 DEA 线交叉。DIFF 线与 DEA 线金叉属于典型的看涨形态。通过前面对 DIFF 线与 DEA 线的介绍，投资者已经对二者有所了解。

这里再举一个简单的例子，如果将 DIFF 线看成股价，那么 DEA 线就是均线。如果股价自下而上穿越均线，那么，股价未来继续上涨的概率无疑会增大很多。

因此，我们通常将这种 DIFF 线自下而上穿越 DEA 线的交叉，叫做黄金交叉。如图 2-1 所示。

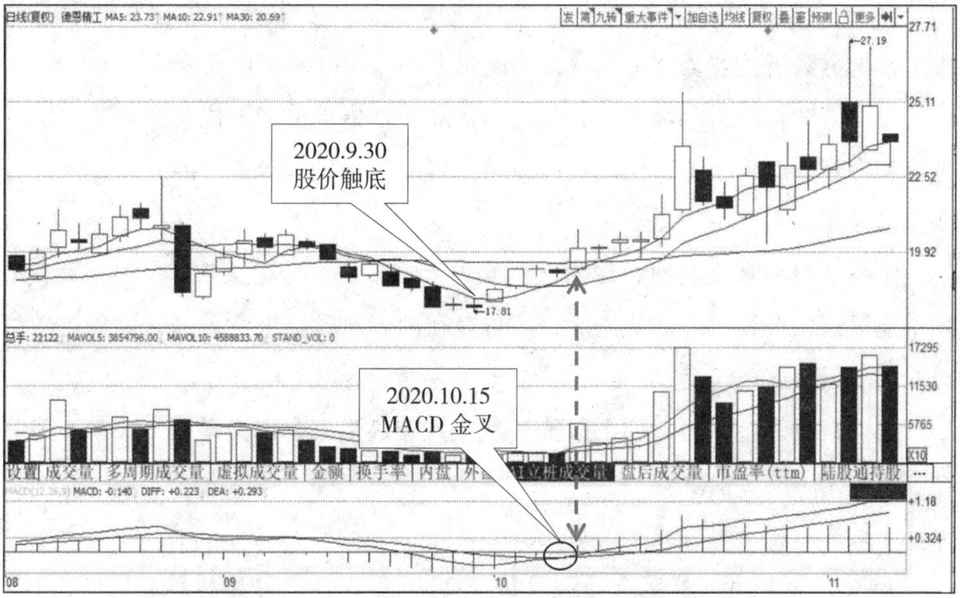

图 2-1 德恩精工（300780）MACD 指标走势图

如图 2-1 所示，德恩精工的股价自 2020 年 9 月 30 日触底后反弹向上。随着股价的振荡上扬，MACD 指标的 DIFF 线也同步触底反弹，不过，此时 DIFF 线仍位于 DEA 线下方，说明空方仍占据绝对优势地位。

10 月 15 日，该股股价放量上攻，DIFF 线向上穿越 DEA 线，形成黄金交叉形态。这说明多头在与空头的竞争中开始处于有利地位，未来股价走势将会偏向多头。

此后，该股股价出现了一波上涨行情。

尽管大家习惯将 DIFF 快线自下而上穿越 DEA 慢线称为黄金交叉，但不可否认，其中有大量的交叉并没有带来股价的上涨。因此，只有质量较高的黄金交叉，才是投资者最需要关注的一种形态。

二、成色较高的 MACD 指标金叉

一般情况下，有质量的黄金交叉应该满足以下几项条件。

第一，DIFF 快线自下而上穿越 DEA 慢线时，交叉点应位于 0 轴附近位置（以上方附近位置为宜），这说明此时多头已经占据了主导地位。

第二，股价经过一波下跌行情之后，MACD 指标出现低位黄金交叉，尽管也可能会带动股价上行，但此波段行情很可能属于反弹走势，因此，投资者需要谨慎操作。

第三，投资者交易时，尽量选择 0 轴上方第一个金叉买入。交叉点距离 0 轴不能过远，过远则有超买迹象，股价存在回调风险。也就是说，黄金交叉距离 0 轴越近，成色越高。

第四，出现金叉时，如果股价 K 线呈现突破形态，成交量同步放大，则可增强黄金交叉的可信度。

下面来看一下泉峰汽车的案例。

如图 2-2 所示，泉峰汽车的股价自 2020 年 3 月中旬开始触底反弹。3 月 30 日，该股股价收出一根带长上影线的中阳线，DIFF 线完成了对 DEA 线的穿越，形成了低位金叉。观察该金叉可以发现，该交叉点处于 0 轴下方，且距离 0 轴较远，这说明此时仍为空方占据主导地位，该金叉成色不足。未来能否形成一波上升走势，还要看反弹的高度如何，以及股价能否突破重要阻力位。

其后，该股股价经过短暂反弹后重新进入调整行情。5 月 11 日，该股股价再度发力上攻，MACD 指标在 0 轴附近位置形成黄金交叉，由于该交叉点就在 0 轴附近，属于成色较高的金叉，投资者可积极入场。

此后，该股股价启动了一波快速上升走势。

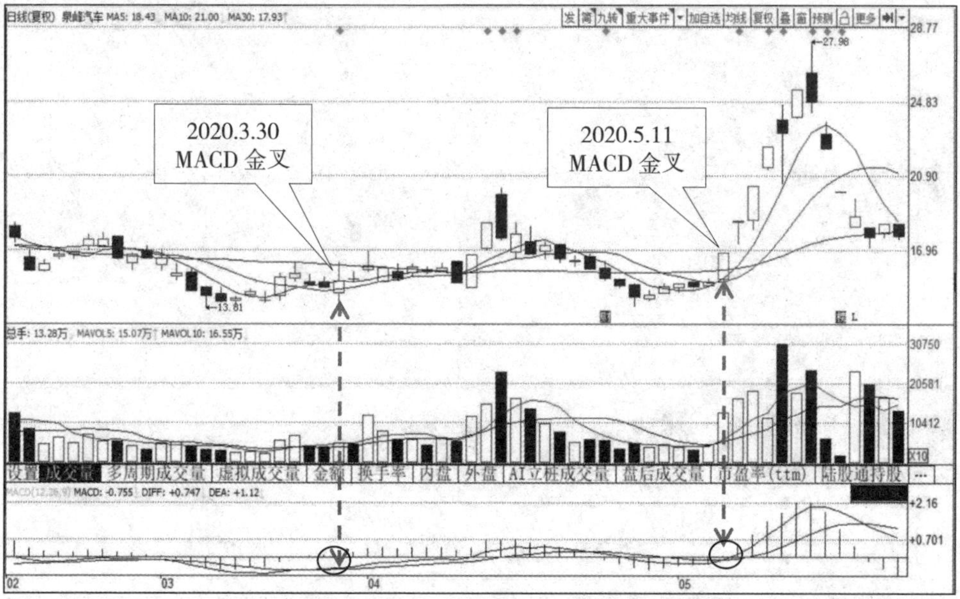

图 2-2 泉峰汽车（603982）MACD 指标走势图

三、振荡趋势中无效的 MACD 金叉

尽管大部分 MACD 金叉都可能引发一波股价上涨行情，但是，若股价进入振荡区间，MACD 指标频繁出现交叉形态，此时 MACD 指标发出的金叉信号就失去了交易指示意义。

下面来看一下天汽模的案例。

如图 2-3 所示，天汽模的股价自 2020 年 2 月下旬开始振荡下跌。随着股价逐渐进入底部区域，振荡幅度逐渐加大。MACD 指标在 0 轴下方频繁出现黄金交叉形态，4 月 7 日、5 月 12 日、6 月 4 日出现了三次黄金交叉形态。考虑此时该股股价振荡幅度较大，且整体趋势处于下行趋势，而且黄金交叉点均位于 0 轴下方较远的位置，投资者宜忽略这类买入信号。

不过，尽管金叉形态趋向于无效，但股价 K 线却与 MACD 指标形成了底背离形态。关于底背离形态的分析，后面会有详细讲解。

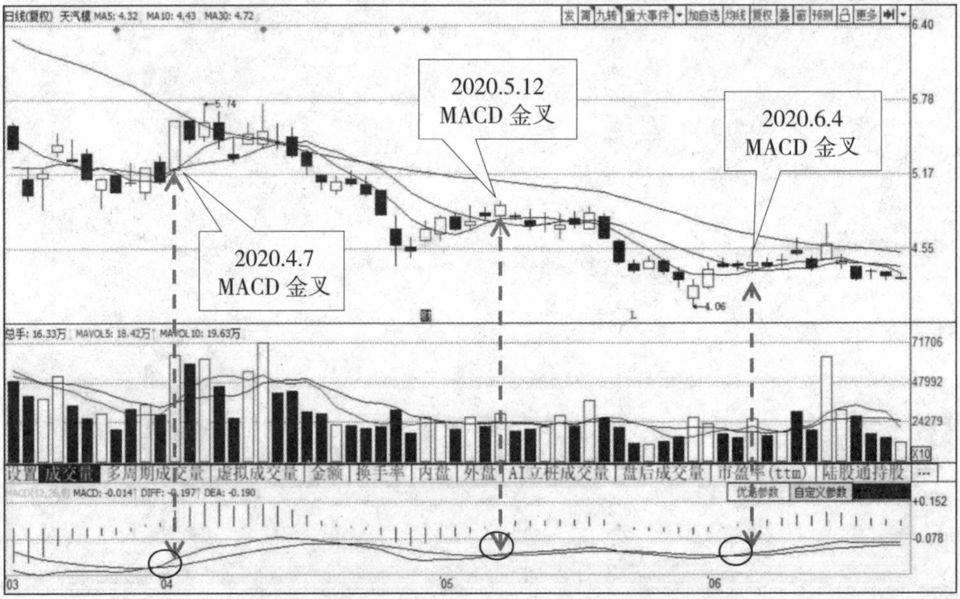

图 2-3　天汽模（002510）MACD 指标走势图

四、MACD 指标死叉形态

MACD 指标死叉，是指随着股价的下行，DIFF 线自上而下与 DEA 线交叉。DIFF 线与 DEA 线死叉属于典型的看跌形态。

还是延续上面所举的例子，如果将 DIFF 线看成股价，那么 DEA 线就是均线。如果股价自上而下穿越均线，那么，未来股价继续下跌的概率会增大很多。因此，我们通常将这种 DIFF 线自上而下穿越 DEA 线的交叉叫做死亡交叉。

如图 2-4 所示，环球印务的股价在 2020 年 8 月初触顶回落，此后该股股价出现了一波快速下跌走势，DIFF 快线与 DEA 慢线同步向右下方倾斜。2020 年 8 月 12 日，环球印务的股价再次走低，DIFF 快线自上而下穿越 DEA 慢线形成死亡交叉，这意味着股价将进入下行通道，投资者宜立即离场。

此后，该股股价出现了一波振荡下跌走势。

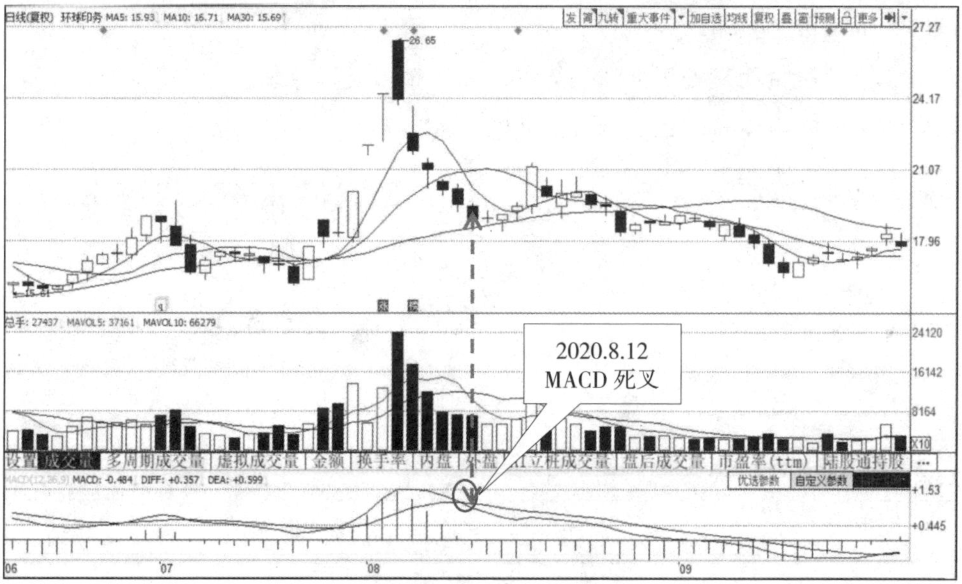

图 2-4　环球印务（002799）MACD 指标走势图

通常情况下，大家习惯将 DIFF 快线自上而下穿越 DEA 慢线的情况称之为死亡交叉，但不可否认，其中有大量的交叉并没有带来股价大幅下跌，有的可能只是很短暂的回调整理。因此，投资者需要对那些极富杀伤力的死叉给予更多的重视。在众多的死亡交叉中，有三个位置的死叉最需要关注。

五、MACD 指标高位死叉

当股价上涨至高位或者正处于高位盘整阶段时，DIFF 快线下穿 DEA 慢线形成死叉，且交叉点位于 0 轴上方较远的位置，此时出现的死叉，往往预示着股价将出现一波下跌走势，投资者最好能够清空股票。不过，若出现下列情形之一，投资者可考虑保留部分筹码。

第一，出现死叉时，DEA 慢线仍旧呈上升态势，且没有跌破明显的支撑位，没有跌破 10 日均线更好。

第二，出现死叉前，股价上涨过程中成交量持续放大；出现死叉，股价回调时，成交量呈萎缩态势。

第三，股价明显处于上涨趋势中，市场做多气氛浓厚。

下面来看一下英可瑞的案例，如图 2-5 所示。

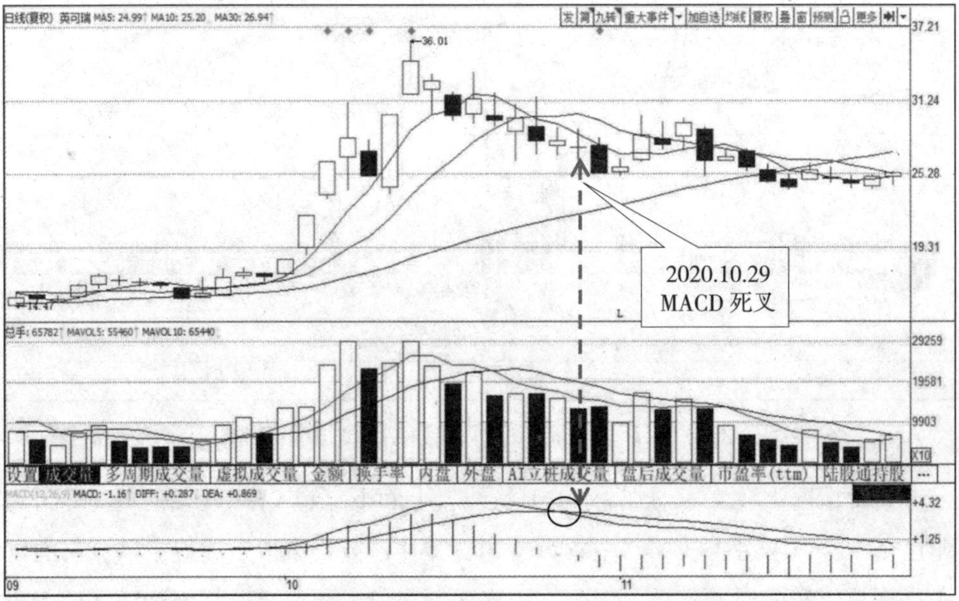

图 2-5 英可瑞（300713）MACD 指标走势图

如图 2-5 所示，英可瑞的股价 2020 年 10 月中旬触顶回落，此后该股出现了一波快速下跌走势，DIFF 快线与 DEA 慢线同步向右下方倾斜。2020 年 10 月 29 日，英可瑞的股价再次走低，DIFF 快线自上而下穿越 DEA 慢线形成死亡交叉，且交叉点位于 0 轴上方较远的位置。观察此时的均线系统可知，5 日均线已经向下跌破 10 日均线形成死亡交叉，这意味着股价将进入下行通道，投资者宜立即离场。

尽管有些高位死叉出现后，股价很快又恢复了上攻走势，但是，此时很可能属于股价的筑顶阶段，投资者可以通过研判股价与成交量或股价与 MACD 指标之间是否存在背离情况，来判断此时的上攻到底属于新行情的展开，还是原有行情的筑顶。一般情况下，一旦顶背离出现，股价上攻的空间和时间都会非常有限，投资者无需继续追涨。在后面关于股价与 MACD 指标顶背离的章节，还会详细讲解股价顶部识别的相关要领。

六、MACD 指标 0 轴死叉

当股价经过一段时间的下跌后反弹向上，遇到某一阻力位时，DIFF 快线若向下穿越 DEA 慢线形成死亡交叉，则说明反弹终止，未来将出现一波杀跌行情，投资者宜清空手中的股票。一般来说，0 轴附近的死叉，多属于反弹未果的情况，杀伤力往往也非常大。

下面来看一下永高股份的案例，如图 2-6 所示。

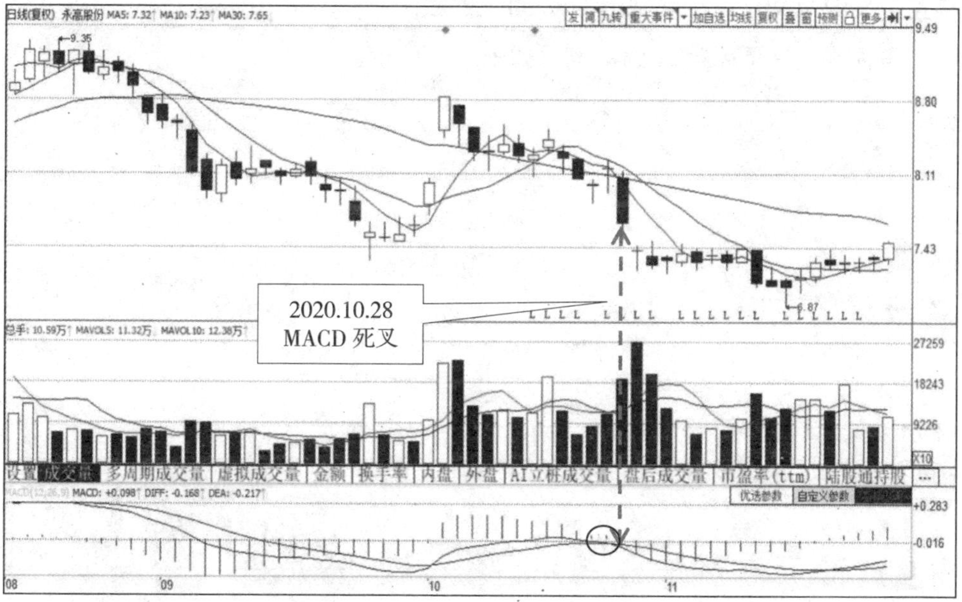

图 2-6　永高股份（002641）MACD 指标走势图

如图 2-6 所示，永高股份的股价在 2020 年 8 月中旬触顶回落，此后该股股价出现了一波快速下跌走势。在下跌过程中，股价出现了一波反弹走势，MACD 指标也随之在低位形成金叉。

该股股价反弹一段时间后，重新开始下跌。2020 年 10 月 28 日，永高股份的股价再次放量走低，DIFF 快线自上而下穿越 DEA 慢线形成死亡交叉，且交叉点位于 0 轴附近位置。这说明该股反弹到此终止，投资者需要卖出手中的股票。

七、MACD 指标低位死叉

低位死叉，即交叉点位于 0 轴以下较远的位置。对于很多股票来说，此时的下跌往往都属于股价启动上涨前的最后一跌。投资者见到该死叉时，需要保持密切观望。一旦 DIFF 快线出现拐头向上穿越 DEA 慢线形成低位金叉，则意味着股价可能出现反弹甚至反转走势，可以入场交易，但必须注意控制仓位，毕竟金叉的交叉点位于 0 轴下方较远的位置。

下面来看一下张裕 A 的案例，如图 2–7 所示。

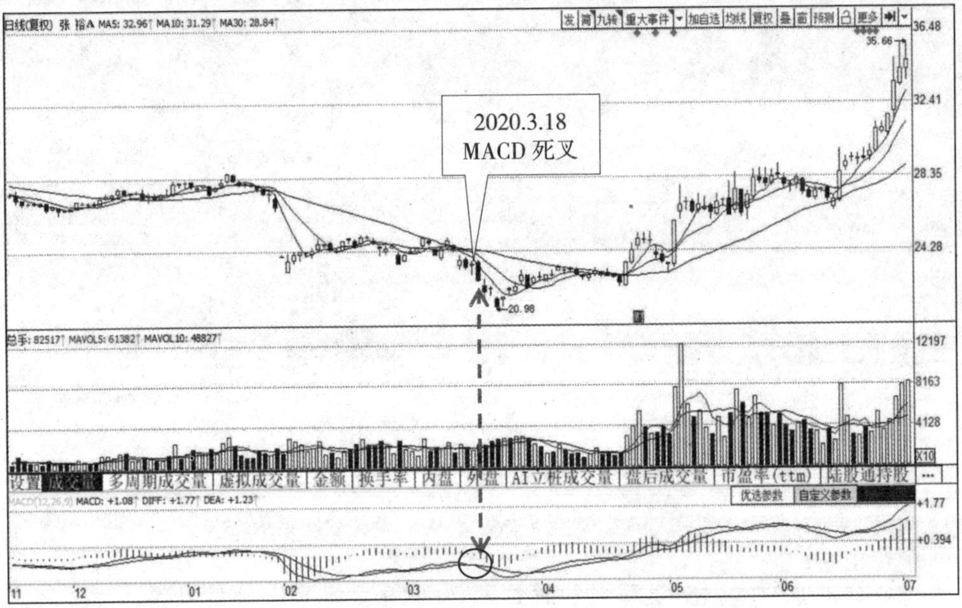

图 2–7　张裕 A（000869）MACD 指标走势图

如图 2–7 所示，张裕 A 的股价在 2020 年年初启动了一波振荡下跌走势。在下跌过程中，该股出现了一波横盘盘整走势，MACD 指标也随之在低位形成金叉。

股价横盘一段时间后，重新开始下跌。2020 年 3 月 18 日，张裕 A 的股价再次放量走低，DIFF 快线自上而下穿越 DEA 慢线形成死亡交叉，且交叉点位于 0 轴下方较远的位置。鉴于该股股价已经下跌很长时间了，此时该股再度走出死亡交叉，很可能属于股价的最后一跌，投资者可保持对该股走势的关注。

其后，该股很快迎来了触底反弹走势，MACD 指标也出现了低位金叉。鉴于此时金叉的交叉点位于 0 轴下方较远的位置，投资者可少量参与。

第二节 MACD 指标对 0 轴的突破

0 轴是一条多空力量强弱的分界线，即 MACD 指标运行于 0 轴上方，意味着多方占据主导地位；反之，当 MACD 指标运行于 0 轴下方，则意味着空方占据主导地位。MACD 指标，主要是 DIFF 线，每次穿越 0 轴都意味着多空力量的转变。

很多时候，MACD 指标在 0 轴上方出现死叉时，并不建议投资者一次性清空仓位，毕竟多方还占据优势地位，只有等到 MACD 指标向下完成对 0 轴的突破后，才应该清空仓位；同样的道理，股价处于低位，MACD 指标出现金叉时，只是表示多方实力增强，但空方仍占主导地位，因而投资者此时也不应建立过高的仓位。

MACD 指标对 0 轴的突破包括自下而上突破和自上而下突破两类。

一、向上突破 0 轴

MACD 指标自下而上穿越 0 轴，说明多空力量发生了逆转，市场由空头主导变成了多头主导。如果 MACD 指标长期在 0 轴下方运行，一旦某一时刻向上突破 0 轴，则看涨的交易指示作用更强，投资者可考虑加大仓位。

下面来看一下川能动力的案例，如图 2-8 所示。

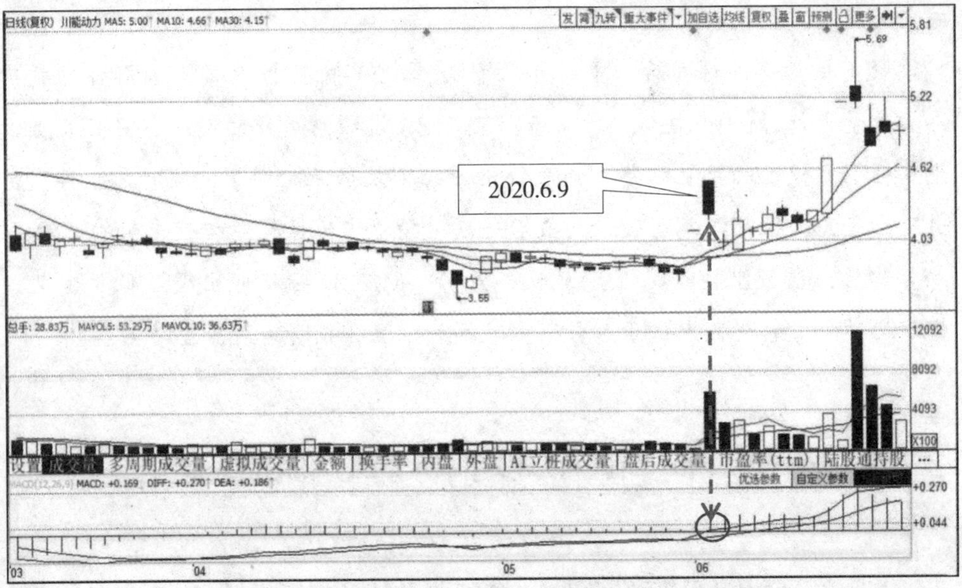

图 2-8 川能动力（000155）MACD 指标走势图

如图 2-8 所示，川能动力的股价 2020 年 3 月到 6 月期间出现了振荡整理走势，股价一直在低位徘徊，MACD 指标线也同样在 0 轴下方徘徊。2020 年 6 月 8 日，受资产重组利好刺激，川能动力的股价直接涨停开盘。6 月 9 日，该股股价跳空高开，MACD 指标线随之向上突破 0 轴，说明多空力量发生了逆转，多头开始占据优势地位，投资者可考虑加仓买入该股。其后，该股股价出现了快速上涨行情。

由于 MACD 指标是在股价短线暴涨的带动下向上突破 0 轴的，因此，这种走势的股价往往也存在一定的回调需求，投资者可在股价回调遇支撑时入场买入股票。

二、向下跌破 0 轴

MACD 指标自上而下穿越 0 轴，说明多空力量发生了逆转，市场由多头主导变成了空头主导。如果 MACD 指标线长期在 0 轴上方运行，一旦某一时刻跌破 0 轴，则看跌的交易指示作用更强，投资者可考虑清空仓位。

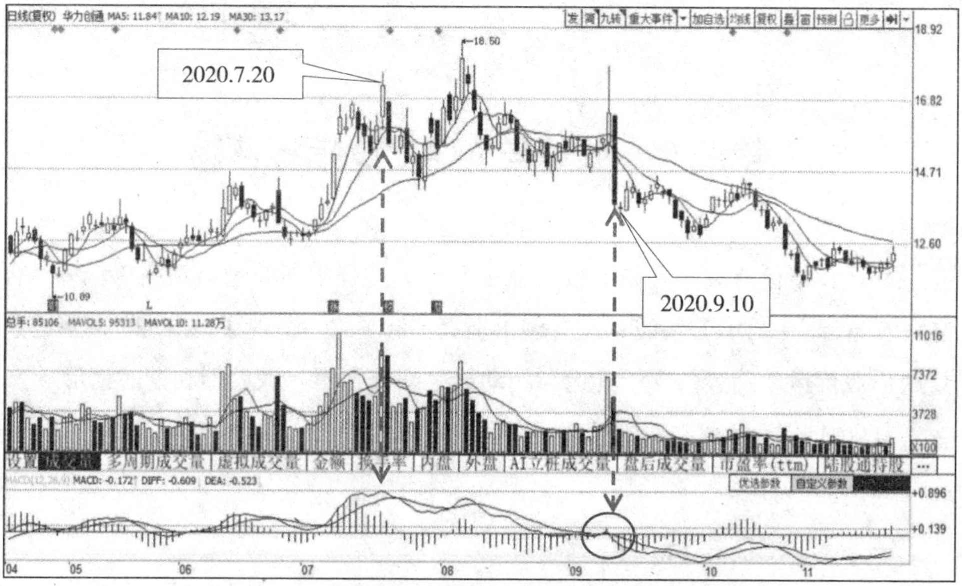

图 2-9　华力创通（300045）MACD 指标走势图

如图 2-9 所示，经过一段时间的振荡上升后，华力创通的股价在 2020 年 7 月中旬进入筑顶状态，这说明股价存在一定的下跌风险。此时 MACD 指标已经出现拐头向下的态势，只是 MACD 指标线仍位于 0 轴上方，投资者可选择部分出货。

2020 年 9 月 10 日，华力创通的股价大幅下跌，此时 MACD 指标线自上而下穿越 0 轴，说明整个市场已经由多头主导转为空头主导，投资者宜清空股票。

从图 2-9 这个案例可以看出，MACD 指标线自上而下穿越 0 轴时，股价已经下跌了一定的空间。该点位相对于高点来说，已经有了一定的下跌幅度，不过相对于该波段启动上涨时的价格，还是有很大获利空间的。由此可以看出，利用这种方法选择卖点，比较适合中线波段操作，但不适宜短线操作。

第三节　股价与 MACD 指标背离

MACD 指标背离，是指股价上涨（下跌）过程中不断创出新高（低），但 MACD 指标中的 DIFF 快线却没有创出新高（低）的一种现象。出现背离形态，反映出股价运动趋势与支持其运动的动能之间存在不一致、不和谐的情形。

MACD 指标背离主要包括顶背离和底背离两种。

一、MACD 指标底背离

底背离是指股价在下跌过程中创下的低点一个比一个低，但 MACD 指标却没有创出新低的现象。

通常情况下，股价进入下行趋势后，由于越来越多的投资者认可了这一运动趋势，卖盘就会占据主导地位且越来越多，这就使得 MACD 指标与股价同步走低。但是，随着股价下跌趋势的延续，卖盘消耗殆尽，无法再继续放大，此时 MACD 指标线就会出现触底反弹迹象，而股价还处于继续下跌的态势，这就使得股价创新低时，MACD 指标反向走高，从而形成底背离。

出现底背离具有如下几个交易含义。

第一，通常情况下，出现底背离是一种股价下行趋势难以长久持续的信号，但并不意味着股价会立即止跌反弹。有时候，底背离可能出现一次就会反弹，有时这种背离需要出现两次甚至三次，才会迎来股价反弹。

第二，股价与 MACD 指标出现底背离的次数越多，说明股价反弹的可能性越大。

第三，成交量的变化。股价与 MACD 指标出现底背离时，若又同步与成交量指标出现底背离，则意味着股价反弹的可能性非常大。

第四，底背离形成后，MACD 指标出现金叉时，投资者可少量建仓；MACD 指标自下而上突破 0 轴后，可加仓入场。

下面来看一下伊力特的案例。

如图 2-10 所示，经过一段时间的振荡下跌后，伊力特的股价在 2020 年 2 月到 3 月期间出现筑底走势，分别于 2 月 4 日和 3 月 19 日走出两个明显的低点，且 3 月 19 日的低点要低于 2 月 4 日的低点。观察此时的 MACD 指标走势可知，MACD 指标虽然也同步形成了两个低点，但后一个低点要高于前一个，这说明股价与 MACD 指标之间存在底背离现象。

一般情况下，底背离出现后，股价下跌趋势有可能终结，投资者可密切关注其后的股价走势。3 月 27 日，该股股价小幅走高，MACD 指标出现低位金叉。鉴于此时交叉点位于 0 轴下方较远的位置，投资者可少量建仓，待 MACD 指标向上突破 0 轴后再加仓即可。

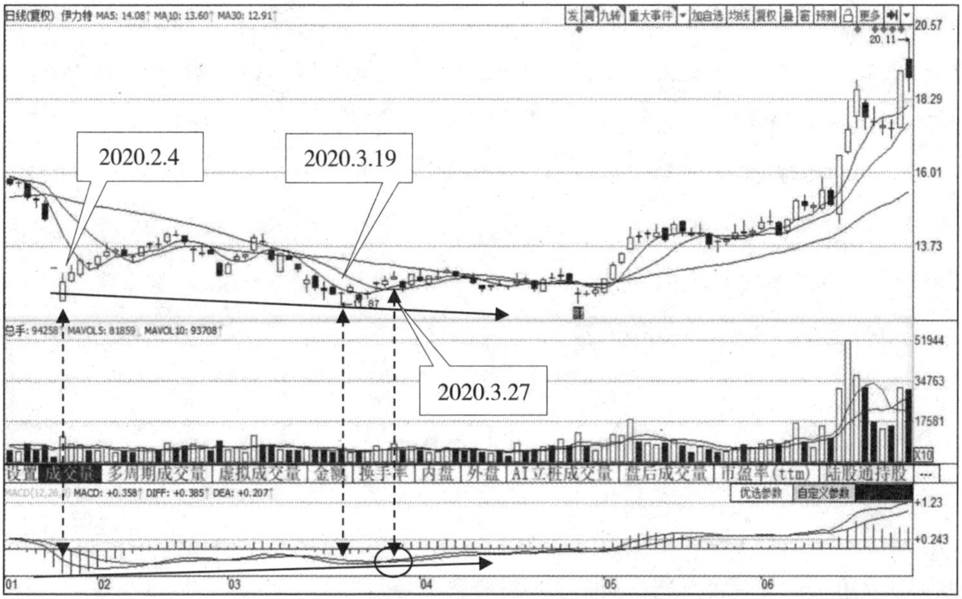

图 2-10　伊力特（600197）MACD 指标走势图

二、MACD 指标顶背离

顶背离是指股价在上涨过程中创下的高点一个比一个高，但 MACD 指标却没有创出新高的现象。

通常情况下，股价进入上行趋势后，由于越来越多的投资者认可了这一运动趋势，买盘就会占据主导地位且越来越多，这就使得 MACD 指标与股价同步走高。但是，随着股价上涨趋势的延续，买方资金势必无法持续放大，此时 MACD 指标线就会出现触顶回落迹象，而此时股价还处于继续上涨的态势，这就使得股价创新高时，MACD 指标反向走低，从而形成顶背离。

出现顶背离具有如下几个交易含义。

第一，通常情况下，出现顶背离是一种股价上升趋势难以长久持续的信号，但并不意味着股价会立即下跌。有时候，顶背离可能出现一次就会下跌，有时这种背离需要出现两次甚至三次后股价才会出现下行。

第二，股价与 MACD 指标出现顶背离的次数越多，说明股价下跌的可能性越大。

第三，成交量的变化。股价与 MACD 指标出现顶背离时，若又同步与成交量指标出现顶背离，意味着股价回落的可能性非常大。

第四，顶背离形成后，MACD 指标出现死叉时，保守型投资者可立即清仓离场，激进型投资者可在保留少量仓位的情况下减仓。若 MACD 指标继续走低并跌破 0 轴，则应坚决清仓。

下面来看一下嘉欣丝绸的案例。

如图 2-11 所示，经过一段时间的振荡上升后，嘉欣丝绸的股价在 2020 年 6 月到 8 月期间出现筑顶态势，分别于 6 月 16 日、7 月 14 日和 8 月 5 日形成了三个明显的高点，且后一个高点均高于前一个。观察此时的 MACD 指标走势可知，MACD 指标虽然也同步形成了三个高点，但后一个高点要低于前一个，这说明股价与 MACD 指标之间存在顶背离形态。

一般情况下，顶背离出现后，股价上涨趋势有终结的可能，投资者可密切关注其后的股价走势。由于图 2-11 的案例中连续出现了两次顶背离，更说明股价下行风险极高。8 月 18 日，该股股价小幅走低，MACD 指标在 0 轴附近出现死叉。鉴于此时交叉点处于 0 轴附近位置，极富杀伤力，投资者宜立即清仓。

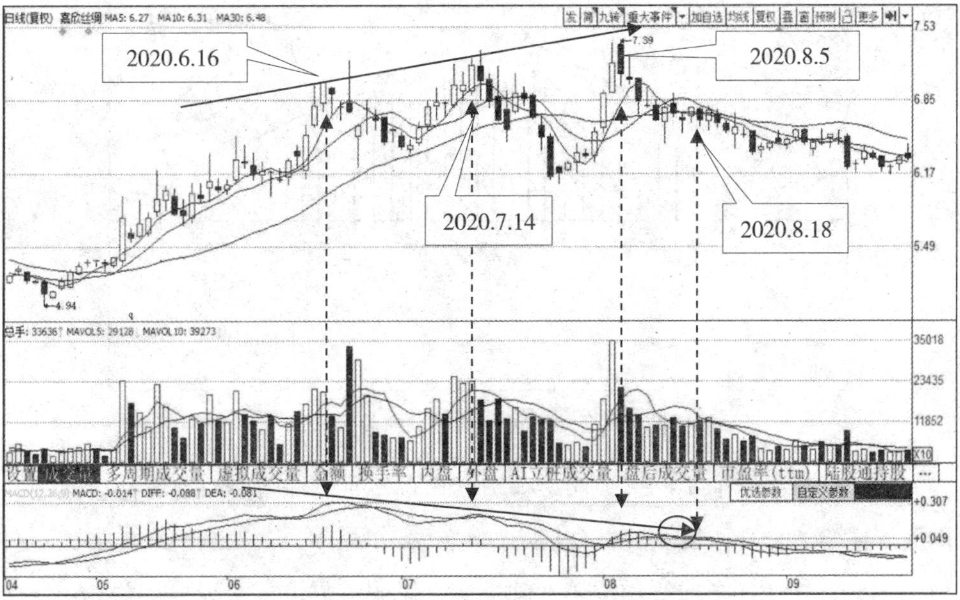

图 2-11　嘉欣丝绸（002404）MACD 指标走势图

第四节　MACD 柱线伸缩

阿佩尔发明 MACD 指标时并没有设计 MACD 柱线，但这并不妨碍 MACD 柱线在实战中的应用。事实上，由于 MACD 柱线能够更加灵敏地感知 DIFF 线和 DEA 线之间落差的变化，因而也能够更加及时地显示多空力量对比的变化。

本节提供了几种经典的 MACD 柱线形态，仅供读者参考。

一、MACD 柱线“缩头”

MACD 柱线“缩头”，是指 MACD 柱线位于 0 轴上方，经过一段时间的连续变长（柱线发散）后，开始出现变短（柱线收缩）的情况。如图 2-12 所示。

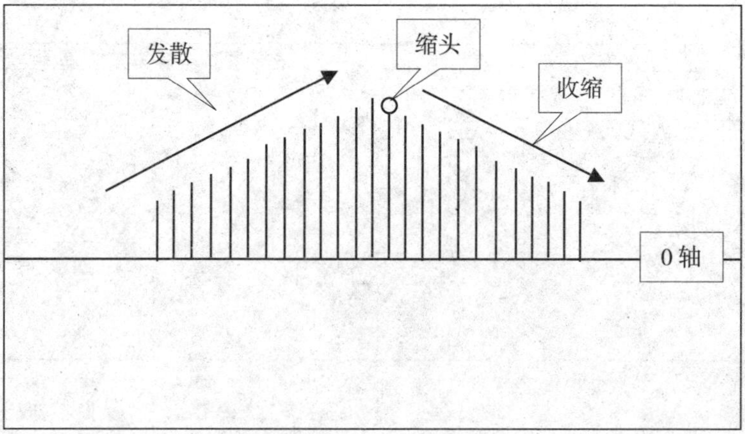

图 2-12 MACD 柱线“缩头”形态

MACD 柱线“缩头”，说明多方力量出现不足，涨势有可能终止。当然，投资者还要结合具体情况进行分析。

第一，MACD 指标线均位于 0 轴上方，说明多方占据主导地位。MACD 柱线“缩头”，说明上涨动能不足，未来有回落的可能，此时股价多处于筑顶或上涨中途的回调阶段。为安全起见，MACD 柱线“缩头”时，可卖出部分股票。

第二，MACD 指标线均位于 0 轴下方，说明空方仍占据主导地位。MACD 柱线“缩头”，说明反弹动能不足，未来有重回跌势的可能，此时股价多处于反弹顶部位置。投资者若参与了抢反弹，此时应全部清仓。

下面来看一下中泰化学的案例。

如图 2-13 所示，中泰化学的股价在 2020 年 7 月初随着大盘的上涨出现了一波暴涨走势，MACD 柱线也随之不断拉伸。2020 年 7 月 16 日，中泰化学在创出近期新高后大幅走低，与此同时，MACD 柱线没有继续拉伸，而是出现了“缩头”形态，这说明股价上涨遇到了巨大的阻力，多头力量有所不济。不过，此时 DIFF 快线和 DEA 慢线仍处于 0 轴上方，说明多头仍占据主导地位，投资者可选择部分卖出，待 DIFF 快线与 DEA 慢线形成死叉时，再卖出剩余股票即可。

其后，中泰化学的股价经过一段时间的下跌，出现反弹走势，此时 MACD 柱线再次呈现连续拉伸的态势。2020 年 9 月 21 日，该股 MACD 柱线又一次出现“缩头”形态，且此时 DIFF 快线和 DEA 慢线仍位于 0 轴下方，这属于典型的反弹遇阻形态，投资者宜清空手中的股票。

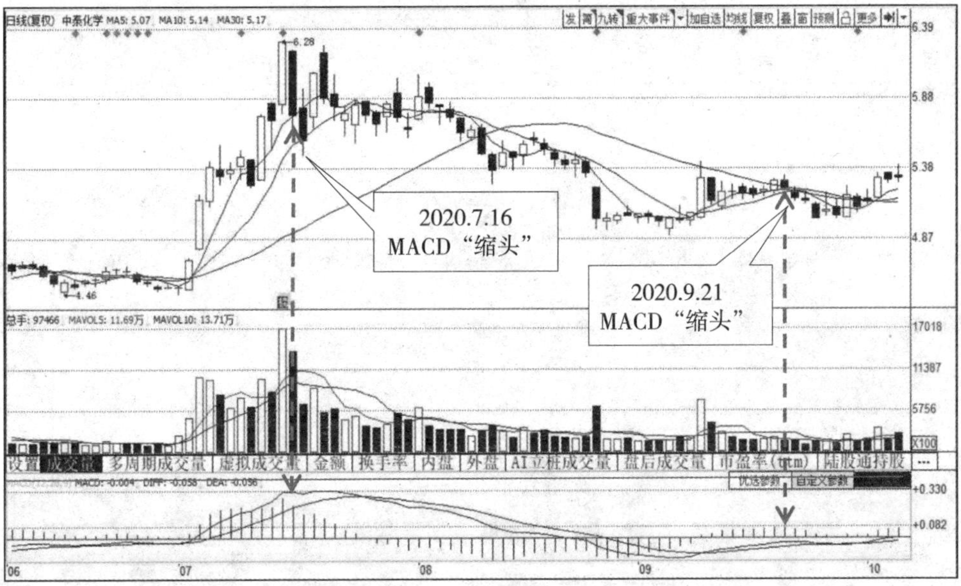

图 2-13 中泰化学（002092）MACD 指标走势图

位于 0 轴上方的 MACD 柱线出现连续“缩头”，即连续缩短，最后就会越过 0 轴（即 DIFF 线跌破 DEA 线）。如图 2-14 所示。

MACD 柱线越过 0 轴，属于典型的空方实力加强的信号，说明空方实力在不断地扩张，投资者宜远离这类股票。

下面来看一下鹏辉能源的案例，如图 2-15 所示。

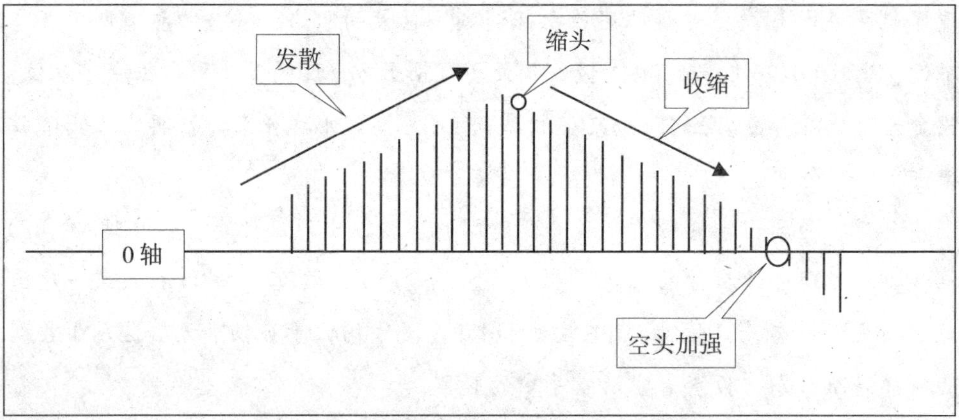

图 2-14　MACD 柱线“空头加强”形态

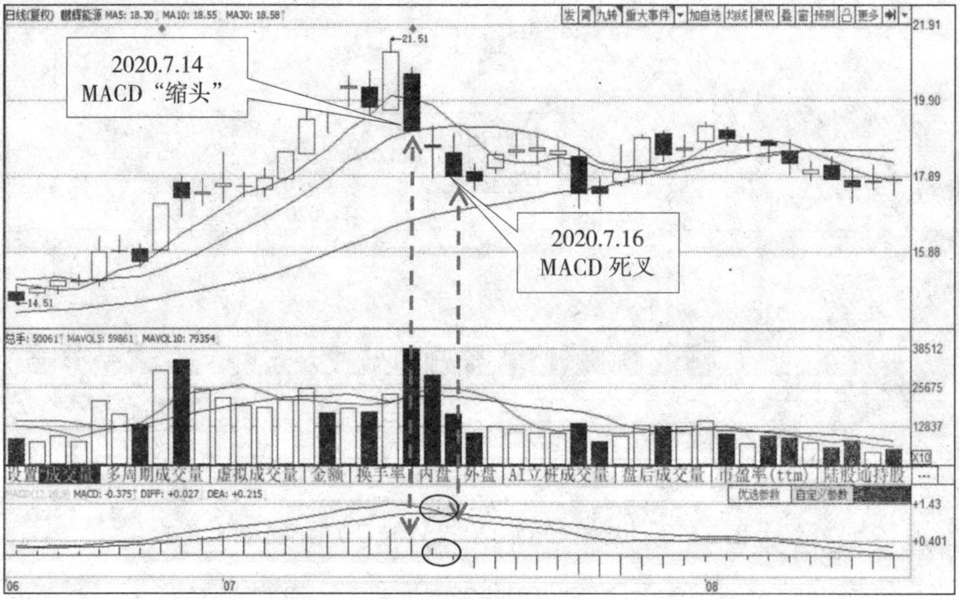

图 2-15　鹏辉能源（300438）MACD 指标走势图

如图 2-15 所示，鹏辉能源的股价在 2020 年 7 月初随着大盘的上涨而出现了一波暴涨走势，MACD 柱线也随之不断拉伸。2020 年 7 月 14 日，该股股价在创出近期新高后大幅走低。与此同时，MACD 柱线没有继续拉伸，而是出现了“缩头”形态，说明股价上涨遇到了巨大的阻力，多头力量有所不济，投资者可考虑减仓。

7 月 16 日，该股股价低开低走，MACD 指标出现死叉，MACD 柱线也越过了 0 轴，此后 MACD 柱线在 0 轴下方不断拉伸，说明空方实力不断增强，投资者宜卖空手中的股票。

二、MACD 柱线“抽脚”

MACD 柱线“抽脚”，是指 MACD 柱线位于 0 轴下方，经过一段时间的连续变长后，开始出现变短的情况。如图 2-16 所示。

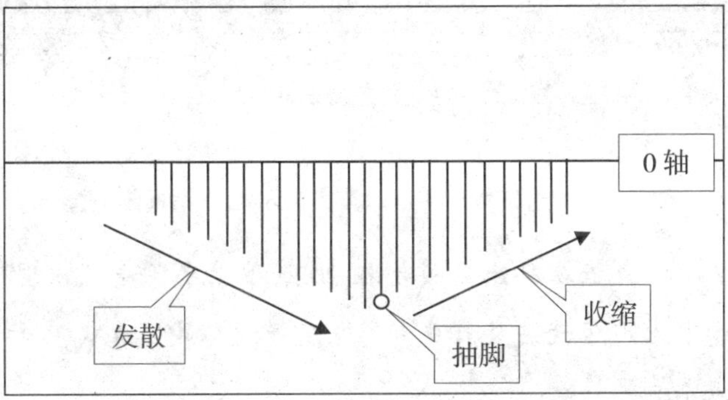

图 2-16　MACD 柱线“抽脚”形态

MACD 柱线“抽脚”，说明空方力量有所不足，跌势有可能终止。当然，投资者还要结合具体情况进行分析。

第一，MACD 指标线位于 0 轴下方，说明空方占据主导地位。MACD 柱线“抽脚”，说明下跌动能不足，未来有上涨的可能。此时，股价多处于筑底或下跌中途的反弹阶段，为安全起见，MACD 柱线“抽脚”时，只能少量参与或不参与交易。

第二，MACD 指标线位于 0 轴上方，说明多方仍占据主导地位。MACD 柱线“抽脚”，说明下跌动能不足，未来有重回涨势的可能。此时股价多处于回调底部位置，投资者若在回调时卖出了部分股票，此时可适当补仓。

下面来看一下五矿稀土的案例，如图 2-17 所示。

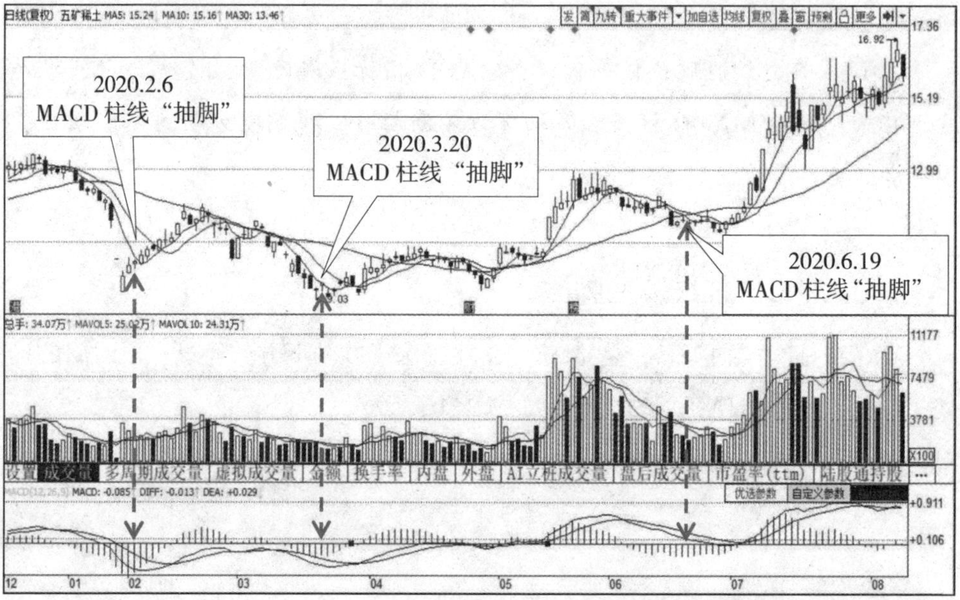

图 2-17　五矿稀土（000831）MACD 指标走势图

如图 2-17 所示，五矿稀土的股价在 2020 年上半年先是出现了一波振荡下跌行情，下跌途中出现了两波反弹走势。在反弹过程中，MACD 柱线出现了“抽脚”态势。

该股股价在 2 月 6 日出现了反弹走势，MACD 柱线同步出现“抽脚”形态，不过 MACD 指标线位于 0 轴下方，说明空方仍占据绝对优势地位，投资者可暂不入场或少量入场。

此后，该股股价反弹一段时间，重新进入下跌通道。

3 月 20 日，该股股价再度反弹，MACD 柱线又同步出现“抽脚”形态，不过 MACD 指标线位于 0 轴下方。观察 MACD 指标线与股价走势可以发现，此时，MACD 指标线与股价形成了底背离，这说明未来股价存在反弹向上的可能，投资者可考虑少量入场。

其后，该股股价进入了振荡上升通道。6 月 19 日，该股股价遇支撑而再度上行，MACD 柱线再度出现“抽脚”形态，此时 MACD 指标线位于 0 轴上方，说明该股回调有结束的可能，投资者可考虑加仓入场。

位于 0 轴下方的 MACD 柱线出现连续“抽脚”，即连续缩短，最后就会越过 0 轴（即 DIFF 线向上突破 DEA 线），如图 2-18 所示。

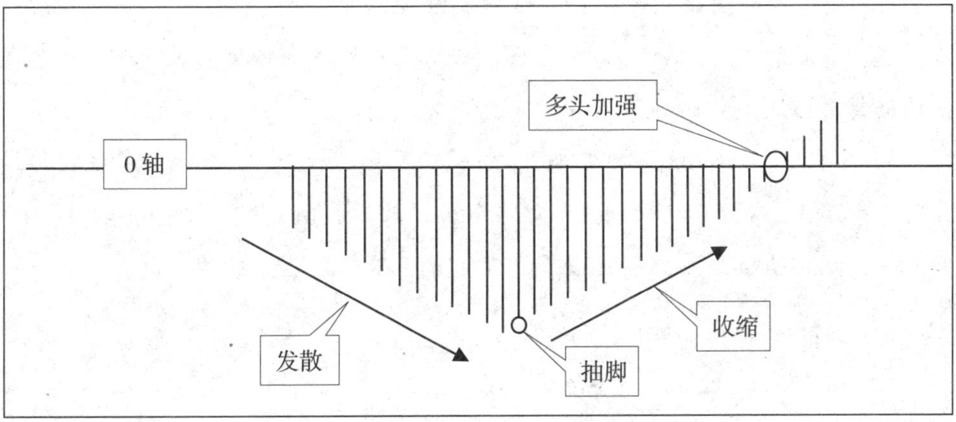

图 2-18 MACD 柱线“多头加强”形态

MACD 柱线越过 0 轴，属于典型的多方实力加强的信号，投资者宜择机买入这类股票。下面来看一下红宝丽的案例，如图 2-19 所示。

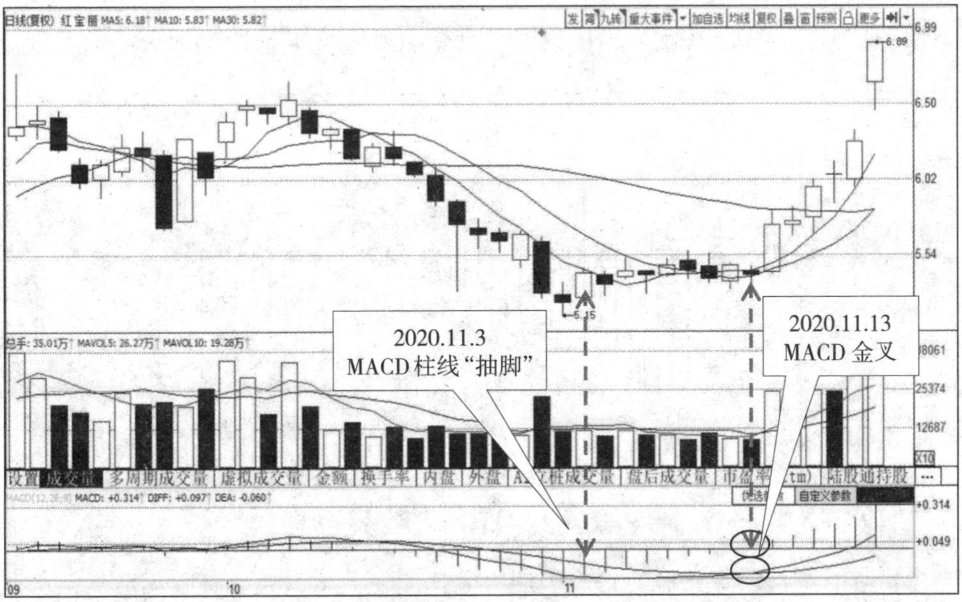

图 2-19 红宝丽（002165）MACD 指标走势图

如图 2-19 所示，红宝丽的股价在 2020 年 11 月初出现了一波大幅下跌走势，MACD 柱线也随之不断拉伸。2020 年 11 月 3 日，该股股价创出近期新低后出现反弹。与此同时，MACD 柱线没有继续拉伸，而是出现了“抽脚”形态，说明股价下跌遇到了巨大的支撑力，空头力量有所不济，投资者可考虑建仓或继续保持对该股走势的关注。

11 月 13 日，该股股价在前日上涨的基础上收出阴十字线，MACD 指标线出现低位金叉，MACD 柱线也越过了 0 轴，此后，MACD 柱线在 0 轴上方不断拉伸，这说明多方实力不断增强，投资者可考虑建仓或加仓。

三、MACD 柱线“杀多棒”

MACD 柱线出现“抽脚”形态后，股价可能会出现一波向上反弹的走势，这总是会给投资者一种希望。然而，此时 MACD 柱线仍位于 0 轴下方，投资者还是要时刻提高警惕。有时候，当 MACD 柱线连续收缩至 0 轴附近时，可能会因为股价受到阻力而重新下跌，MACD 柱线重新开始向下拉伸，则说明新一波下跌行情又开启了，先前入场的投资者宜立即离场。如图 2-20 所示。

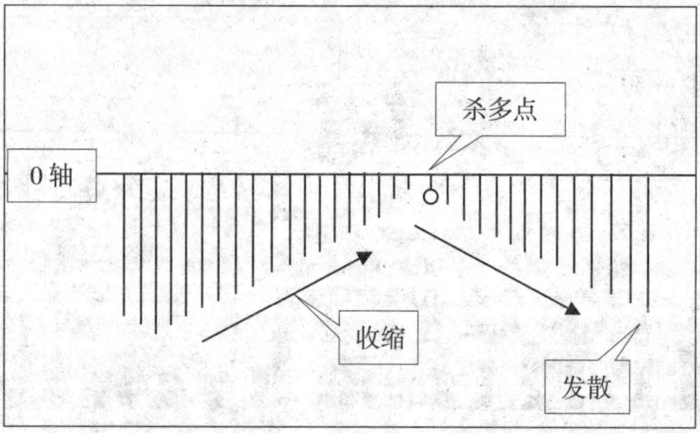

图 2-20 MACD 柱线“杀多棒”形态

MACD 柱线“杀多棒”形态说明多方连续发力后，力量有所不足，无法推动 MACD 柱线回归到 0 轴上方，属于典型的看空信号。其具体分析要点如下。

第一，MACD 指标线位于 0 轴下方，说明空方占据主导地位。MACD 柱线先出现“抽脚”，说明下跌动能不足，未来有上涨的可能，有些博反弹的投资者可能会考虑入场。不过，当 MACD 柱线萎缩至 0 轴附近时，空方重新发力，MACD 柱线重新拉伸，说明空方重新夺取了主动权。此时，先前博反弹进场的投资者应立即离场。

第二，MACD 指标线位于 0 轴上方，说明多方仍占据主导地位。MACD 柱线出现“抽脚”，说明下跌动能不足，未来有重回涨势的可能。此后，当 MACD 柱线萎缩至 0 轴附近时，空方重新发力，股价可能会重新开启调整走势。持股的投资者务必保持警惕，最好能够先抛出部分股票，待 MACD 指标线跌破 0 轴后，再清空仓位。

下面来看一下生物股份的案例，如图 2-21 所示。

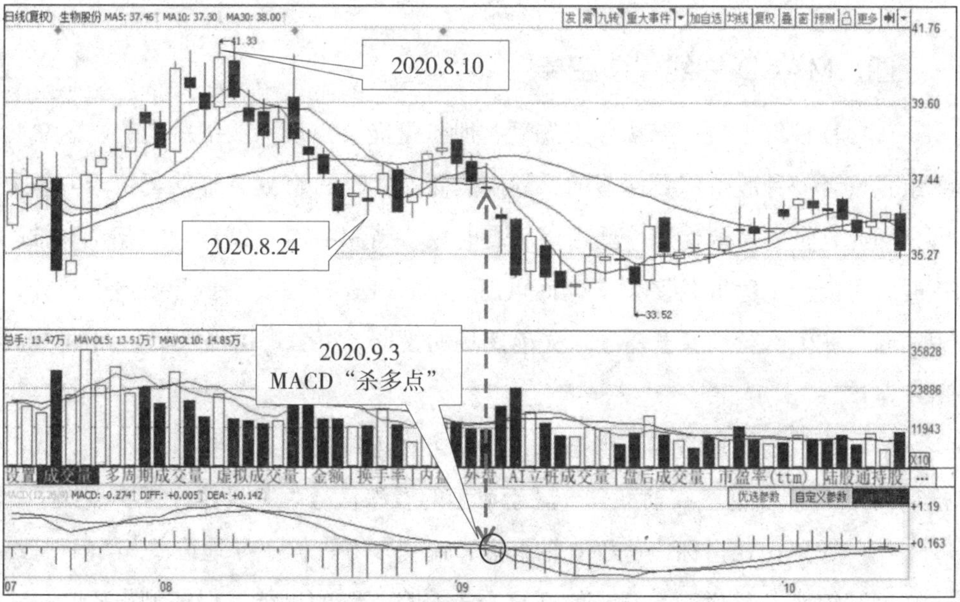

图 2-21 生物股份（600201）MACD 指标走势图

如图 2-21 所示，生物股份的股价在 2020 年年中时段出现了一波振荡上涨行情。8 月 10 日，该股股价触及阶段高点后开始振荡回落。

此后，MACD 指标线随着股价的回落振荡下行，MACD 柱线也同步萎缩至 0 轴下方，随后不断拉伸。8 月 24 日，该股股价下跌一段时间后出现反弹走势。与此同时，MACD 柱线开始“抽脚”，并不断萎缩，这说明股价短线存在反弹的可能。由于 MACD 指标线仍运行于 0 轴上方，投资者可保持对该股的观察，一旦 MACD 柱线重新回到 0 轴上方，就意味着股价高位调整结束，未来还有上行的可能。

不过，该股股价仅反弹几个交易日后就重新步入下跌通道。9 月 3 日，该股股价延续了之前的下跌态势，MACD 柱线并没回到 0 轴上方，而是重新向下拉伸，形成了一个“杀多点”，这意味着 MACD 柱线走出了“杀多棒”形态。另外，MACD 指标线也同步向下跌破了 0 轴，这属于典型的看空形态，投资者可考虑卖出手中的股票。

四、MACD 柱线“逼空棒”

MACD 柱线出现“缩头”形态后，股价可能会出现一波下跌走势，这总是会给投资者一种股价将要回落的感觉。然而，此时的 MACD 柱线仍位于 0 轴上方，因此投资者需要保留一些希望。有时候，当 MACD 柱线连续收缩至 0 轴附近时，可能会因为股价受到支撑而重新上涨，MACD 柱线重新开始向上拉伸，说明新一波上涨行情又开启了，先前离场的投资者可考虑追涨入场。如图 2-22 所示。

MACD 柱线“逼空棒”形态，说明空方在连续发力后力量有所不足，无法推动 MACD 柱线退至 0 轴下方，属于典型的看涨信号。其具体分析要点如下。

第一，MACD 指标线位于 0 轴上方，说明多方占据主导地位。MACD 柱线先出现“缩头”，说明上涨动能不足，未来有下跌的可能，保守型投资者可考虑离场。不过，当 MACD 柱线萎缩至 0 轴附近时，多方重新发力，MACD 柱线重新拉伸，说明多方重新夺取了主动权。此时，先前离场的投资者可考虑重新入场。

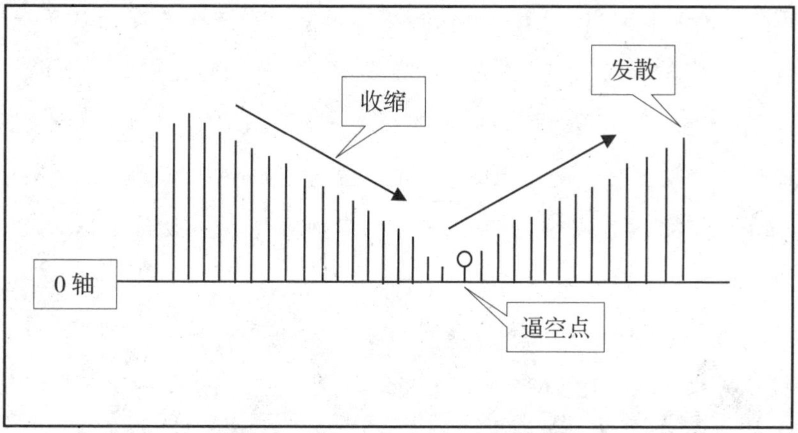

图 2-22 MACD 柱线“逼空棒”形态

第二，MACD 指标线位于 0 轴下方，说明空方仍占据主导地位。MACD 柱线“萎缩”，说明反弹动能不足，未来有重回跌势的可能。此后，当 MACD 柱线萎缩至 0 轴附近时，多方重新发力，股价可能会重新开启反弹甚至反转走势。

下面来看一下北汽蓝谷的案例，如图 2-23 所示。

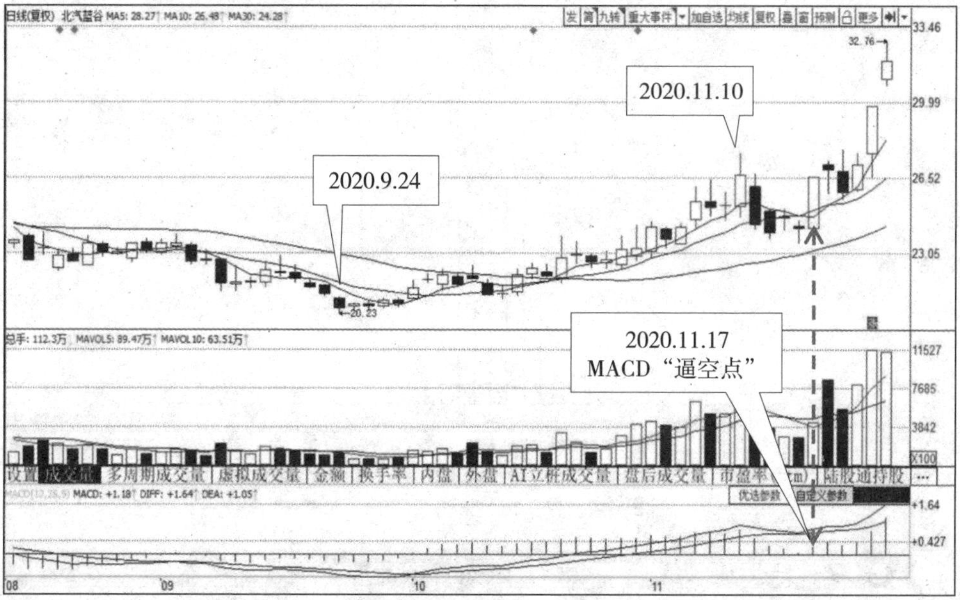

图 2-23 北汽蓝谷（600733）MACD 指标走势图

如图 2-23 所示，北汽蓝谷的股价在 2020 年 9 月下旬先是出现了一波振荡上涨行情。11 月 10 日，该股股价触及阶段高点后开始振荡回落。

此后，MACD 指标随着股价的回落振荡下行，MACD 柱线同步出现萎缩。不过，由于之前股价一直处于上升趋势，这就使得 MACD 指标线和 MACD 柱线全部位于 0 轴上方，也就意味着此时的下跌可能仅为股价上涨途中的一次“休息”。

随着股价的回调，MACD 柱线同步萎缩，当其萎缩至 0 轴附近时，该股股价受利好刺激直线上行，MACD 柱线在 11 月 17 日形成了经典的“逼空点”。至此，MACD 柱线的逼空棒形态正式成立，投资者可考虑加仓入场。

五、MACD 柱线“尖峰”

随着股价的急速上行，MACD 柱线有时会出现连续大幅拉伸的形态，这是由于股价短线走势较强，DIFF 线快速上扬，从而与 DEA 线之间的落差过大造成的。这种拉伸一旦停止，往往意味着股价短线可能会快速回落。如图 2-24 所示。

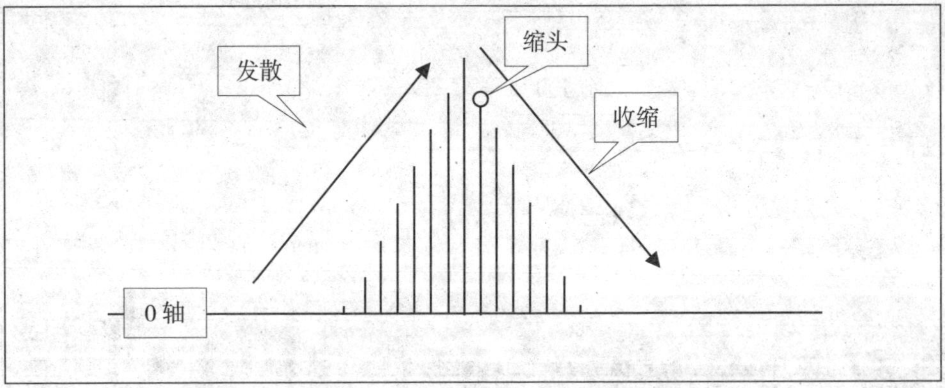

图 2-24　MACD 柱线“尖峰”形态

MACD 柱线形成“尖峰”形态，必然伴随着股价的暴涨与暴跌，身处其中的投资者必须采取正确的交易策略。该形态的分析要点如下。

第一，出现该形态往往是由于主力突然启动大幅拉升造成的，因而具有很强的突然性。一般情况下，先前没有入场的投资者最好不要贸然参与，否则很容易被套在高位。

第二，持股的投资者一般会在 MACD 柱线放大至顶峰时卖出手中的股票。当然，若无法在当日识别顶峰，也可以在次日即 MACD 缩头日卖出手中的股票。

第三，“尖峰”形态出现时，由于 MACD 柱线位于 0 轴上方，未来股价也可能回调一段时间后重新上涨，这就需要投资者密切关注了。

下面来看一下莱绅灵通的案例，如图 2-25 所示。

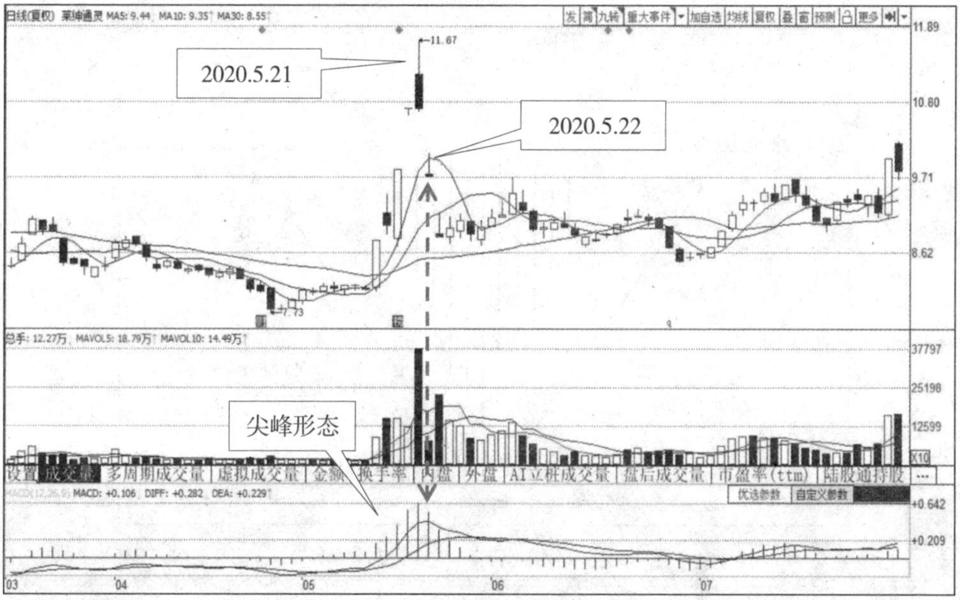

图 2-25　莱绅通灵（603900）MACD 指标走势图

如图 2-25 所示，莱绅通灵的股价在 2020 年 5 月下旬突然启动了一波快速上涨行情，MACD 柱线急速拉伸，形成了典型的“尖峰”形态。

2020 年 5 月 21 日，该股股价在前几个交易日大幅上攻的基础上高开低走，在 K 线图上留下了一根带长上影线的大阴线，这属于典型的看空形态。与此同时，MACD 柱线在这一天达到了顶峰，此时投资者可以卖出手中的股票。

次日该股大幅走低，并以跌停报收，MACD 柱线出现缩头形态，这是投资者最后的出逃机会。

六、MACD 柱线“尖谷”

与 MACD 柱线“尖峰”形态相反，随着股价的急速下行，MACD 柱线有时会出现连续大幅下挫的形态，这是由于股价短线走势较弱，DIFF 线快速下行，与 DEA 线之间的落差过大造成的。这种下跌一旦停止，往往意味着股价短线可能会快速反弹。如图 2-26 所示。

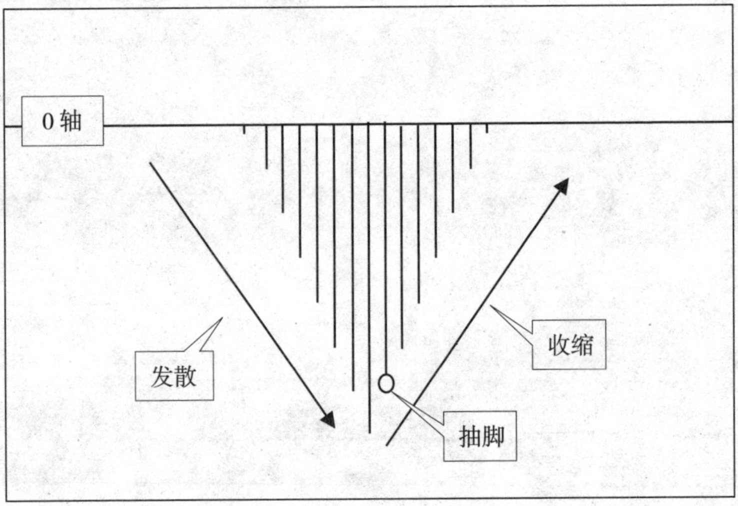

图 2-26 MACD 柱线“尖谷”形态

MACD 柱线“尖谷”形态，必然伴随着股价的暴跌与暴涨，喜欢抢反弹的投资者可以多关注这种形态。该形态的分析要点如下。

第一，出现该形态往往是由于主力突然启动大幅打压造成的，因而具有很强的突然性。一般情况下，不出现 MACD 柱线“尖谷”形态，投资者是不应该入场抢反弹的。

第二，理论上来说，在 MACD 柱线放大至顶峰时入场抢入股票，可能实现收益最大化，但这种做法风险极高。

第三，“尖谷”形态出现时，由于 MACD 柱线仍位于 0 轴下方，未来即使股价出现反弹，也可能面对诸多阻力，投资者必须做好风险防控。

下面来看一下动力源的案例，如图 2-27 所示。

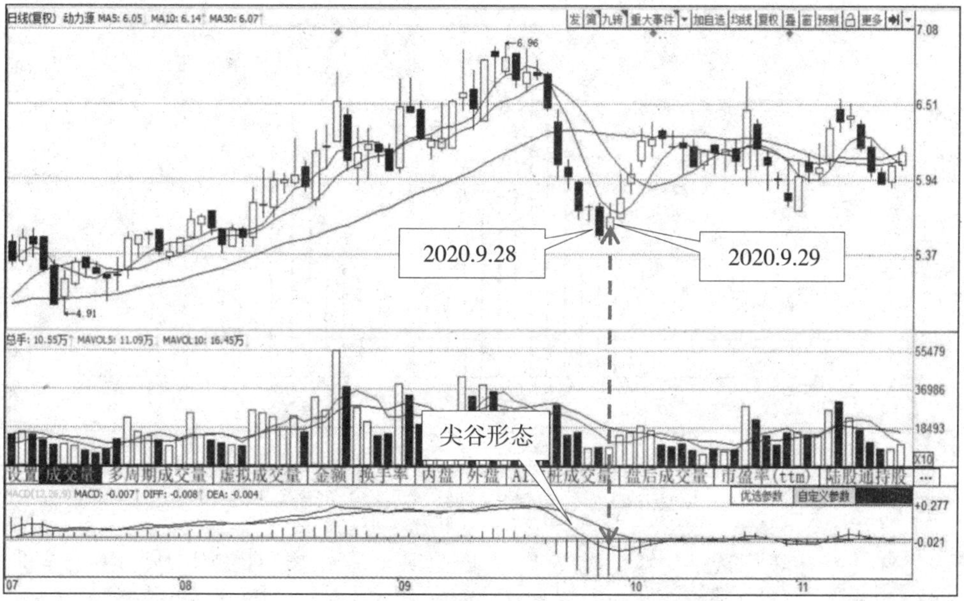

图 2-27　动力源（600405）MACD 指标走势图

如图 2-27 所示，处于上升趋势中的动力源，股价在 2020 年 9 月中旬突然启动了一波快速下跌走势，MACD 柱线急速下挫，形成了典型的“尖谷”形态。

2020 年 9 月 28 日，该股股价在前几个交易日大幅下跌的基础上低开低走，并在 K 线图上留下了一根大阴线，这属于典型的看空形态。与此同时，MACD 柱线在这一天达到了顶峰，此时投资者不应急于入场。

次日（9 月 29 日），该股小幅高开高走，MACD 柱线出现尖谷形态。对于喜欢抢反弹的投资者来说，这时就是一个不错的入场机会。

大家要清楚，低位抢反弹会冒很大的风险，一旦失败，必须立即止损出局，以免被套于“半山腰”。

七、MACD 柱线“双峰”

“双峰”形态是指位于 0 轴上方的 MACD 柱线形成波峰后出现萎缩，未触及 0 轴时再度拉长，形成第二个波峰后又出现萎缩。如图 2-28 所示。

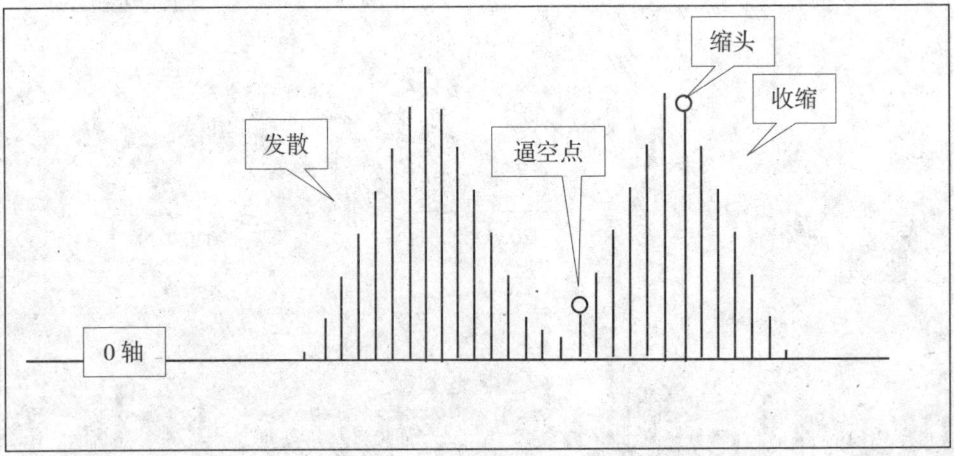

图 2-28　MACD 柱线“双峰”形态

MACD 柱线形成“双峰”形态时，出现第一个波峰，说明多头力量由强转弱，但在空头还未取得绝对优势时（未越过 0 轴），多头卷土重来，重新占据了优势地位。

MACD 柱线出现“双峰”形态的操作要点如下。

第一，通常情况下，两个波峰之间的逼空点属于经典的加仓点。即当 MACD 柱线形成第一个波峰后，没有跌至 0 轴下方即再度向上拉长时的点位（即逼空点），就是投资者的加仓买入点。形成第二个波峰后，MACD 柱线开始“缩头”，就是第一个短线卖出点。

第二，逼空点的有效性还与 DIFF 快线和 DEA 慢线所处的位置有关。DIFF 快线和 DEA 慢线位于 0 轴上方时，MACD 柱线出现“双峰”形态，那么，此时出现的逼空点就是“双峰”形态。此时出现的逼空点成色较低，也许只是股价在下跌途中的短暂反弹，投资者应尽量避免买入或少量买入。一旦 MACD 柱线出现“缩头”，可清空股票。

下面来看一下可立克的案例。

如图 2-29 所示，自 2020 年 4 月 27 日开始，可立克的股价进入了振荡上升通道。随着股价的振荡上扬，MACD 柱线形成了“双峰”形态。

5 月上旬，可立克的股价经过一段时间的上涨后出现振荡回调走势，MACD 柱线随之出现萎缩。此时，谨慎的投资者可考虑适当减仓。5 月 20 日，该股股价回调一段时间后突然发力上攻，MACD 柱线重新向上拉伸，形成了“逼空点”，此时投资者可考虑入场加仓。

此后，该股股价经过几个交易日的上攻，又出现了上攻乏力的迹象。5 月 27 日，该股股价收出一根小阴线，MACD 柱线此时也出现了缩头迹象，这属于典型的卖出信号。鉴于此时 MACD 指标线仍运行于 0 轴上方，投资者可先减仓，再观察股价的后续走势。

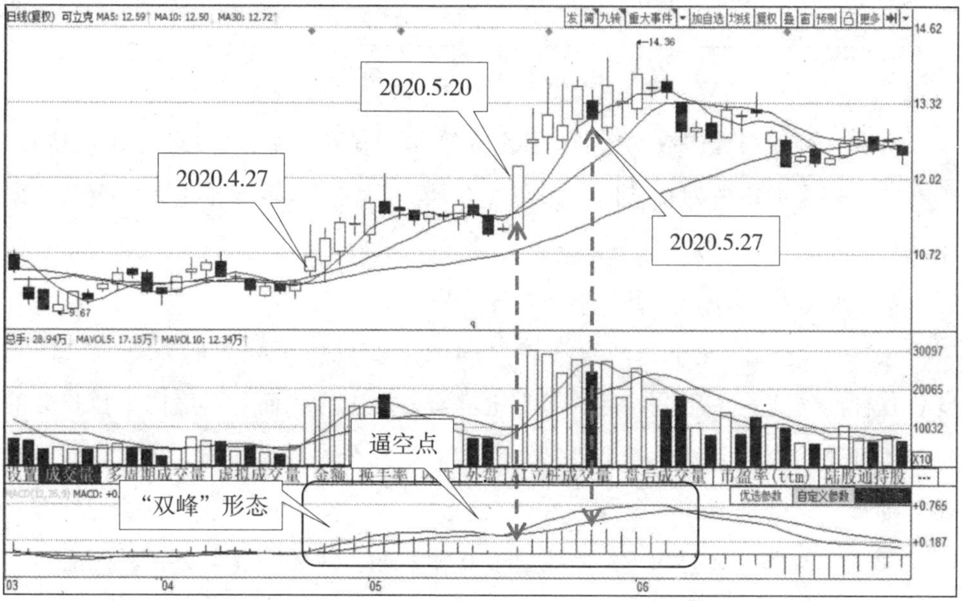

图 2-29　可立克（002782）MACD 指标走势图

八、MACD 柱线“双谷”

“双谷”形态是指位于 0 轴下方的 MACD 柱线形成波谷后出现萎缩，未触及 0 轴时再度拉长，形成第二个波谷后又出现萎缩。如图 2-30 所示。

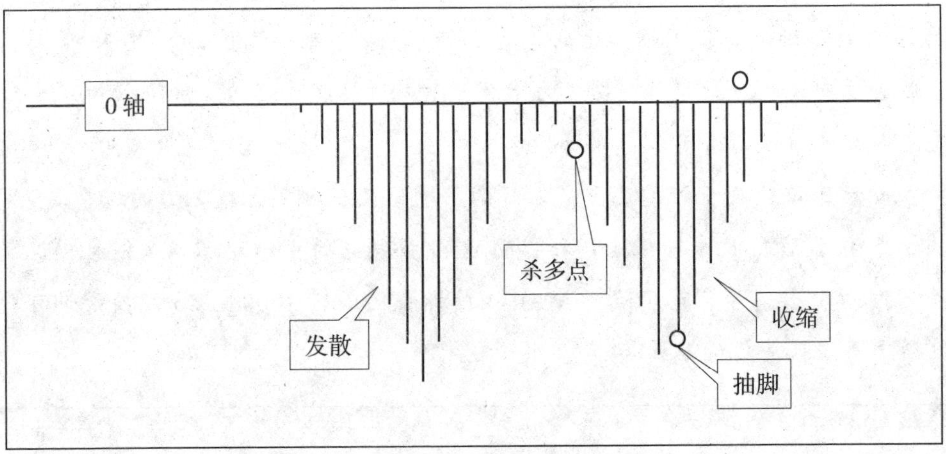

图 2-30　MACD 柱线“双谷”形态

MACD 柱线形成“双谷”形态，出现第一个波谷，说明空头力量由强转弱，但在多头还未取得绝对优势时（未越过 0 轴），空头再度卷土重来，重新占据了优势地位。

MACD 柱线出现“双谷”形态的操作要点如下。

第一，通常情况下，两个波谷之间的杀多点属于经典的减仓点。即当 MACD 柱线形成第一个波谷后，没有上涨至 0 轴上方，而是再度向下拉长时的点位（即杀多点），就是投资者的清仓点。第二个波谷形成后，MACD 柱线开始“抽脚”，就是第一个短线买入点。

第二，DIFF 快线和 DEA 慢线位于 0 轴上方，并无明显向下运动的态势，MACD 柱线出现双谷形态，那么，此时出现的杀多点有可能只是主力的刻意打压行为，投资者需保持观望。

第三，第二个波谷之后，MACD 柱线出现“抽脚”形态时，激进的投资者可考虑少量入场。通常来说，出现“抽脚”形态，股价都可能有一波反弹态势。

不过，反弹有多高，还要看股价所处的趋势和面对的阻力情况。

下面来看一下三联虹普的案例，如图 2-31 所示。

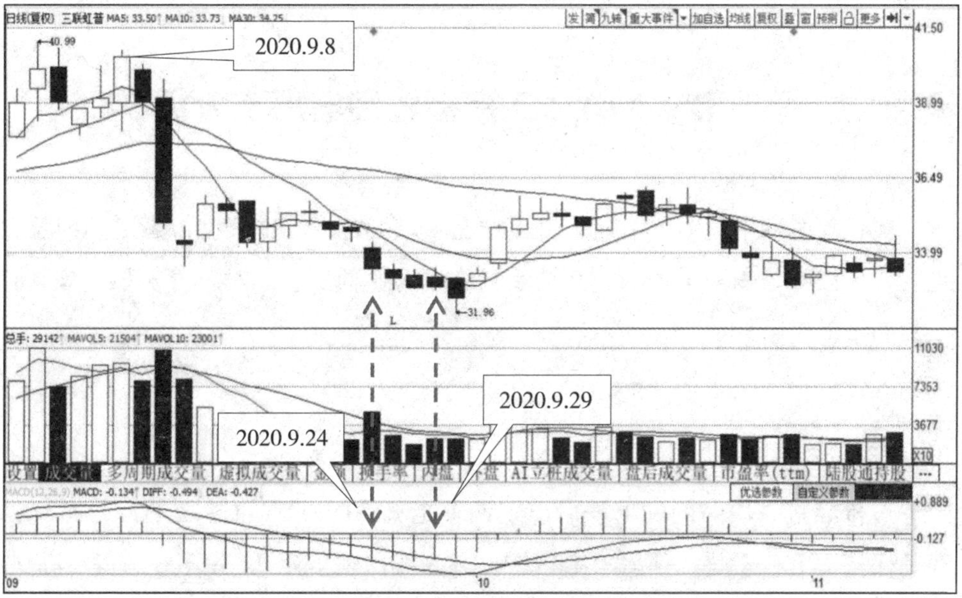

图 2-31　三联虹普（300384）MACD 指标走势图

如图 2-31 所示，自 2020 年 9 月 8 日开始，三联虹普的股价进入了振荡下跌通道。随着股价的振荡下跌，MACD 柱线形成了“双谷”形态。

9 月下旬，三联虹普的股价经过一段时间的下跌后出现横向调整走势，MACD 柱线随之出现萎缩。鉴于此时 MACD 指标线开始跌破 0 轴，投资者可保持关注，暂不入场。

9 月 24 日，该股股价横向调整一段时间后突然下挫，MACD 柱线重新向下拉伸，形成了“杀多点”，此时持仓投资者宜清仓，持币投资者可继续观望。

9 月 29 日，该股股价再度下跌，而 MACD 柱线出现“抽脚”形态，这是典型的空转多形态。鉴于此时 MACD 指标仍位于 0 轴下方，保守型投资者可继续观望，激进型投资者可少量参与，博取反弹收益。

第五节　MACD 指标线经典形态分析

MACD 指标中的 DIFF 线和 DEA 线是最核心的两条曲线，二者之间因位置关系变化以及与 MACD 柱线、0 轴一起构成的各种形态，对股价未来走势具有一定的指示作用。

一、多头风洞

股价经过一段时间的上涨后出现调整走势，DIFF 线也随之下行，而 DEA 线仍保持了上行态势，使得 DIFF 线与 DEA 线出现了死叉。很快，随着股价遇到支撑重新上升，DIFF 线重新向上与 DEA 线形成金叉。MACD 指标金叉与死叉之间的形态就是多头风洞。出现该形态，预示着股价很可能进入强势上行通道。如图 2-32 所示。

MACD 指标出现“多头风洞”形态，往往是主力高位洗盘行为造成的。MACD 指标高位金叉后，股价可能会迎来一波上涨行情。该形态的具体操作要点如下。

第一，股价经过一段时间的上涨后，很多获利盘需要清理，否则主力继续向上拉升股价就会存在困难。因此，上涨趋势中的股价往往会出现多次回调走势。

第二，股价回调时，DIFF 线由于灵敏度高于 DEA 线，往往会率先有所反应并随之下行。此时，由于 DEA 线还处于上升趋势，二者很快就会出现高位死叉。死叉出现时，MACD 指标的两条曲线全部位于 0 轴上方，说明多头仍占据绝对优势地位，未来恢复上升的概率极大。

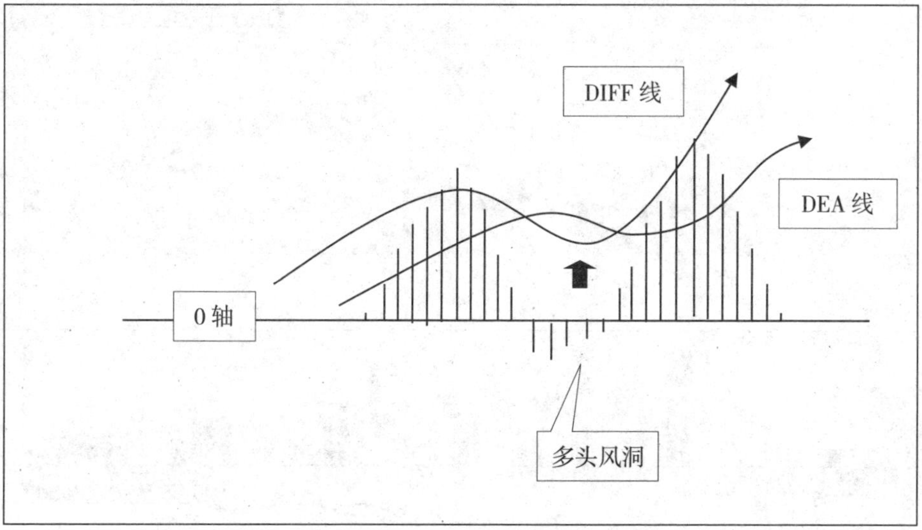

图 2-32 MACD 指标“多头风洞”形态

第三，股价恢复上攻时，MACD 柱线快速向上拉伸，DIFF 线同步向上穿越 DEA 线，形成高位金叉，这是股价恢复上行的典型信号。从波浪理论来看，此时的上攻也可能属于第五浪上升，也许上涨幅度会非常大，同时也存在上攻“夭折”的可能。

第四，股价回调时，若成交量同步萎缩，当 MACD 指标出现金叉时，成交量同步放大，更可印证股价即将进入上升趋势。

第五，MACD 指标线出现高位金叉时，意味着多头风洞形态正式成立，投资者可积极入场。

下面来看一下中直股份的案例。

如图 2-33 所示，自 2020 年 7 月初开始，中直股份的股价进入了加速上升通道。随着股价的振荡上行，MACD 柱线也同步向上拉伸。

7 月 10 日，中直股份的股价经过一段时间的上涨后出现振荡调整走势，DIFF 线开始逐渐走低。8 月初，DIFF 线向下跌破 DEA 线，形成了高位死叉，且成交量同步萎缩。不过，此时 MACD 指标仍位于 0 轴上方，保守型投资者可少量减仓，激进型投资者可继续持股。

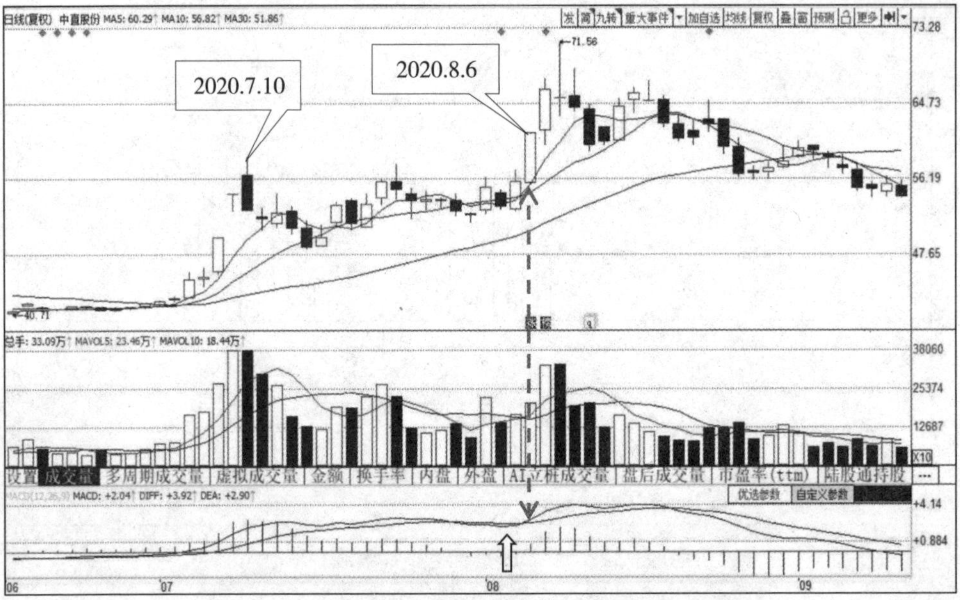

图 2-33　中直股份（600038）MACD 指标走势图

8 月 6 日，该股股价再度放量上攻，DIFF 线重新向上突破 DEA 线形成高位金叉。至此，MACD 指标多头风洞形态正式成立，短线投资者可积极买入。

二、空头风洞

股价经过一段时间的下跌后出现反弹走势，DIFF 线也会随之上行，而 DEA 线仍保持下行态势，使得 DIFF 线与 DEA 线出现金叉。但很快，随着股价遇到阻力重新下行，DIFF 线重新下行，与 DEA 线形成死叉。MACD 指标金叉与死叉之间的形态就是空头风洞。出现该形态，预示股价很可能进入加速下行通道。如图 2-34 所示。

MACD 指标出现“空头风洞”形态，往往属于主力的诱多行为。MACD 指标低位死叉后，股价可能会迎来一波下跌行情。该形态的具体操作要点如下。

第一，股价经过一段时间的下跌后，很多场外资金蠢蠢欲动，想要入场抢反弹，主力则趁机将这部分资金套于“半山腰”。

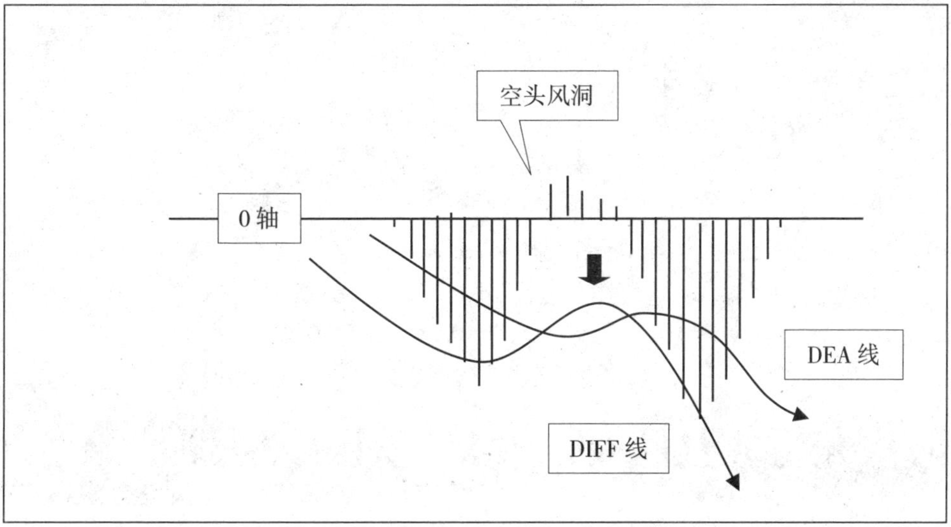

图 2-34　MACD 指标“空头风洞”形态

第二，股价反弹时，DIFF 线灵敏度高于 DEA 线，往往会率先有所反应，并随之上行。此时，由于 DEA 线还处于下行趋势，二者很快就会出现低位金叉。金叉出现时，MACD 指标的两条曲线全部位于 0 轴下方，说明空头仍占据绝对优势地位，未来重归下跌趋势的概率很高。

第三，股价恢复下跌时，MACD 柱线快速向下拉伸，DIFF 线同步向下穿越 DEA 线，形成低位死叉，这是股价恢复下行的典型信号。

第四，MACD 指标出现死叉时，意味着空头风洞形态正式形成，持股的投资者宜清空仓位。

下面来看一下海信视像的案例。

如图 2-35 所示，自 2020 年 9 月初开始，海信视像的股价进入了加速下跌通道。随着股价的振荡下行，MACD 柱线也同步向下拉伸。

9 月 25 日，海信视像的股价经过一段时间的下跌后出现反弹走势，DIFF 线开始逐渐走高。10 月初，DIFF 线向上突破 DEA 线形成了金叉，但该金叉位于 0 轴下方较远的位置，因而成色不是很足。

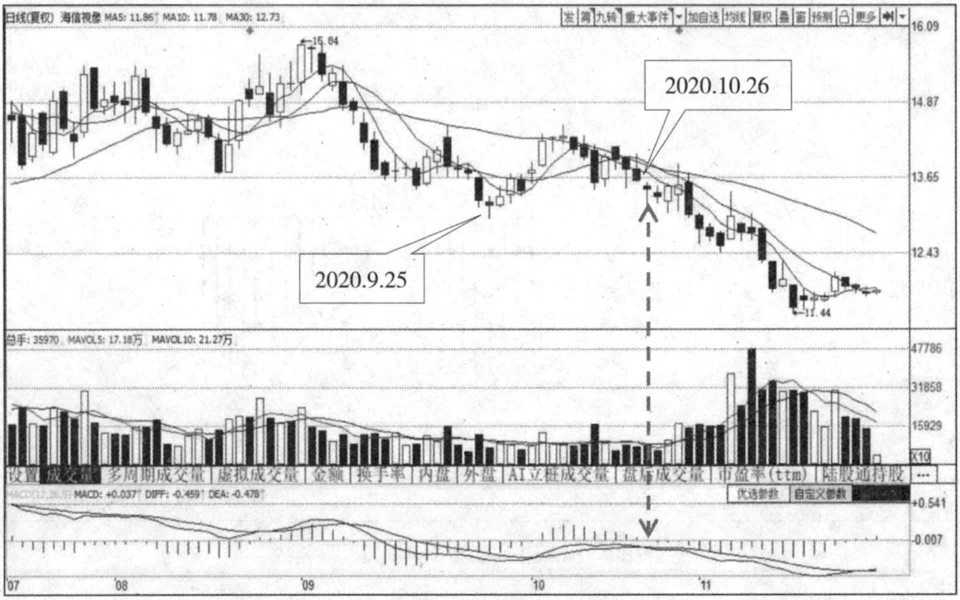

图 2-35　海信视像（600060）MACD 指标走势图

10 月 26 日，该股股价延续之前几个交易日的下跌态势，再度下行，DIFF 线重新向下跌破 DEA 线形成死叉。至此，MACD 指标空头风洞形态正式成立。投资者宜远离这类股票。

三、天鹅展翅

天鹅展翅是指随着股价触底反弹，DIFF 线与 DEA 线在 0 轴下方形成金叉后继续上扬，MACD 柱线同步拉长。其后，随着股价的调整，DIFF 线向 DEA 线靠拢，但未跌破 DEA 线，MACD 柱线同步萎缩至 0 轴。接着，股价因受到支撑重新上攻，DIFF 线高高跃起，MACD 柱线同步快速拉伸，犹如天鹅展翅飞翔。如图 2-36 所示。

天鹅展翅形态属于典型的看涨信号。该形态出现后，股价一般都会迎来一波可观的上涨。其具体操作要点如下。

第一，股价经过一段时间的下跌后出现反弹走势，此时很多套牢盘以及底部入场抢反弹的获利盘都存在兑现的需要，因此股价反弹一段时间后，就会重新进入调整行情。

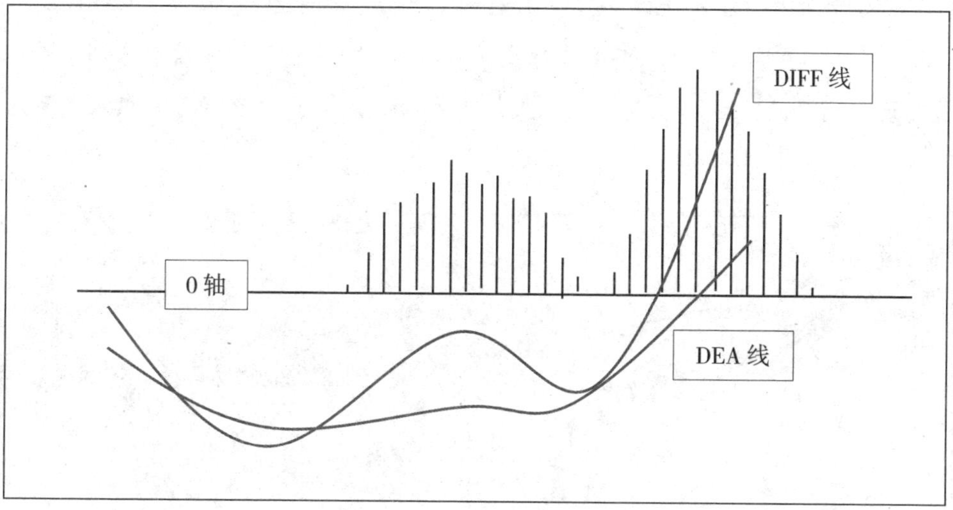

图 2-36　天鹅展翅形态

第二，股价回调时，DIFF 线灵敏度高于 DEA 线，往往会率先有所反应并随之下行。此时，由于 DEA 线还处于上升趋势，二者相遇后，DIFF 线被 DEA 线高高托起，而此时股价与 MACD 柱线同步向上，这说明股价的回调已经结束，股价将会重新进入上升通道。

第三，随着股价的上行，若 MACD 指标快速向上突破 0 轴，则更可印证股价上升趋势确立，投资者可积极入场做多。

第四，股价回调时，若成交量同步萎缩，当 DIFF 线被 DEA 线托起后，成交量同步放大，更可印证股价即将进入上升趋势。

下面来看一下康欣新材的案例。

如图 2-37 所示，自 2020 年年初开始，康欣新材的股价进入了加速下行通道。随着股价振荡下行，MACD 指标也同步下行。

5 月底，康欣新材的股价出现触底反弹迹象。6 月 2 日，该股股价向上突破了 10 日均线，MACD 指标出现了低位金叉。由于该金叉距离 0 轴较远，成色有些不足，投资者可继续保持观望或少量建仓。

此后，该股股价出现了一波振荡调整走势，股价又创出下行以来的新低，DIFF 线开始向 DEA 线靠拢。7 月 2 日，该股股价放量上攻，DIFF 线受 DEA 线的支撑大幅回升，MACD 柱线同步拉长，说明该股即将结束回调走势，将会迎来新一波上攻。至此，天鹅展翅形态正式成立，投资者可积极入场买入股票。

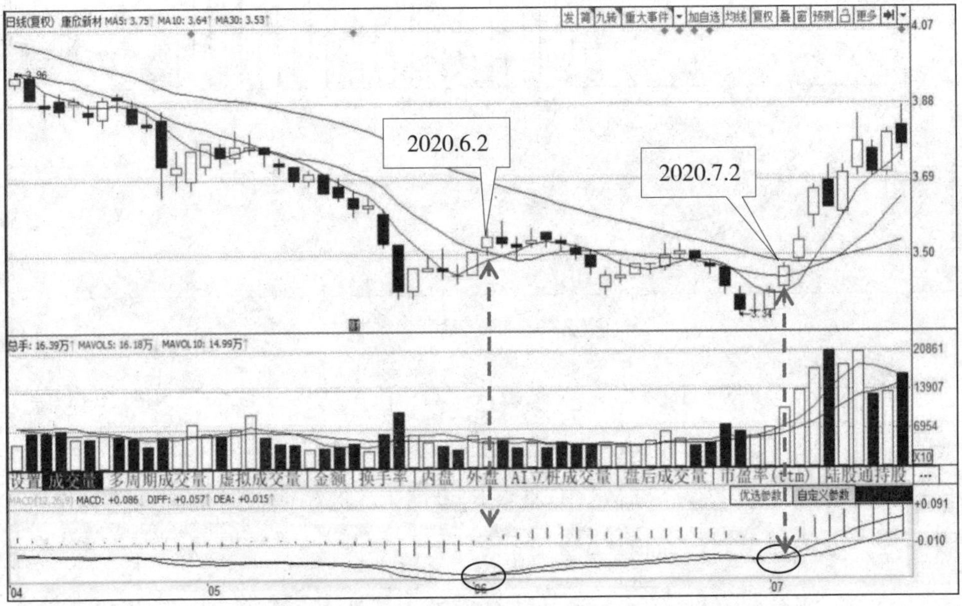

图 2-37　康欣新材（600076）MACD 指标走势图

四、佛手向上

佛手向上形态与天鹅展翅形态十分相似，只是 MACD 指标线的位置以及 DIFF 线与 DEA 线靠拢的程度稍有不同。在佛手向上形态中，MACD 指标线的金叉距离 0 轴较近，且金叉之后 DIFF 线和 DEA 线双双向上突破了 0 轴，此后 DIFF 线出现回调，在没有与 DEA 线完全靠拢时被 DEA 线托起。如图 2-38 所示。

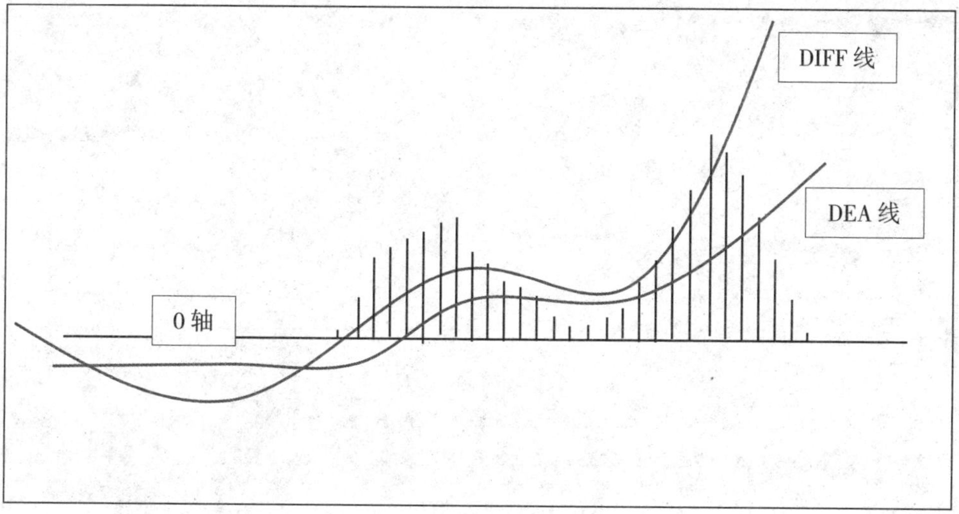

图 2-38 佛手向上形态

佛手向上形态是一种看涨信号强于天鹅展翅的形态，自然也属于典型的看涨信号。该形态出现后，股价一般都会迎来一波可观的上涨。其具体操作要点如下。

第一，股价触底后出现反弹走势，MACD 指标同步出现黄金交叉，交叉点位于 0 轴下方不远处。该位置金叉的成色要比天鹅展翅形态中的金叉更高，未来股价上升的概率也更大。

第二，随着股价的上升，DIFF 线和 DEA 线双双突破 0 轴。此后，随着股价的调整，MACD 指标线同步回调。在回调时，DIFF 线的灵敏度高于 DEA 线，往往会率先有所反应，并随之下行。此时，由于 DEA 线还处于上升趋势，二者相遇后，DIFF 线被 DEA 线高高托起，此时股价与 MACD 柱线同步向上。这种情况说明股价回调已经结束，将会重新进入上升通道。至此，佛手向上形态正式成立。

第三，股价回调时，若成交量同步萎缩，当 DIFF 线被 DEA 线托起后，成交量同步放大，更可印证股价即将进入上升趋势。

下面来看一下卧龙地产的案例，如图 2-39 所示。

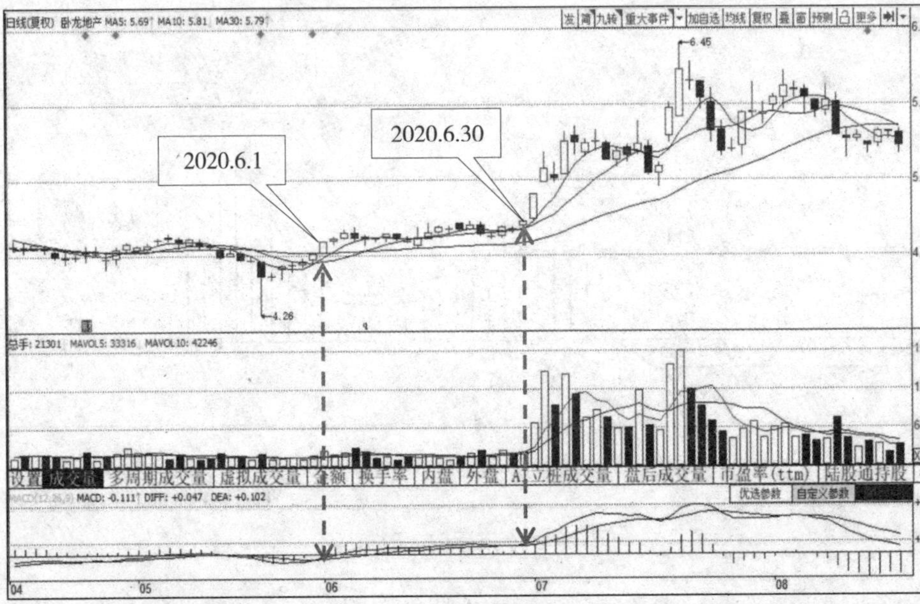

图 2-39　卧龙地产（600173）MACD 指标走势图

如图 2-39 所示，自 2020 年 3 月开始，卧龙地产的股价进入了下行通道。随着股价振荡下行，MACD 指标也同步下行。

5 月底，卧龙地产的股价出现触底反弹迹象。6 月 1 日，该股股价向上突破了 30 日均线，且 MACD 指标线出现了低位金叉。由于该金叉在 0 轴下方距离 0 轴较近，激进型投资者可少量入场。之后，随着股价振荡上扬，DIFF 线和 DEA 线先后向上突破 0 轴。

此后，该股股价出现了一波振荡调整走势，DIFF 线开始向 DEA 线靠拢。6 月 30 日，该股股价小幅上攻，DIFF 线受到 DEA 线的支撑大幅回升，MACD 柱线同步拉长，说明该股即将结束回调走势，将会迎来新一波上攻。至此，佛手向上形态正式成立，投资者可积极入场买入股票。

实战中，佛手向上是一种比天鹅展翅形态更为可靠的买入信号。见到此信号后，投资者可积极入场做多。

五、小鸭出水

小鸭出水形态与天鹅展翅形态也十分相似，先是股价自底部向上反攻，DIFF 线与 DEA 线同步上行，DIFF 线遇 0 轴受阻后转为下行，与 DEA 线形成 0 轴附近的死叉。但股价的回调很快结束，DIFF 线重新上行并与 DEA 线形成金叉，两条曲线快速向上突破 0 轴，犹如小鸭出水一般。如图 2-40 所示。

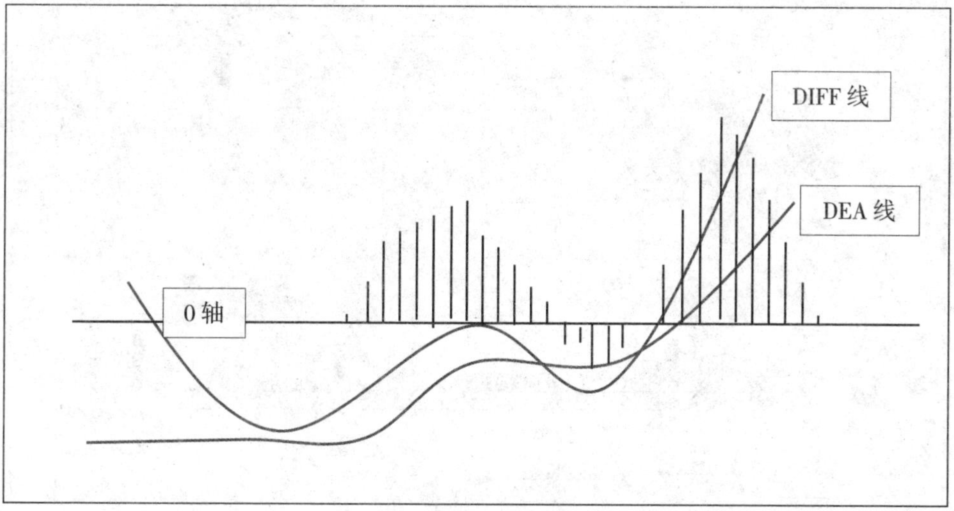

图 2-40　小鸭出水形态

小鸭出水形态是一种强势看涨信号，该形态出现后，股价一般都会迎来一波可观的上涨。其具体操作要点如下。

第一，股价触底后出现反弹走势，当其反弹至 0 轴附近时，由于受到空方的强力阻击而出现调整走势。这种调整属于股价反弹或反转途中必然会出现的一种整理走势。

第二，随着股价的回调，MACD 指标线出现死叉形态，但由于股价回调时受到支撑，之后很快重新进入上行通道，MACD 指标线重新出现金叉。金叉出现后，DIFF 线和 DEA 线快速突破 0 轴，说明多空力量对比出现了逆转，多方开始掌控市场的主动权了。

第三，由于小鸭出水形态的金叉肯定在 0 轴附近，因而，该金叉的成色一般较高，投资者可在金叉出现时开始建仓，待 MACD 指标向上突破 0 轴时加仓。

第四，股价回调时，若成交量同步萎缩，当 MACD 指标出现金叉后，成交量同步放大，更可印证股价即将进入上升趋势。

下面来看一下精伦电子的案例，如图 2-41 所示。

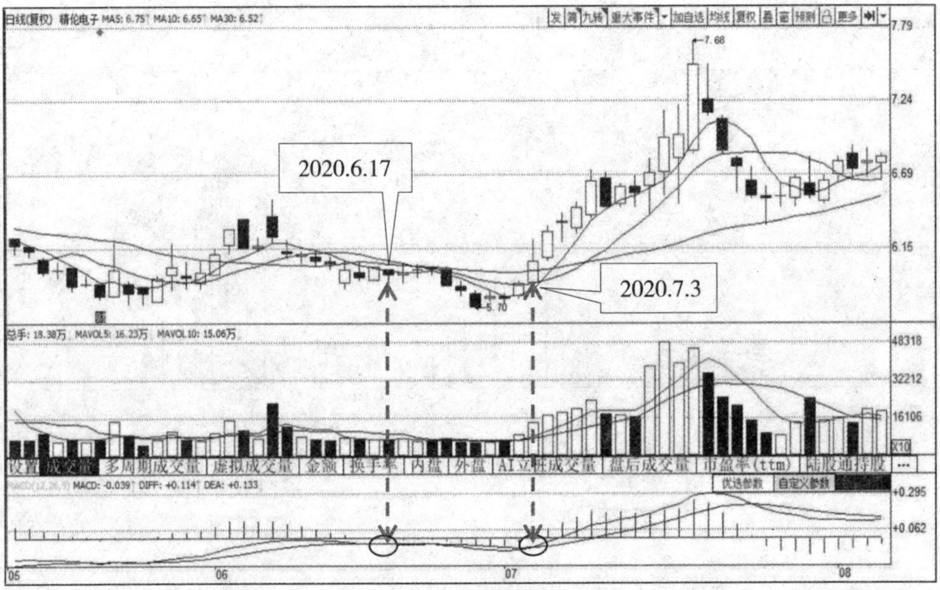

图 2-41　精伦电子（600355）MACD 指标走势图

如图 2-41 所示，自 2020 年 3 月中旬开始，精伦电子的股价进入了振荡下行通道。随着股价的振荡下行，MACD 指标也同步下行。

5 月中旬，精伦电子的股价出现触底反弹迹象。6 月初，该股股价反转至高点位置后，MACD 指标线同步达到 0 轴位置。此后，MACD 指标线因受 0 轴的阻力而出现下行态势，并于 6 月 17 日出现死亡交叉形态。此后，该股股价继续下行，但成交量同步出现了萎缩态势。

7 月 3 日，该股股价放量向上突破了 30 日均线，且 MACD 指标线在 0 轴下方不远处出现了金叉。由于该金叉在 0 轴下方距离 0 轴较近，激进型投资者可少量入场。随着股价的振荡上扬，DIFF 线和 DEA 线先后向上突破 0 轴，至此，小鸭出水形态正式成立，投资者见到此形态可积极入场做多。

六、漫步青云

漫步青云形态是指随着股价自底部上扬，MACD 指标线运行于 0 轴上方，其后股价出现回调整理，MACD 指标在 0 轴上方出现死叉，随后 DIFF 线跌破 0 轴后反向上攻，在 0 轴附近与 DEA 线形成黄金交叉。如图 2-42 所示。

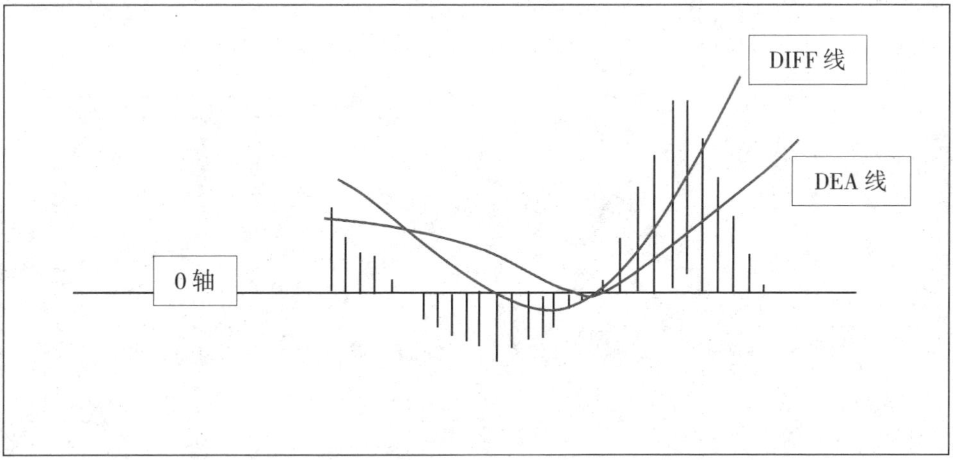

图 2-42　漫步青云形态

漫步青云形态是一种强势看涨信号。该形态出现后，股价一般都会迎来一波可观的上涨。其具体操作要点如下。

第一，股价触底后出现第一波上升走势，因股价调整，MACD 指标出现高位死叉，但此时 MACD 指标仍运行于 0 轴上方，说明多方仍占据主导地位。

第二，随着股价的回调，DIFF 线向下跌破 0 轴，给人一种股价将要大幅调整的感觉。其后，DIFF 线反向在 0 轴附近形成黄金交叉。该位置的黄金交叉往往成色最足，未来涨势也最好。

第三，股价回调时，若成交量同步萎缩，当 MACD 指标出现金叉后，成交量同步放大，更可印证股价即将进入上升趋势。

下面来看一下好当家的案例。

如图 2-43 所示，自 2020 年 2 月初开始，好当家的股价自底部启动振荡上升走势。随着股价的振荡上行，MACD 指标线也同步进入 0 轴上方区域。

3月中旬，好当家的股价出现调整迹象。3月17日，该股股价延续下跌态势，MACD 指标线出现高位死叉。鉴于 MACD 指标线仍位于0轴上方，保守型投资者可考虑适当减仓，激进型投资者可继续持仓。

其后，DIFF 线曾一度跌破0轴，但很快又反向向上。3月26日，该股股价在前一交易日大涨的基础上再度上升，MACD 指标在0轴附近形成了黄金交叉形态。至此，漫步青云形态正式成立，投资者可积极入场买入该股。

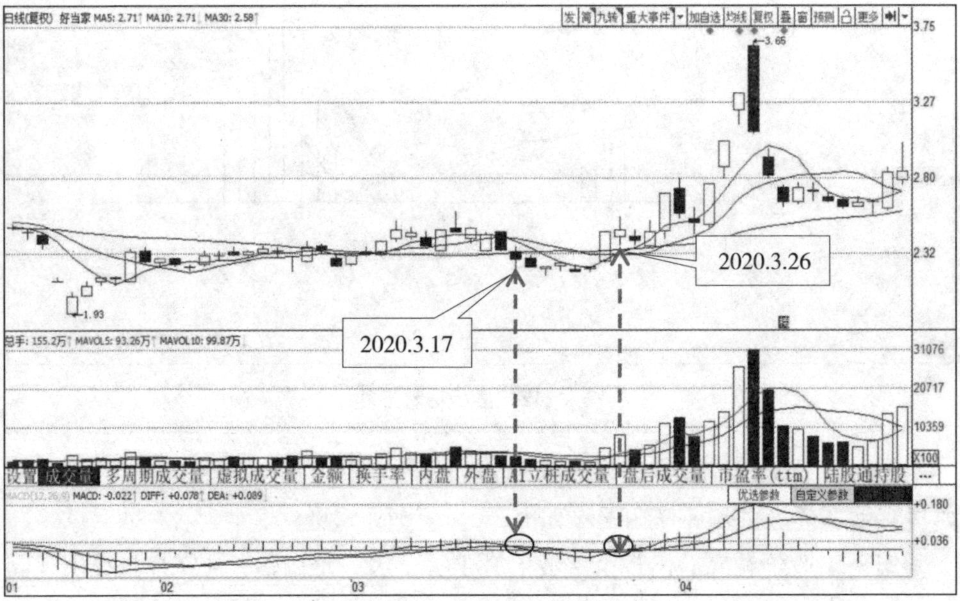

图 2-43　好当家（600467）MACD 指标走势图

七、空中缆绳

空中缆绳形态是指 MACD 指标线金叉之后运行于0轴上方，其后因股价回调，DIFF 线开始回落，在遇到 DEA 线时受到支撑，二者呈一条直线形态。其后股价上扬，DIFF 线重新拐头向上。如图 2-44 所示。

空中缆绳形态是一种典型的看涨信号，该形态出现后，股价一般都会迎来一波可观的上涨。其具体操作要点如下。

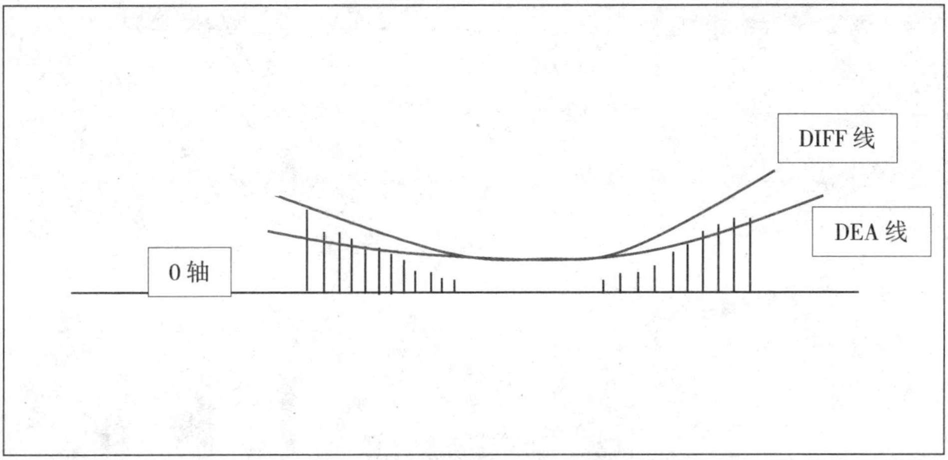

图 2-44 空中缆绳形态

第一，股价经过一段时间的上涨后出现回调走势，而 MACD 指标线仍运行于 0 轴上方，说明多方仍占据主导地位。

第二，当 DIFF 线回调至 DEA 线附近时，受到 DEA 线的支撑并与其黏合一处，说明股价下行受到强力支撑，下行空间有限，投资者需要密切关注股价其后的走势，随时准备入场。

第三，DIFF 线拐头向上，则意味着股价上升趋势重新启动，投资者可积极入场。

第四，DIFF 线与 DEA 线黏合一处时，若成交量同步萎缩，当 DIFF 线拐头向上时，成交量同步放大，更可增强股价上升的概率。

下面来看一下鹏欣资源的案例。

如图 2-45 所示，2020 年 6 月底开始，鹏欣资源的股价自底部启动振荡上升走势。随着股价的振荡上行，MACD 指标线也同步进入 0 轴上方区域。

7 月中旬，鹏欣资源的股价出现调整迹象。DIFF 线随之出现回落，很快 DIFF 线与 DEA 线黏合在一起呈直线形态。观察成交量可知，此时成交量极度萎缩，这说明此时的回调很可能属于主力的洗盘行为，投资者可保持对该股股价走势的关注。

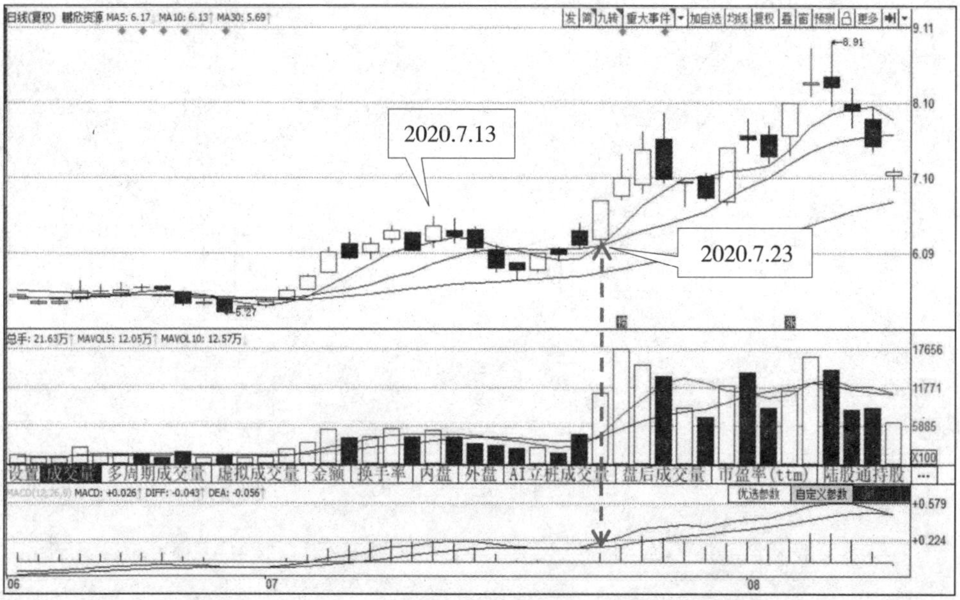

图 2-45 鹏欣资源（600490）MACD 指标走势图

7 月 23 日，该股股价放量向上，而 DIFF 线同步拐头向上。至此，MACD 指标中的空中缆绳形态正式成立，投资者可积极入场做多。

随后，该股股价出现了一波快速上升行情。

八、空中缆车

空中缆车形态与空中缆绳形态比较相似，只是 DIFF 线在回落时跌破了 DEA 线，并很快又重新向上突破了 DEA 线，比较类似于 MACD 指标线的高位金叉。若股价回调前刚刚出现黄金交叉，此时的金叉也可以看成 MACD 指标的二度金叉。如图 2-46 所示。

空中缆车形态也是一种典型的看涨信号。该形态出现后，股价一般都会迎来一波可观的上涨。其具体操作要点如下。

第一，股价经过一段时间的上涨后出现了回调走势，而 MACD 指标线仍运行于 0 轴上方，说明多方仍占据主导地位。

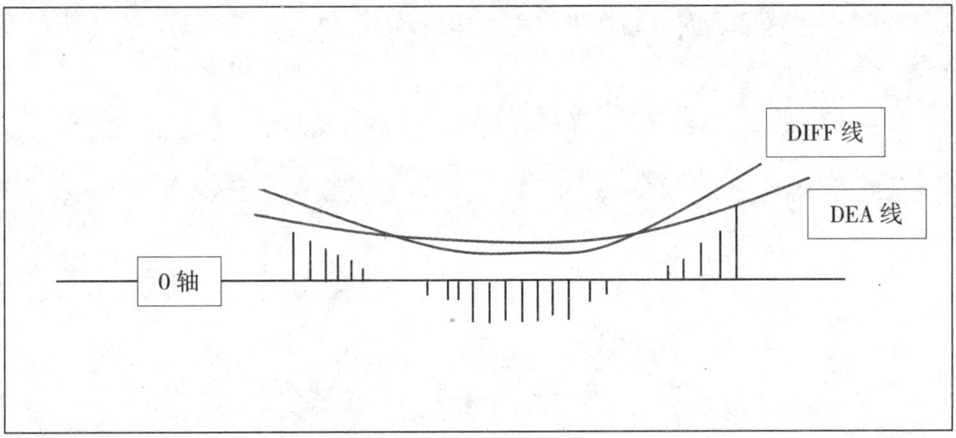

图 2-46 空中缆车形态

第二，DIFF 线随着股价的回调跌破 DEA 线，形成高位死叉，只是由于 MACD 指标线位于 0 轴上方，投资者可将其看成减仓信号，无需清仓。随后，随着股价反弹，DIFF 线重新向上突破 DEA 线形成黄金交叉，此时投资者可重新加仓。

第三，空中缆车形态有时与 MACD 指标二度金叉形态重合，属于强烈的看涨信号。

第四，MACD 指标线出现高位死叉时，成交量出现萎缩，当 MACD 指标重新形成金叉时，若成交量同步放大，则可增强股价上升的概率。

下面来看一下晋西车轴的案例。

如图 2-47 所示，2020 年 6 月底开始，晋西车轴的股价自底部启动振荡上升走势。随着股价的振荡上行，MACD 指标也同步进入 0 轴上方区域。

7 月中旬，晋西车轴的股价出现调整迹象，DIFF 线随之出现回落。

7 月 23 日，该股股价再度下行，DIFF 线向下跌破 DEA 线形成高位死叉。鉴于此时 MACD 指标线仍位于 0 轴上方，投资者可适当减仓。

此后，该股股价经过几个交易日的盘整后重新上行。8 月 5 日，该股股价大幅放量上攻，DIFF 线向上穿越 DEA 线形成黄金交叉。至此，空中缆车形态正式成立。

由于黄金交叉点在 0 轴上方附近，该位置的交叉含金量较高，也是典型的看涨信号。

综合以上分析，投资者可在此时积极入场买入股票。

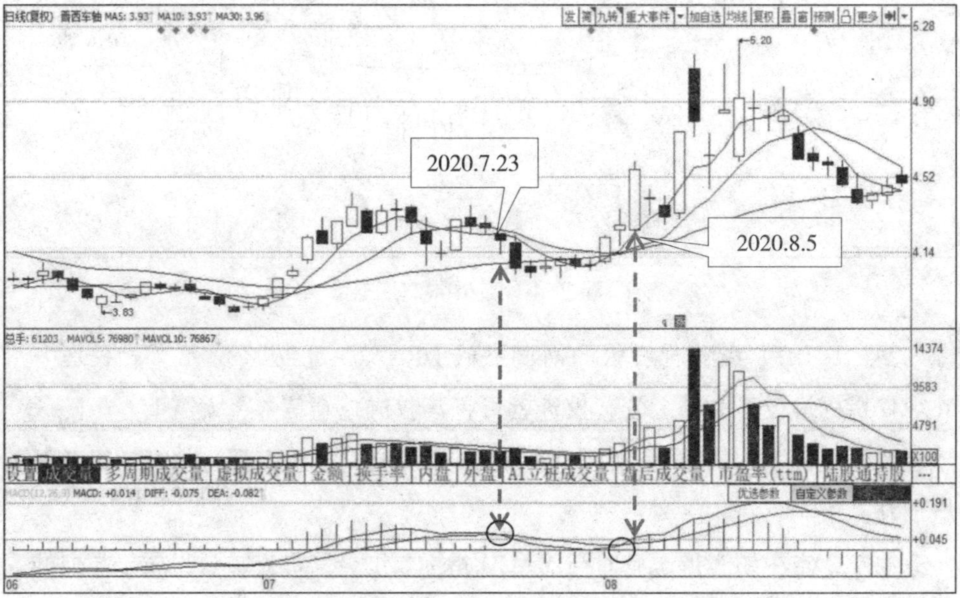

图 2-47　晋西车轴（600495）MACD 指标走势图

九、海底电缆

海底电缆的形态与空中缆绳非常相似，区别在于空中缆绳形态中 MACD 指标线在 0 轴上方，而海底电缆形态中 MACD 指标线在 0 轴下方。不过，海底电缆形态仍属于典型的看涨形态，如图 2-48 所示。

海底电缆形态是一种典型的看涨信号，不过，相对空中缆绳来说看涨意义稍弱。该形态出现后，股价一般也会迎来一波上涨。其具体操作要点如下。

第一，股价自底部反弹后出现回调走势，DIFF 线随之回调，鉴于此时 MACD 指标位于 0 轴下方，投资者宜清仓。

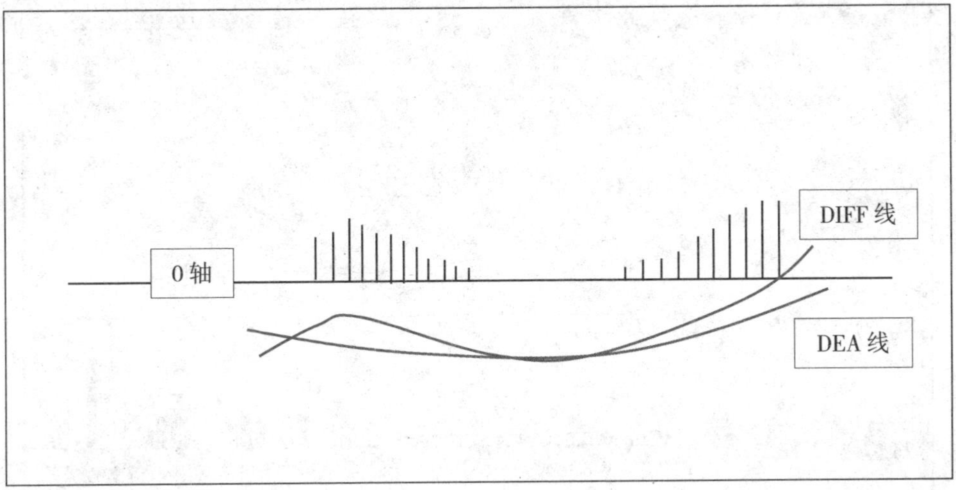

图 2-48　海底电缆形态

第二，当 DIFF 线回调至 DEA 线附近时，受到 DEA 线的支撑并与其黏合一处，说明股价下行受到强力支撑，下行空间有限，投资者需密切关注股价其后的走势，随时准备入场。

第三，DIFF 线拐头向上，意味着股价上升趋势重新启动。不过，鉴于此时 MACD 指标仍位于 0 轴下方，投资者不可全仓参与。

第四，DIFF 线与 DEA 线黏合一处时，若成交量同步萎缩，当 DIFF 线拐头向上时，成交量同步放大，更可增强股价上升的概率。

第五，DIFF 线拐头向上后，MACD 指标的两条指标线快速向上突破 0 轴，可考虑加仓买入。

下面来看一下科达制造的案例。

如图 2-49 所示，2020 年 9 月底开始，科达制造的股价自底部启动振荡上升走势。随着股价的振荡上行，MACD 指标也同步上行。

10 月中旬，科达制造的股价出现调整迹象，DIFF 线随之出现回落，很快 DIFF 线与 DEA 线黏合在一起呈直线形态。观察此时的成交量可知，此时成交量极度萎缩。不过，由于此时 MACD 指标仍位于 0 轴下方，投资者最好离场观望，激进型投资者可留有少量筹码。

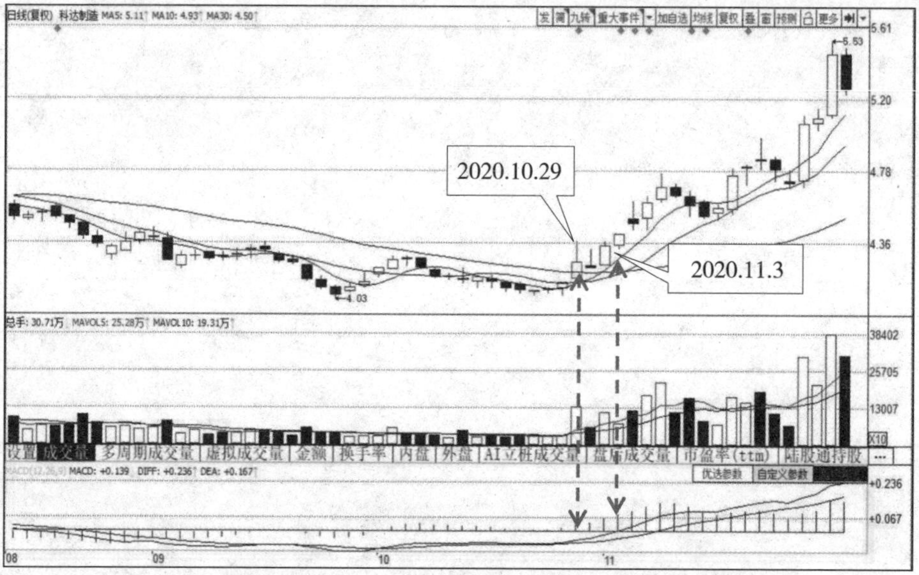

图 2-49　科达制造（600499）MACD 指标走势图

10 月 29 日，该股股价放量向上，DIFF 线同步拐头向上。至此，MACD 指标中的海底电缆形态正式成立。鉴于此时 MACD 指标仍位于 0 轴下方，投资者可少量入场建仓。

11 月 3 日，该股股价继续上行，DIFF 线向上突破 0 轴，投资者可考虑加仓买入。

随后，该股股价出现了一波快速振荡上升行情。

十、海底捞月

海底捞月形态与空中缆车形态非常相似，其区别在于空中缆车形态中，MACD 指标线在 0 轴上方，海底捞月形态中的 MACD 指标线在 0 轴下方。不过，海底捞月形态仍属于典型的看涨形态，如图 2-50 所示。

海底捞月形态也是一种典型的看涨信号，其具体分析要点如下。

第一，股价自底部反弹后出现了回调走势，而 MACD 指标线仍运行于 0 轴下方，说明空方占据主导地位，投资者可先行离场观望。

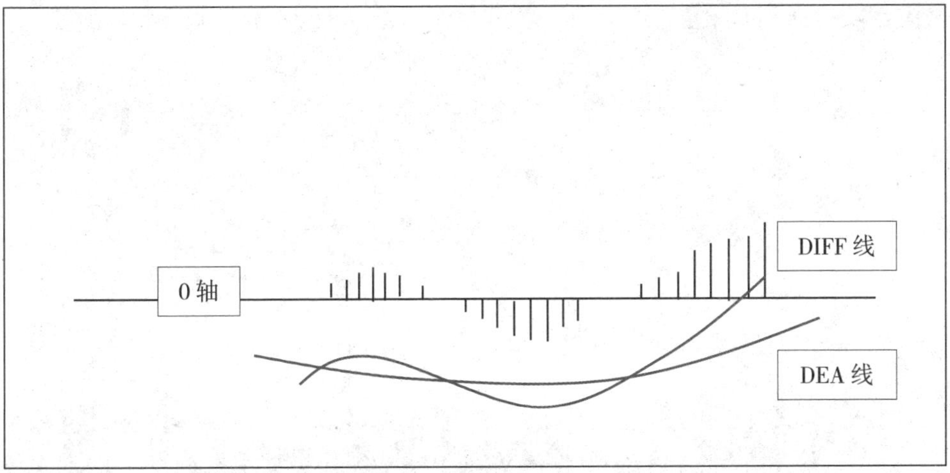

图 2-50　海底捞月形态

第二，DIFF 线随着股价的回调跌破 DEA 线，形成低位死叉。随着股价反弹，DIFF 线重新向上突破 DEA 线形成黄金交叉时，说明海底捞月形态正式成立，投资者可重新加仓。

第三，海底捞月形态有时与 MACD 指标底部二度金叉形态重合，属于强烈的看涨信号。

第四，MACD 指标出现死叉时，若成交量出现萎缩，当 MACD 指标重新形成金叉时，成交量同步放大，可增强股价上升的概率。

第五，海底捞月形态成立后，若 DIFF 线快速向上突破 0 轴，可考虑加仓买入。

下面来看一下山鹰国际的案例。

如图 2-51 所示，自 2020 年 7 月下旬开始，山鹰国际的股价出现了振荡下行走势，MACD 指标一直运行于 0 轴下方，说明空方实力较强，投资者尽量不要入场。

10 月中旬，山鹰国际的股价出现上升走势，DIFF 线与 DEA 线同步上行。其后，该股股价开始了一波大幅下跌。10 月 29 日，DIFF 线向下跌破 DEA 线形成了死叉形态，持股的投资者宜清仓。

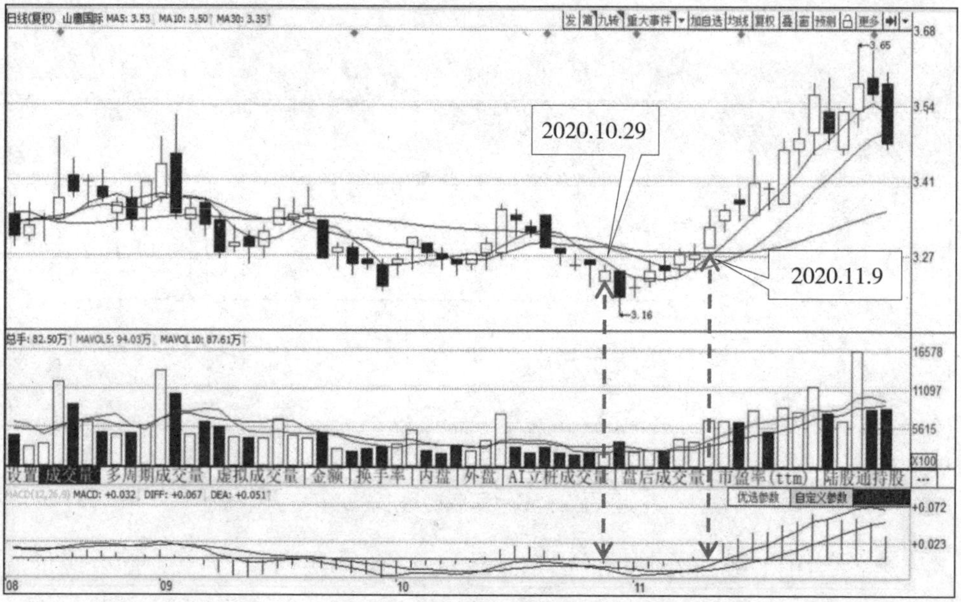

图 2-51 山鹰国际（600567）MACD 指标走势图

其后，该股股价出现触底反弹走势。11 月 9 日，该股股价继续放量上行，DIFF 线向上突破 DEA 线形成了低位金叉。至此，海底捞月形态正式成立，鉴于此时 MACD 指标仍位于 0 轴下方，投资者可少量建仓。

其后该股继续上行，DIFF 线向上突破了 0 轴，说明多空力量出现了逆转，投资者可考虑加仓买入。

第三章

金叉不败：MACD 指标金叉交易技法

MACD 指标金叉是一种经典的看涨信号。不过，从实际效果来看，金叉出现的位置、时机不同，对股价未来走势的影响也不尽相同。

第一节　低位金叉与底部建仓

MACD 指标低位金叉，是一个信息量非常大的形态。从波浪理论来看，该形态可能属于第一浪启动的信号。从趋势交易角度来看，该形态既存在趋势逆转的可能，也有在下降趋势中出现反弹的可能。正因如此，在实战中，投资者需要结合各类信号综合研判低位金叉的价值。

对于投资者来说，MACD 指标低位金叉带来的最大困惑在于：此时到底是反弹还是反转，自己是否应该建仓。这里需要厘清第一个误区：我们不是要努力分清所有的低位金叉是反弹还是反转，而是要找到明确的、辨识度较高的、能够带来反转走势的低位金叉。即使如此，对于投资者来说，也是一件十分困难的事，而且也存在很大的失败风险，因此，我们必须在仓位设置方面预留足够的空间（即按照分批建仓的原则，先少量入场），一旦判断错误，及时止损离场；若证实判断正确，可以积极加仓。

在判断 MACD 指标低位金叉的成色方面，可以尝试先从以下几个角度入手。

第一，成交量方面。

第二，价格走势方面。

第三，借助其他技术指标或理论，如波浪理论、筹码分布技术等。

有些时候，单凭某种技术分析方法或工具很难识别股价所处的趋势，这时投资者就需要综合运用多种方法，以求获得更准确的判断。

一、低位金叉与量价异动

从主力坐庄的角度来看股价涨跌，可以发现这样一种情形：股价之所以会进入下行通道，与主力的打压密不可分。大家知道，如果主力的出货任务已经完成，其继续打压股价的目的很简单，就是将股价打压至较低的水平，然后再悄悄地入场建仓。建仓之后，再拉升，出货。如此循环。

股市中没有什么新鲜事，主力就是利用这种手法反复赚钱的。即使是绩优股，也会反复出现上涨、下跌的循环，区别在于，绩优股每次价格循环之后，可能会创造更高的高点，下跌的低点也会走高。普通股票或者垃圾股则不然，它们下跌之后的低点可能更低。当然，这也就给了主力更多的获利空间，正因如此，很多主力偏爱炒作垃圾股。

从成交量角度来识别趋势反转或反弹时，需要关注以下几个方面。

第一，处于下降趋势中的股票，成交量一般都会萎缩，但下降前期或后期又有明显的不同。下降趋势前段，成交量萎缩的同时仍会出现不规则的放量情况，而在下降趋势的尾声，已经不会再出现规模较大的放量了，一般都会维持在较低的成交量水平。

第二，处于下降趋势中的股票，成交量持续萎缩。这种状态持续一段时间后，股价已经进入很低的位置，此时，成交量再度出现温和放大，甚至出现股价下跌，成交量放大的情况，往往属于主力开始入场的信号。投资者要注意与之前的反弹信号作区分。

第三，处于下降趋势中的股票，在股价上涨，MACD 指标出现低位金叉时，前后的成交量状态也不尽相同。尽管股价上涨，MACD 指标同步出现低位金叉时，成交量都会有所放大，但若仅为反弹走势的股票，其成交量可能会出现较大规模的放大。已经进入反转走势的股票，其成交量则会呈现温和放大的态势。其实，这都是主力在背后运作的结果，若为趋势反转，主力吸筹已经足够，股价上涨来日方长，没有必要一次性投入太多的资金，除非个股出现了利好消息，主力不得不紧急拉升股价，以免其他资金入场抢筹。

下面来看一下华锋股份的案例，如图 3-1 所示。

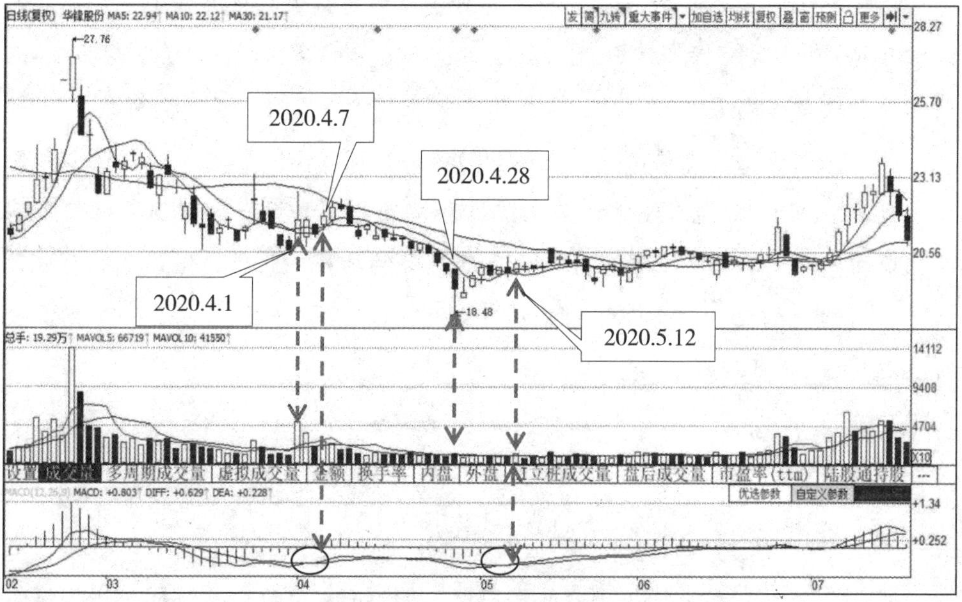

图 3-1　华锋股份（002806）MACD 指标走势图

如图 3-1 所示，华锋股份的股价自 2020 年 2 月下旬创下阶段高点后，出现振荡下跌走势，MACD 指标同步向下运行。观察该股的股价 K 线图可知，进入 3 月下旬后，股价 K 线开始运行于 30 日均线下方，成交量同步萎缩。这属于典型的量跌价缩形态，投资者不宜入场。

2020 年 4 月 7 日，该股股价在前两日反弹的基础上再度小幅上扬，MACD 指标同步出现低位金叉形态。从金叉形态形成前的成交量形态来看，4 月 1 日股价大幅反弹后，遇 30 日均线受到了强大阻力，但成交量出现了较大规模的放大，这对于股价后面的走势十分不利。4 月 7 日的股价上攻，无论成交量放量的规模还是上涨幅度，均小于 4 月 1 日，因而此时的金叉成色明显不足，投资者宜谨慎。

此后，该股股价重新进入下行通道，成交量持续萎缩，且保持了较长时间的低量。这里投资者需要注意一下，未来成交量再度放大时，可能就是主力开始大幅进场的时候，也是股价即将反转的信号。

4 月 28 日，该股股价在前几个交易日下跌的基础上再度大幅走低，但其后被拉升起来，形成了带长下影线的阴线，且成交量出现放大态势。从盘面来看，此时的下跌很可能是主力最后一次打压，未来股价存在企稳反弹的可能。

此后，该股股价小幅回升，成交量仍维持在低位。5 月 12 日，该股温和放量上升，MACD 指标出现低位金叉，该金叉点是需要投资者特别关注的。基于之前的判断，股价当前很可能处于下降趋势的尾声，此时的低位金叉无疑是一个较为强烈的进场信号。不过，鉴于此时 MACD 指标仍位于 0 轴下方，股价也运行于 30 日均线下方，出于安全考虑，投资者可少量入场建仓，待股价向上突破 30 日均线或 MACD 指标突破 0 轴后再行加仓。

二、低位金叉与 K 线反转形态

一般情况下，当 K 线出现一些经典反转形态时，MACD 指标同步出现低位金叉，那么，股价出现一波上升走势的概率相对就会大一些。

在研判时，需要关注这样几点。

第一，并不是所有的 K 线反转形态都有效，只有那些经典的反转形态，加上 MACD 指标出现低位金叉时，才是相对可靠的信号。这些经典的反转形态包括跳空底部十字线、早晨之星、V 形底等。

第二，出现这些经典底部形态时，若成交量同步萎缩，比如成交量出现阶段最低值（以三个月以上最低成交量为佳），则可增强股价触底信号的有效性。

第三，股价 K 线出现反转形态前，MACD 指标一直呈下行态势，并没有出现纠缠或黏合状态，那么，当反转形态出现时，MACD 指标出现的低位金叉有效性才高；反之，若 MACD 指标在低位反复出现交叉形态，则低位金叉将失去其交易价值。

下面来看一下中文在线的案例，如图 3-2 所示。

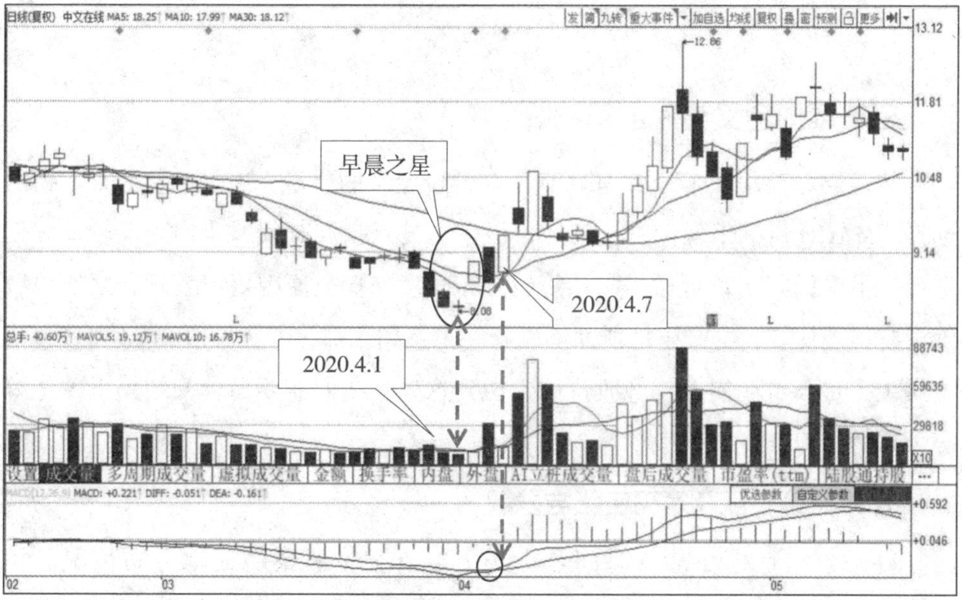

图 3-2　中文在线（300364）MACD 指标走势图

如图 3-2 所示，中文在线的股价自 2020 年 2 月初开始出现了一波下跌走势。随着股价振荡走低，成交量逐渐萎缩，MACD 指标开始运行于 0 轴下方，这说明股价走势极弱。

2020 年 3 月底，中文在线的股价跌势加速，但成交量却不断萎缩，特别是 4 月 1 日，该股股价创出了阶段新低，成交量也出现一段时间的最低值，这就是大家常说的“地量见地价”，属于典型的反转信号。与此同时，4 月 1 日的 K 线与之前和之后交易日的 K 线一起构成了早晨之星形态，这也是典型的反转信号，这就意味着未来股价止跌上扬的概率很高。

4 月 7 日，该股股价低开高走，在 K 线图上留下一根大阳线。与此同时，MACD 指标出现了低位金叉，且 MACD 指标在出现金叉前一直呈振荡下行状态，并未出现交叉形态，这就意味着此时的金叉很可能属于股价启动信号。

基于以上分析，投资者可在金叉次日开始入场少量建仓，MACD 指标向上突破 0 轴时可以加仓买入。

三、低位金叉与底部筹码峰

从筹码分布角度来分析 MACD 指标低位金叉的质量，也是一种非常不错的选择。MACD 指标出现低位金叉后，很多情况下股价 K 线并未出现反转，仅仅反弹一下又回归了下行通道。从筹码分布角度来探究原因可以发现，之所以股价没有出现反转，主要还是顶部筹码峰并未移到底部，也就是顶部套牢盘较多，这时主力是不可能向上拉升股价的。说到这里，我们需要简单介绍一下关于筹码分布的知识。

1. 筹码分布以及筹码密集与发散

筹码分布是指在某一时间点市场上持有某种股票的成本分布情况。投资者通过股票交易软件可以随时看出截至当日的筹码分布情况。

图 3-3 为华电国际从 2020 年 4 月 22 日到 11 月 26 日的 K 线走势图。图右侧的筹码分布情况反映的是自 4 月 22 日到 11 月 26 日的筹码分布情况，即平均持仓成本情况。投资者若想看其他交易日的筹码分布情况，只需移动光标到相应日期的 K 线即可。

在筹码分布图中，筹码峰高的地方属于筹码密集区域，即在该处成交的股票较多。若筹码分布图中没有明显或较大的筹码峰，则说明筹码较为分散；反之，若筹码集中于某一区域，则说明在该价位附近出现了筹码密集。

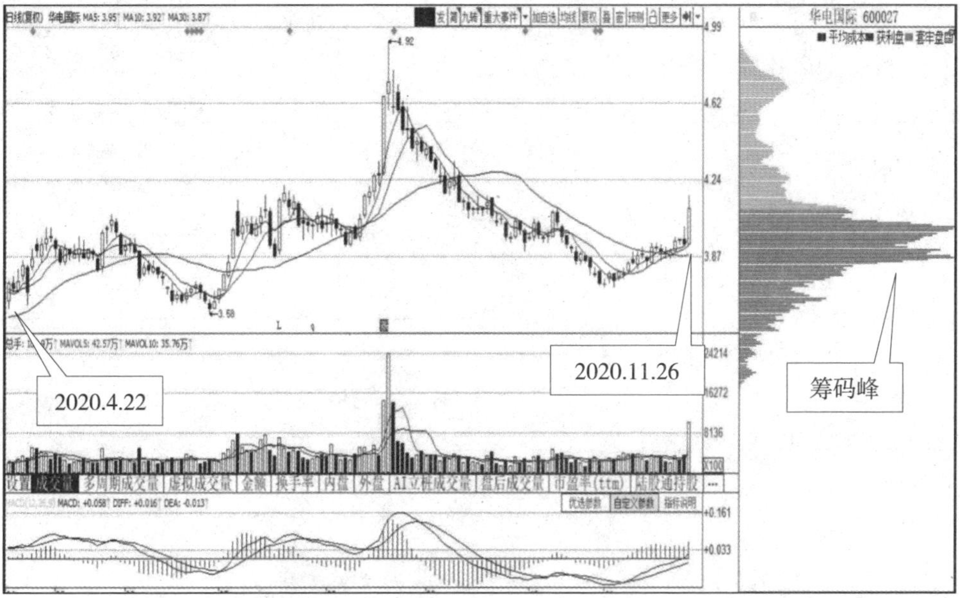

图 3-3　华电国际（600027）筹码分布图

2. 高位筹码密集形态

股价自高位下跌一段时间后，若该股票的主要筹码峰还在高价位区域（即高位单峰），则说明很多套牢盘并未出货或割肉，那么，未来股价上行面对的阻力较大，主力就不会拉升股价。股市中有这样一句话：上峰不移，下跌不止。这句话的意思也就是说，只要上方的主筹码峰仍然存在，股价的下跌趋势就很难终止。

如图 3-4 所示，中路股份的股价自 2020 年 7 月中旬开始出现了一波大幅下跌走势。9 月中旬，中路股份出现了反弹走势。

9 月 21 日，该股股价延续了之前的上攻走势，MACD 指标出现低位金叉形态。投资者可参照筹码分布情况来判断该低位金叉的性质。9 月 21 日的筹码分布呈单峰形态，且该筹码峰位于顶部区域。也就是说，截至 9 月 21 日，该股的顶部筹码峰仍未下移，股价上行压力较大，主力不可能在这种情况下向上拉升股价，因此，此时股价上攻属于短线反弹的概率较高，投资者不宜参与其中。

其后，该股股价很快又回到了下跌趋势中。

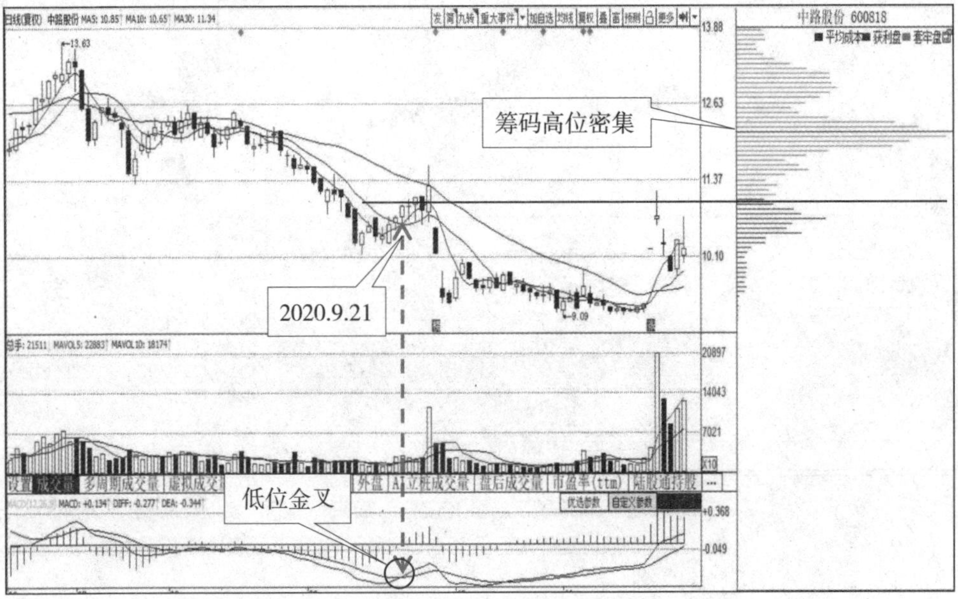

图 3-4　中路股份（600818）筹码分布图

3. 低位筹码密集形态与 MACD 低位金叉

若股价自高位下跌一段时间后，主筹码峰随着股价的下跌而下移。其后，随着股价进入底部区域，筹码在底部迅速密集，并形成了底部主筹码峰。其后，若股价出现上攻走势，且脚踩底部筹码峰之上，此时 MACD 指标同步出现低位金叉形态，那么，此时股价反转向上的概率将大大提升。

下面来看一下海正药业的案例。

如图 3-5 所示，海正药业的股价自 2020 年 4 月中旬开始出现了一波大幅下跌走势。6 月上旬，该股股价出现止跌反弹迹象。

6 月 2 日，该股股价大幅放量上攻，MACD 指标出现低位金叉形态。投资者可参照筹码分布情况来判断该低位金叉的性质。6 月 2 日的筹码分布呈单峰形态，且该筹码峰位于底部区域。也就是说，截至 6 月 2 日，该股的筹码峰已经下移至底部区域，上方筹码较少，股价上升面对的阻力很小。因此，此时的上攻很可能属于主力拉升股价的起点，投资者可考虑积极入场建仓。

此后，该股股价经过一段时间的上涨，MACD 指标向上突破了 0 轴，此时投资者可进一步加仓入场。

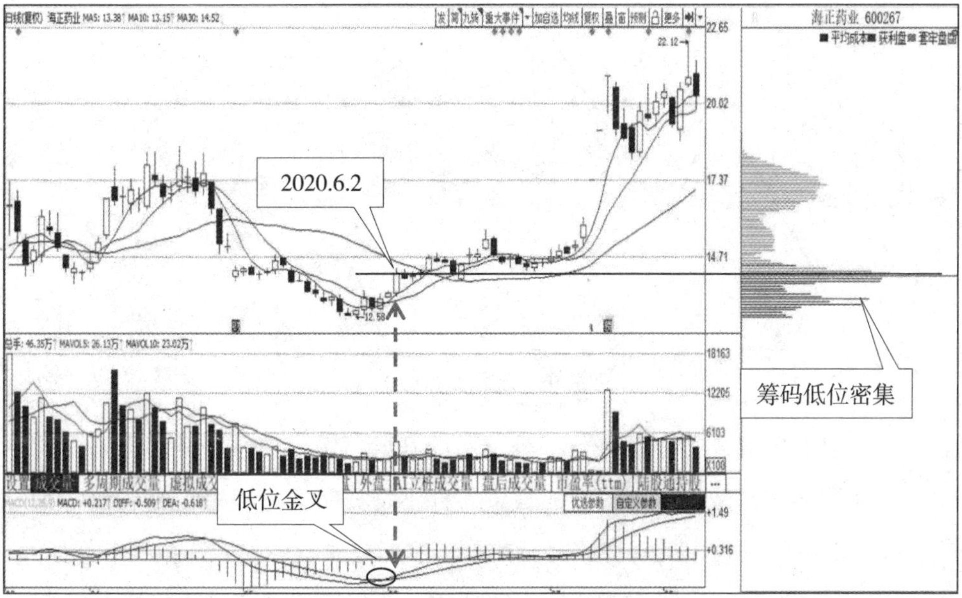

图 3-5 海正药业（600267）筹码分布图

四、低位金叉与波浪理论第一浪

喜欢波段交易的投资者对波浪理论都会有所了解。从某种意义上来说，低位金叉与波浪理论中的第一浪比较相似，同样属于下跌趋势的初次反转，也同样风险极高，且判断困难。

1. 波浪理论第一浪的特征

艾略特通过对前人经验的总结，认为在各种市场中，价格前进一般都会沿着五浪结构进行。在这五浪当中，浪 1、浪 3、浪 5 是推动价格向前运行的，被称为有向运动；浪 2、浪 4 是休整浪，是逆向运行的。对于将要发生的整个有向运动，这两个逆向休整浪是必不可少的。如图 3-6 所示。

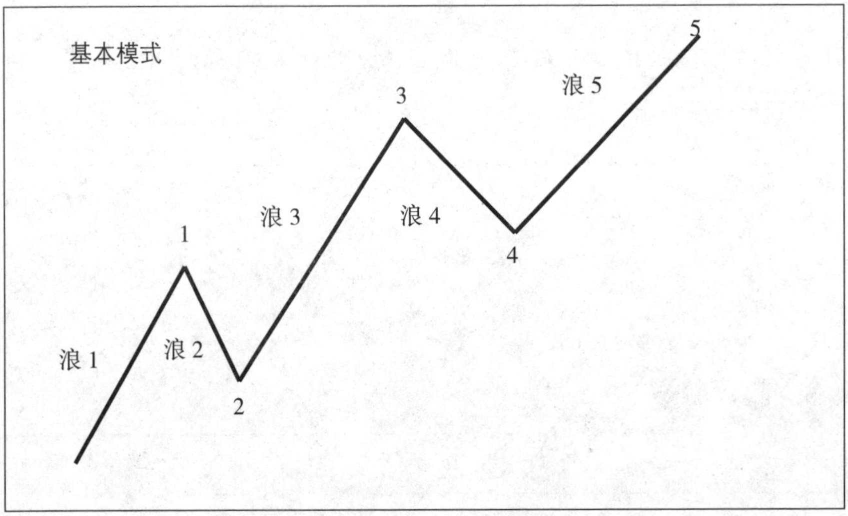

图 3-6　基本的五浪结构

第一浪的形成，往往意味着一个全新的开始。第一浪是上升浪，是对前一阶段下跌的终结，然而，市场上的投资者并不这样认为，很多投资者都将第一浪看成一次下跌过程中的反弹，因而在第一浪形成过程中，买盘并不十分强大，相反，卖盘倒是非常强大。在股价上涨过程中，会伴随着成交量逐步放大。同时，很多第一浪形成后，由于空方仍占据一定的优势，伴随着卖盘的增加，必将引起剧烈的调整。也就是说，在下跌过程中，形成第一浪后，还会经历较深的第二浪调整。

当然，并不是所有的第一浪都会经历第二浪深层次的调整。第一浪启动之前，如果市场已经经历了较长期的盘整，那么，第一浪上升的幅度就会比较大，市场上的跟风盘也会比较多，成交量也会出现放大的态势。很多投资者和机构由于踏空行情，就会等待其后调整浪的到来，一旦调整浪即第二浪到来，便会纷纷跟进买入股票，从而推动股价迅速结束调整，向上运行。

2. MACD 指标低位金叉与第一浪

将 MACD 指标低位金叉与第一浪的判断相结合，不仅可以提升判断第一浪的准确性，还能够提升判断 MACD 指标低位金叉的质量和效果。

尾随下跌行情而来的第一浪，往往会让人感到措手不及，很多投资者都将其看成下跌过程中的一次反弹，因而并不能引起足够的重视。不过，通过技术分析系统的研判，还是比较容易发现股价启动的一些迹象的。

下面来看一下奥福环保的案例，如图 3-7 所示。

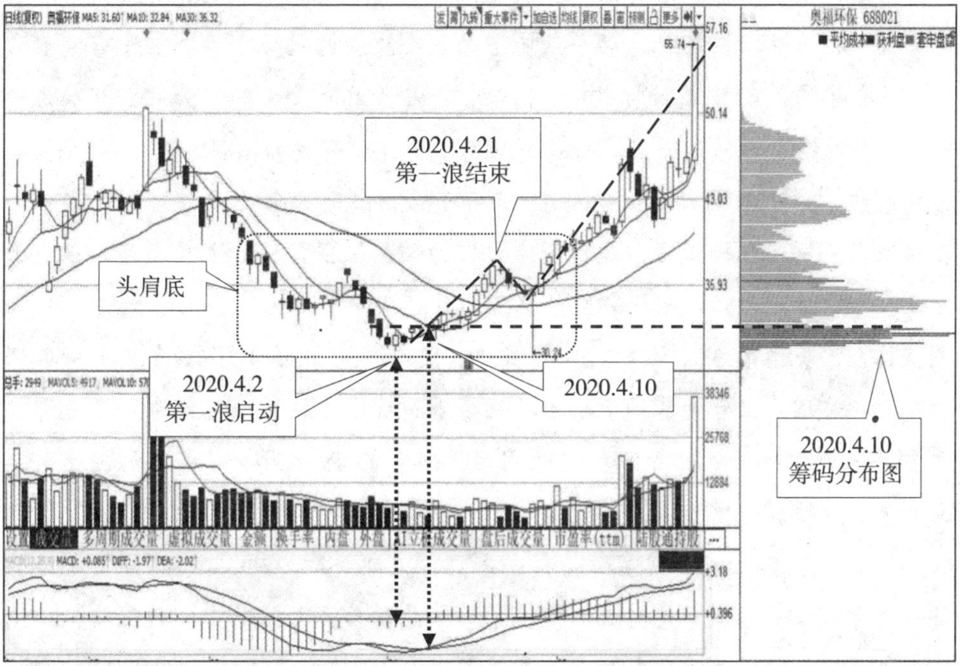

图 3-7　奥福环保（688021）日 K 线走势图

图 3-7 为奥福环保在 2020 年 4 月的股价日 K 线走势图。从图中可以看出，在前一波下跌行情之后，该股直接启动了反向上攻走势。也就是说，该股第一浪的启动点直接承接了前一波下跌行情。

观察该股第一浪启动点，可以发现这样几个特征。

第一，第一浪启动时，即该股由下跌转为上攻的过程中，从 K 线形态来看，该股的日 K 线可能会走出经典底部形态，如 W 底、头肩底、V 形底等形态。也就是说，一波下跌行情结束之后，出现这些经典底部形态，意味着可能有一波上攻行情到来。当然，这还需要其他技术指标的印证。图 3-7 在底部区域就形成了一个经典的头肩底形态。按照头肩底形态的研判方法，投资者需要等到股价向上突破头肩底的颈线位后才能确认底部形态成立。

第二，第一浪启动后，股价 K 线会向上穿越各条均线，各条均线会逐渐呈现多头发散排列，这也是所有股票即将启动上升时的一个共同特征。

第三，第一浪启动后，随着股价的上升，成交量会呈现剧烈的放大，这也是直接承接下跌行情后开启第一浪走势的一个典型特征。由于之前没有底部盘整，被套牢的筹码并未割肉出货，因此，当股价启动上攻时，必然会有人为减少损失而选择出货，这一点在筹码分布图上会显示得更为明显。

第四，第一浪启动时，MACD 指标可能会出现黄金交叉形态，且这一金叉的位置应该在 0 轴下方，这说明空方实力仍然很强，股价上升面临的阻力很大，入场的投资者必须做好相应的准备。

总之，观察图 3-7 的筹码分布图可以发现，2020 年 4 月 10 日，奥福环保的股价在前几天上升的基础上收出了一根小阳线，该股 K 线已经来到了底部，主要筹码峰都在股价的上方。与此同时，MACD 指标同步形成了低位金叉，这也是典型的看涨信号。

至此，基本上可以判断股价第一浪已经启动，MACD 指标低位金叉后将引领股价出现一波上升走势。不过，第一浪启动后会面临非常大的困难，由于前一波下跌行情结束之后未经调整与整固，因而股价未来上攻的幅度可能有限，之后还会面临深度调整（第二浪回调的幅度一般比较大）。

第二节　0 轴金叉与加仓技术

在 MACD 指标分析体系中，0 轴附近的金叉是最应受到重视的交叉，也是投资者最喜欢的一种金叉形态。

一、0 轴金叉及加仓战术解析

通常情况下，MACD 指标若在 0 轴附近形成黄金交叉前没有出现纠缠的情况，只是经历了一波下行走势，那么，此时的金叉往往具有较强的看涨意味。这里有一点需要再次和大家强调一下，MACD 指标属于经典的振荡指标或摆动指标，它只有在出现明显的趋势运行，如上行或下行趋势后，发出的金叉或死叉信号可信度才会高。当股价横向振荡，MACD 指标频繁出现金叉与死叉时，就失去了交易指示含义。

一般来说，0 轴附近的金叉多源于两类走势。

其一，股价经过一波幅度较大的上涨后出现回调走势。MACD 指标下降至 0 轴附近时，因 0 轴支撑再度上扬，因此形成黄金交叉形态，此时是一个较佳的加仓点位。一般金叉出现之后，股价通常会有一波上升走势。先前股价回落时减仓的投资者，可在此时重新进行加仓操作。

下面来看一下和科达的案例。

如图 3-8 所示，和科达的股价自 2020 年 6 月下旬上升至顶部区域后开始振荡下跌。7 月 1 日，MACD 指标出现高位死叉，此后该股开始振荡下跌。鉴于 MACD 指标仍位于 0 轴上方，投资者可考虑部分减仓而非清仓操作。

8 月 3 日，该股股价放量上攻，向上突破多条均线。与此同时，MACD 指标在 0 轴附近形成黄金交叉形态。该金叉位置较佳，属于较强的看涨信号，先前减仓的投资者可考虑重新加仓入场。

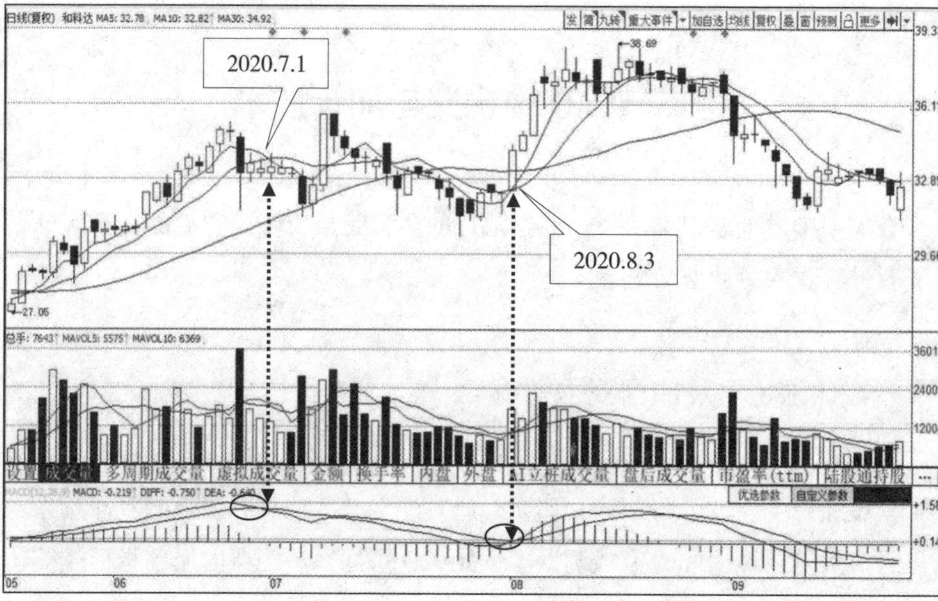

图 3-8 和科达（002816）MACD 指标走势图

大家注意，股价自高位回落后，MACD 指标在 0 轴附近出现黄金交叉，很大程度上属于股价上涨时因深度调整而产生的一种形态。对于后续走势，投资者还是要保持谨慎态度，一旦股价无法突破前期高点（高位死叉附近的股价高点），就应该再度减仓。

其二，股价自底部启动反弹，经过一波上升后，在 0 轴附近遇阻回落，并很快在 0 轴附近形成黄金交叉。一般情况下，此时多为第三浪启动，属于较佳的加仓点，投资者可积极追涨入场。

下面来看一下联化科技的案例。

如图 3-9 所示，联化科技的股价自 2020 年 3 下旬启动了振荡上升走势。到 5 月初，该股股价出现了调整走势，MACD 指标线越过 0 轴不久也随之下行，并于 5 月 8 日出现死叉形态。鉴于 MACD 指标仍位于 0 轴上方，投资者可考虑部分减仓而非清仓操作。此后，MACD 指标与股价同步下行，DIFF 线更是一度跌破了 0 轴。

6 月 1 日，该股股价放量上升，并站稳了 30 日均线。与此同时，MACD 指标在 0 轴附近形成黄金交叉形态。该金叉位置较佳，属于较强的看涨信号。由于此前股价上升幅度相对较小，此时又在 0 轴附近形成黄金交叉，说明该股股价很可能将启动一波快速上升行情，投资者可积极入场加仓买入该股。

此时股价启动的上涨行情很可能属于主升浪，后面还会详细讲解。

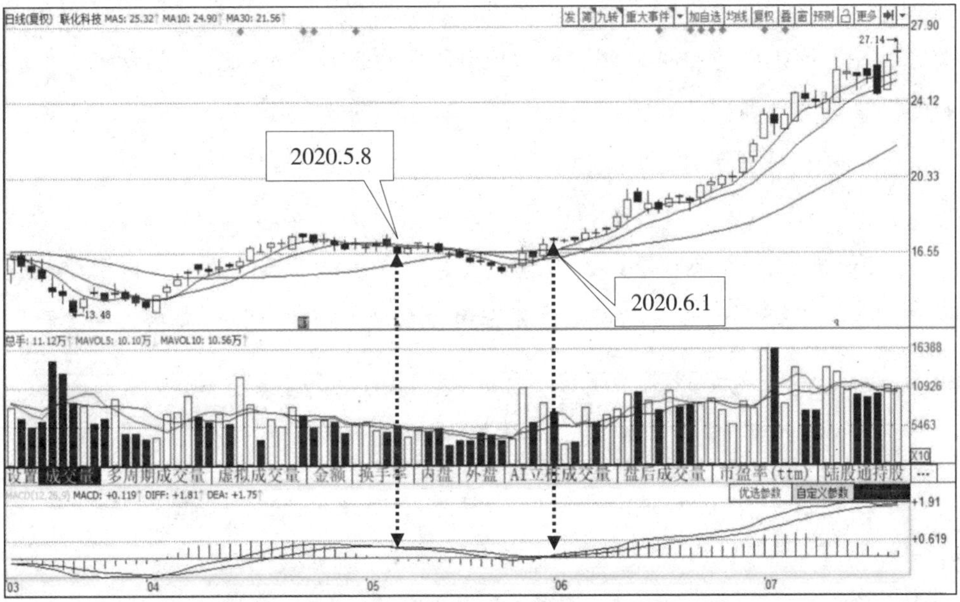

图 3-9　联化科技（002250）MACD 指标走势图

二、0 轴金叉与 K 线底部形态

当 K 线在底部区域振荡形成经典底部形态时，有时 MACD 指标也会在 0 轴附近形成黄金交叉形态，此时 MACD 指标金叉的含金量更高，看涨意味也更浓。

在研判时，需要关注这样几点。

第一，一般来说，只有在形成复杂的 K 线底部形态时，MACD 指标才可能在 0 轴附近形成黄金交叉形态，比如 W 底、三重底、头肩底等形态。如果 MACD 指标 0 轴金叉与这些底部形态的最后一个底同步出现，看涨意义更强。

第二，形成这些经典底部形态时，若成交量同步萎缩，比如成交量出现阶段最低值（以三个月以上最低成交量为佳），可增强股价触底信号的有效性。

第三，出现底部形态最后一个底前，若股价已经创出阶段新低，且 MACD 指标已经形成了低位金叉，此时再形成 0 轴附近的黄金交叉，那么未来股价上升的趋势更为明确。

下面来看一下新时达的案例。

如图 3-10 所示，新时达的股价在 2020 年 4 月下旬进入底部区域，并在 4 月 28 日创出阶段新低后开始了振荡筑底走势。在接下来的两个月内，该股股价 K 线形成了三重底形态，MACD 指标同步自底部形成低位金叉后反向上行。

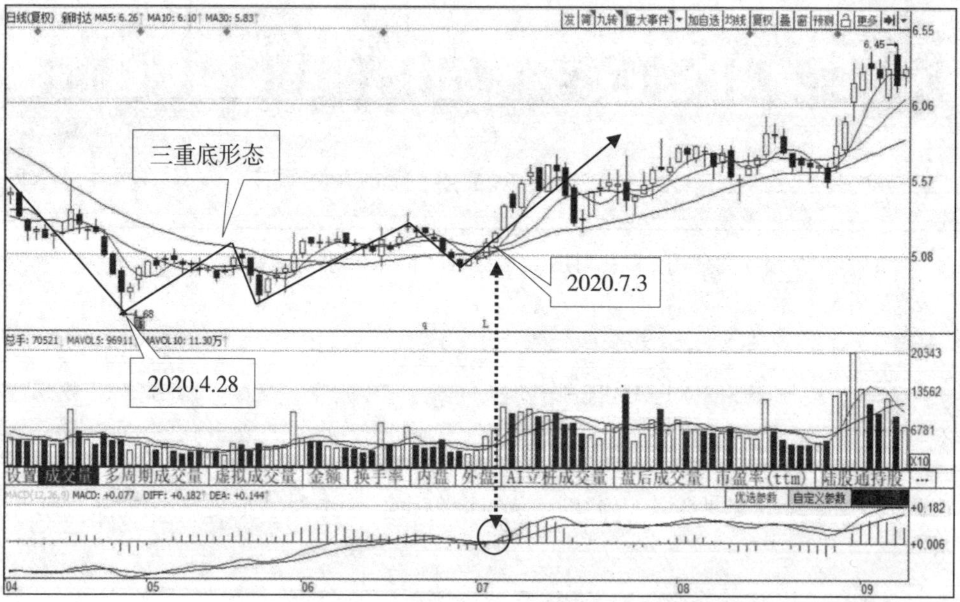

图 3-10　新时达（002527）MACD 指标走势图

到6月下旬，该股股价形成最后一个底时，MACD指标在0轴上方形成死叉。

7月3日，该股股价跳空上扬，成交量同步放大，MACD指标在0轴附近形成黄金交叉，这意味着股价三重底形态成立，也意味着股价将开启一波振荡上扬走势，投资者可积极入场加仓买入该股。

三、0轴金叉与筹码分布形态

关于股价运行与筹码分布的相关知识，上一节中有过介绍，这里需要重点强化一下0轴附近出现金叉时的筹码分布形态。与MACD指标在0轴附近形成金叉的原因相似，0轴附近出现金叉时，筹码分布也包括两类典型的分布形态。

1. 股价自高位调整后出现0轴金叉的筹码分布形态

股价自高位回调，MACD指标在0轴附近形成金叉，这类股票的筹码分布一般包括两种典型的形态。分布形态不同，对未来股价的走势影响也不同。

（1）筹码峰迅速密集于调整区域。

随着股价回调，成交量呈现不规则放大，此时的筹码峰若出现迅速放大，则存在主力出货或新庄换旧庄的情形。若为主力出货，则未来股价下行的概率极高，此时0轴附近很少出现金叉，即便出现，也是主力的诱多行为。当然，若为新庄换旧庄，则意味着新庄可能还会继续拉升股价，但这种情况非常少见，因为很少有新庄愿意在高位入场接手别人拉升过的股票。也就是说，见到筹码峰在高位密集的MACD金叉，尽管交叉点在0轴附近，也应该小心。

下面来看一下拓维信息的案例。

如图3-11所示，拓维信息的股价自2020年7月14日创下阶段新高后出现下跌走势，MACD指标随之下行。当MACD指标回落至0轴附近时，股价K线重新启动上行。

8月10日，该股股价放量上涨，并突破了多条均线。8月11日，MACD指标在0轴附近形成了黄金交叉形态。此位置的黄金交叉一向被认为是成色较佳的看涨信号，不过，投资者此时还是应该观察一下筹码分布情况。

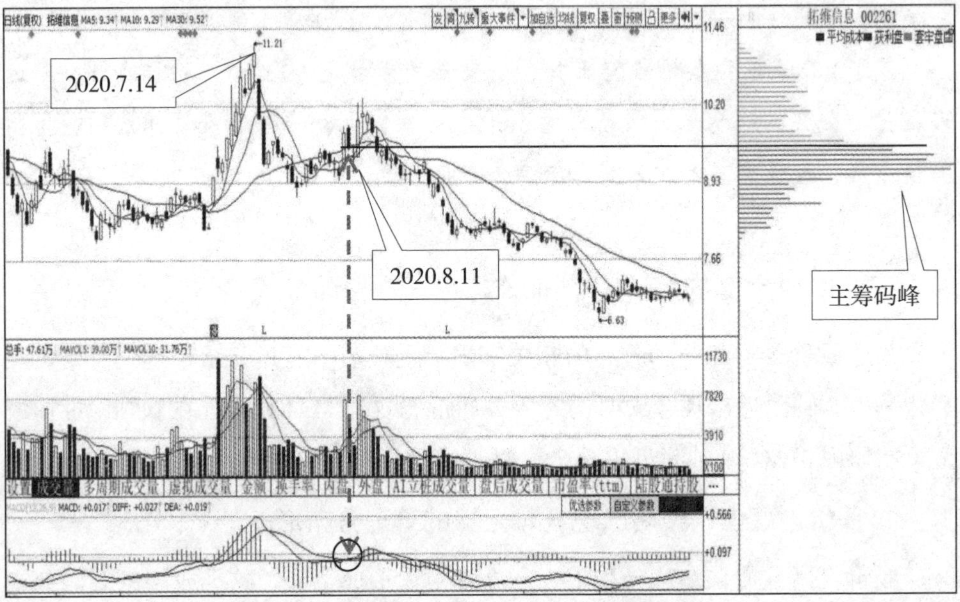

图 3-11 拓维信息（002261）筹码分布图

从右侧的筹码分布图中可以看出，主筹码峰当前集中于股价回调区域附近。也就是说，随着股价的回调，主力已经接近完成了出货任务，未来主力继续拉升股价的概率较低。此时 MACD 指标金叉很可能只是主力的诱多行为，投资者宜谨慎。保守型投资者宜观望，激进型投资者可少量入场参与。若股价不能向上突破 7 月 14 日创下的高点，则应早早离场。

此后，该股经过一波上涨后，很快又进入下行通道，MACD 指标也随之形成死叉并跌破了 0 轴，后入场者宜立即止损离场。

（2）底部筹码主峰不动。

股价自高位回落，但底部筹码峰并未出现明显松动，说明主力资金并未出货，此时的调整很可能只是主力的一次强势洗盘，MACD 指标在 0 轴附近的金叉，就是投资者入场的信号。见到此信号，投资者可积极入场加仓。

下面来看一下博深股份的案例。

如图 3-12 所示，博深股份的股价自 2020 年 7 月 14 日创下阶段新高后出现下跌走势，MACD 指标随之下行。当 MACD 指标回落至 0 轴附近时，股价

K 线重新启动上行。

8 月 3 日，该股股价放量上涨，并突破了多条均线。8 月 4 日，MACD 指标在 0 轴附近形成黄金交叉形态。此时应该观察一下筹码分布情况。

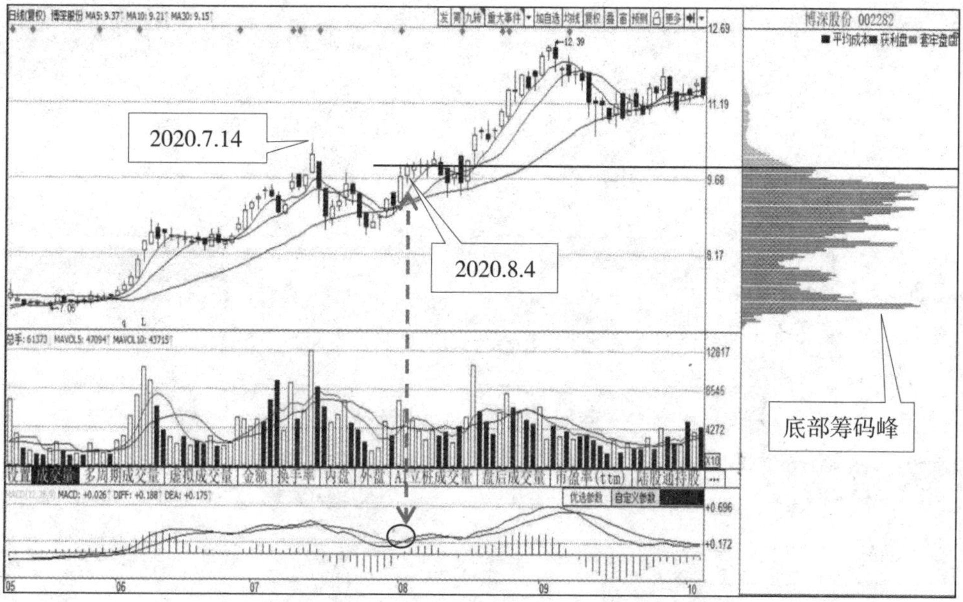

图 3-12 博深股份（002282）MACD 指标走势图

从右侧的筹码分布图可以看出，尽管在股价调整区域集中了较多的筹码，但底部的筹码峰仍然存在，说明尽管股价已经上涨了较大的幅度，但底部入场的主力并未出货，也就意味着此时股价回调很可能是主力的洗盘动作，未来股价继续上升的概率极大。

基于以上分析，投资者见到 MACD 指标在 0 轴附近形成黄金交叉，可积极入场加仓。此后，该股股价出现了一波幅度较大的上涨行情。

2. 股价自低位启动后出现 0 轴金叉的筹码分布形态

股价自低位启动，经过一段时间的上涨后，MACD 指标来到 0 轴附近。此后股价出现回调，MACD 指标同步回落。随着股价的反弹，MACD 指标在 0 轴附近形成金叉。此时的筹码分布图中，底部主筹码峰肯定不会上移，这是股价继续前行的基础。投资者见到此类筹码分布形态，可在 MACD 指标出现 0 轴金叉时坚定入场做多。

下面来看一下南山控股的案例，如图 3-13 所示。

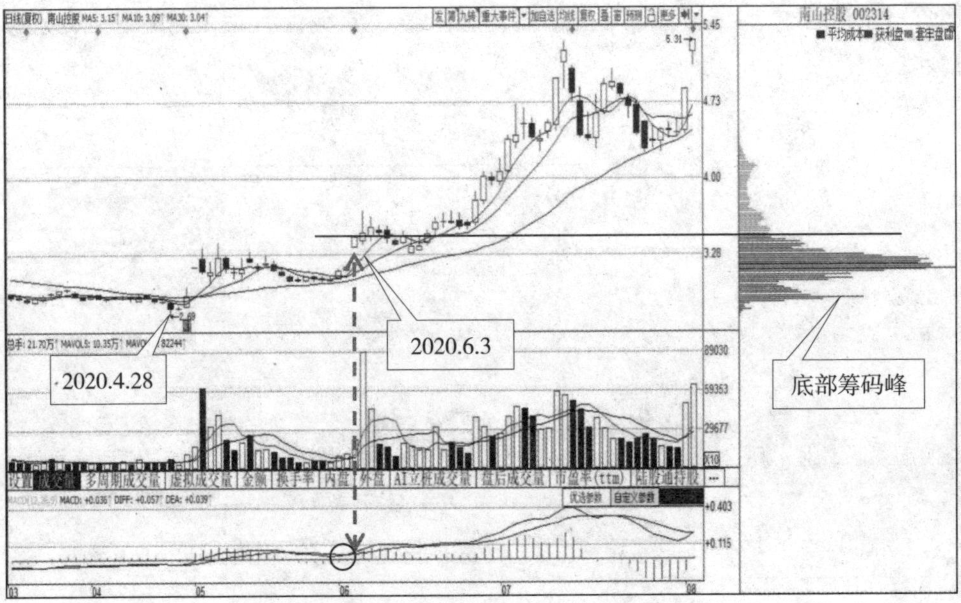

图 3-13　南山控股（002314）筹码分布图

如图 3-13 所示，南山控股的股价自 2020 年 4 月 28 日创下阶段新低后启动上升走势，MACD 指标同步向上运行。进入 5 月中旬后，该股股价出现调整走势，MACD 指标同步出现调整。

6 月 3 日，该股股价放量上涨，并突破了多条均线，站到主筹码峰上沿，上方区域已经没有规模较大的筹码峰阻碍股价上行了。与此同时，MACD 指标在 0 轴附近形成了黄金交叉形态。

从右侧的筹码分布图中可以看出，尽管在股价调整区域集中了较多的筹码，但底部筹码峰仍然存在，这说明尽管股价已经上涨了较大的幅度，但底部入场的主力并未出货，也就意味着此时股价的回调很可能是主力的洗盘动作，未来股价继续上升的概率极大。

基于以上分析，投资者见到 MACD 指标在 0 轴附近形成黄金交叉时，可积极入场加仓。此后该股股价出现了一波幅度较大的上涨行情。

四、0 轴金叉与波浪理论中的主升浪

第三浪，也就是通常所说的主升浪，是整个上升波段中涨幅最大、涨速最快的一浪。正因如此，从事波段交易的投资者都将主升浪作为主要攻击目标。很多时候，MACD 指标在 0 轴附近形成黄金交叉，恰恰可以作为主升浪启动的标志。

1. 波浪理论第三浪的特征

第三浪是上升浪，大多数情况下都是推动股价向上运行最有力的一浪。第三浪的运行时间通常是整个循环中最长的一浪，其上升的空间和幅度也常常是最大的。第三浪的运行轨迹，大多数都会发展成为一涨再涨的延伸浪。在成交量方面，由于第三浪是在投资者信心恢复后展开的，因而，伴随着股价的上涨，参与的投资者越来越多，成交量也会呈现出逐步放大的态势。如图 3-14 所示。

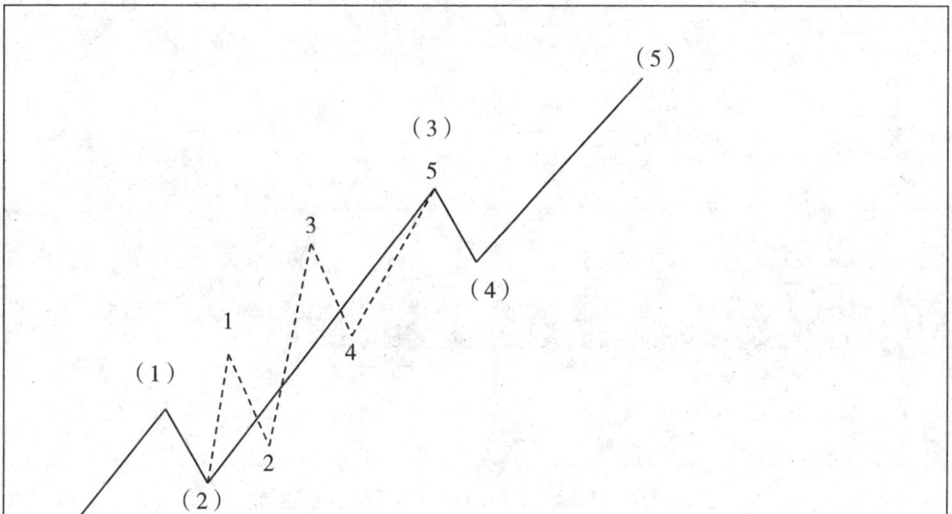

图 3-14　第三浪的延伸浪现象

在第三浪的推进过程中，K 线图上会出现跳空缺口等向上突破信号，投资者可以根据这些信号的指示作用买入股票。投资者应该清楚，第三浪是最具爆发力的一浪，因此，在股价上涨过程中不能预测其顶部到底有多高，而应跟随市场趋势，顺势而为，只有等到清晰的卖出信号出现时，再卖出股票。

2. MACD 指标 0 轴金叉与主升浪

将 MACD 指标 0 轴金叉与主升浪判断相结合，不仅可以提升判断主升浪的准确性，还具有判断 MACD 指标 0 轴金叉质量的效果。

由于第二浪回调持续的时间短促，力度又很大，这就使得很多投资者出于对股价走势的恐惧而不敢介入其中。这时候，主力突然大幅拉升股票，使得股价在短期内大幅上涨，构成了一波壮观的主升浪。

下面来看一下联化科技的案例，如图 3-15 所示。

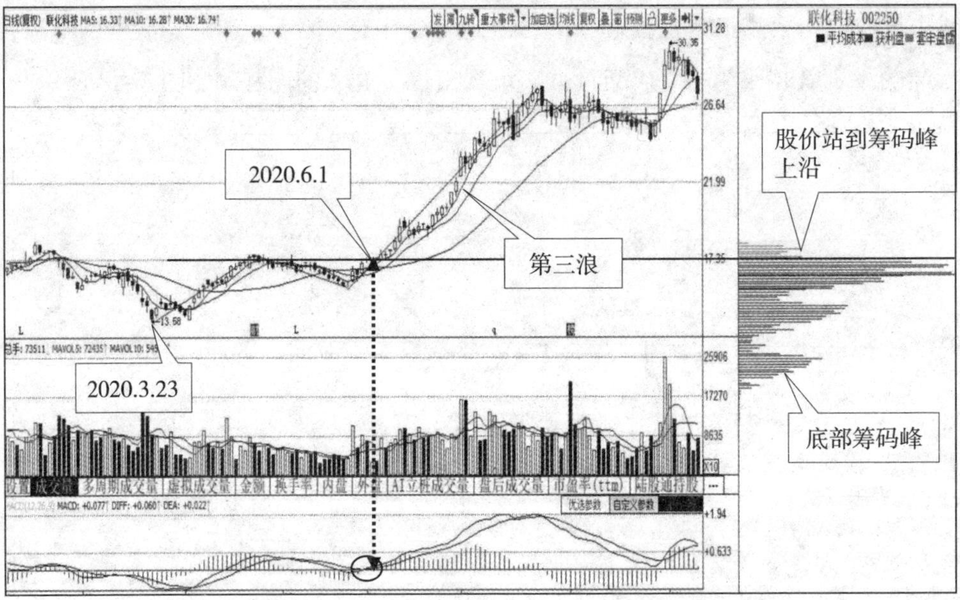

图 3-15　联化科技（002250）日 K 线走势图

图 3-15 为联化科技 2020 年 3 月到 7 月的股价日 K 线走势图。从图中可以看出，该股在前一波回调行情之后，出现了一波快速上升走势。这一波走势

就是通常所说的主升浪。

观察该股第三浪的启动点，可以发现这样几个特征。

第一，第三浪启动时，即在该股由回调走势转为上攻的过程中，从 K 线形态上来看，该股日 K 线可能会出现自下而上突破均线的形态。也就是说，第二浪结束之后，股价 K 线必然会跌破短期均线，但一般不会跌破长期均线（图中跌破了中期 30 日均线，说明主力打压势头较猛）。此后，当第三浪启动时，股价 K 线会重新向上突破均线。若股价 K 线在某条重要均线处受到支撑，则可增强股价上攻的可能性。

第二，第三浪启动后，随着股价的上升，成交量会呈现放大态势，但不会出现巨量情况。由于主力在拉升过程中不断有散户兑现利润而卖出手中的股票，因而随着股价的升高，成交量也会逐级扩大。

第三，第三浪启动时，MACD 指标可能会出现黄金交叉形态，且这一金叉的位置应该在 0 轴上方附近的位置。相比第一浪时形成的黄金交叉（低位金叉），这一次的交叉点更高（一般在 0 轴附近）。同时，MACD 指标二度金叉也是股价即将大幅上攻的信号。

第四，观察图 3-15 的筹码分布图可以发现，2020 年 6 月 1 日，联化科技的股价在向上突破均线时，该股股价位于主要筹码峰的上方，这说明该股上攻过程中不会有太多的筹码流出，因而股价上升压力较小。同时，3 月 23 日股价从底部启动时的底部筹码峰在 6 月 1 日也没有完全上移，这说明主力筹码锁定良好，未来继续上攻的概率较高。

基于以上分析可知，相比第一浪的判断，第三浪的研判更加容易，而且一旦抓住主升浪，获利也会相当可观。如图 3-15 所示，2020 年 6 月 1 日就是一个比较不错的买点，也是投资者最佳的加仓时机。

第三节　高位金叉与减仓技术

对于投资者来说，股价进入高位就意味着到达了高风险区域。此时股价出现回调走势，投资者的第一反应肯定是先行离场。此后若股价反弹，MACD 指标出现高位金叉时，股价上升幅度往往会相对有限。

一、高位金叉及减仓战术解析

股价进入高位后出现调整走势，MACD 指标随之出现高位死叉（MACD 指标仍位于 0 轴上方，投资者可考虑减仓而非清仓）。股价短暂调整后迅速向上反攻，会带动 MACD 指标形成黄金交叉。不过，由于股价处于高位，回调整理并不充分，因此，这时候形成的黄金交叉往往成色不足。很多时候出现高位金叉后，股价也能上涨一波，但可能上涨行情非常短暂，且多数属于主力在出货阶段的诱多行为。此后，若股价不涨反跌，再度出现高位死叉，投资者就需要立即清仓。

下面来看一下美盈森的案例。

如图 3-16 所示，美盈森的股价自 2020 年 7 月 15 日创下阶段新高后开始振荡下跌走势，MACD 指标同步向下运行，并形成了高位死叉，投资者宜执行减仓操作。

此后，当股价下跌至 30 日均线附近时，因受 30 日均线支撑再度上涨。8 月 3 日，该股股价放量上涨，MACD 指标同步出现高位金叉。鉴于该黄金交叉点位置较高，投资者宜采取谨慎策略，防止主力的诱多行为。保守型投资者宜按兵不动，激进型投资者可以少量介入，但要注意随时准备撤出。

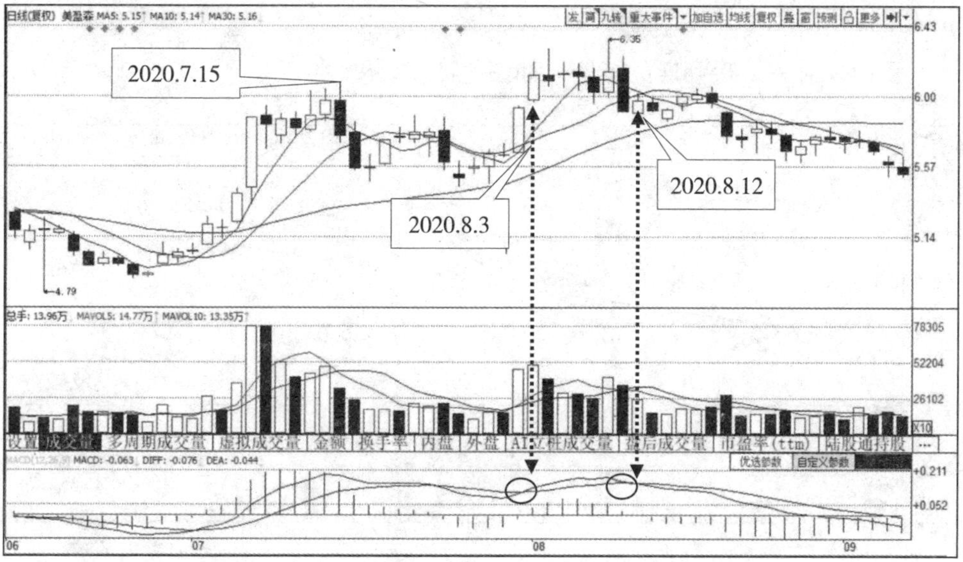

图 3-16 美盈森（002303）MACD 指标走势图

其后，该股很快出现了回落。8 月 12 日，MACD 指标重新出现死叉，投资者宜立即执行清仓操作。

二、高位金叉与 K 线顶部形态

当 K 线在顶部区域振荡形成经典顶部形态时，有时 MACD 指标也会在高位形成黄金交叉形态。此时 MACD 指标金叉的含金量较低，仅为主力诱多的副产品。

在研判时，需要关注这样几点。

第一，一般来说，只有在形成复杂的 K 线顶部形态时，MACD 指标才可能在高位形成黄金交叉形态，比如 M 顶、三重顶、头肩顶等形态。当 MACD 指标高位金叉与这些顶部形态的最后一个顶同步出现时，其后 MACD 指标再度出现高位死叉时，看跌意义更强。

第二，MACD 指标高位金叉，很大程度上都属于主力在高位为了顺利出货而采取的诱多动作，保守型投资者宜保持观望，激进型投资者可少量入场。当

MACD 指标出现死叉时，应坚决止损离场。

下面来看一下得利斯的案例，如图 3-17 所示。

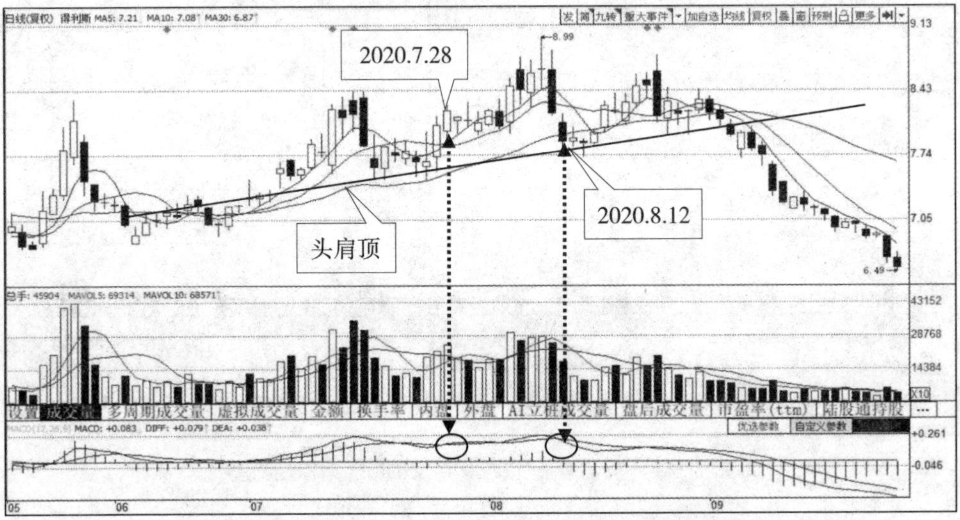

图 3-17　得利斯（002330）MACD 指标走势图

如图 3-17 所示，得利斯的股价在 2020 年 7 月进入顶部区域，开始了振荡筑顶走势。在接下来的两个月内，该股 K 线图上形成了头肩顶形态，MACD 指标在顶部形成过程中同步出现了高位金叉形态。

7 月 28 日，该股股价走出“左肩”形态后，经过几个交易日的回调重新上攻，MACD 指标同步出现高位金叉。该金叉的位置在 0 轴上方，成色明显不足，投资者需要提高警惕，以免落入主力的“陷阱”。此时，保守型投资者宜保持观望，激进型投资者可少量入场。

8 月 12 日，该股股价跳空下跌，MACD 指标在高位形成死亡交叉，这意味着股价下跌趋势基本确立，投资者宜清空仓位。

此后该股股价继续上行，走完了头肩顶的“右肩”，但由于此时买盘不足，MACD 指标连高位金叉都没有形成就反向下行了。

三、高位金叉与顶部筹码峰

股价进入高位后出现回调走势，成交量呈现不规则放大，此时顶部筹码峰若出现迅速放大，则存在主力出货的可能，未来股价下行的概率极高。

股价在顶部振荡调整时，可能会形成经典的顶部形态，如 M 顶、头肩顶等形态。当股价筑顶时，MACD 指标也会随之波动，并出现高位金叉形态。此时，如筹码峰迅速向顶部密集，则意味着主力在加紧出货，量价背离也是此时经常出现的一个特征。

下面来看一下浙江富润的案例，如图 3–18 所示。

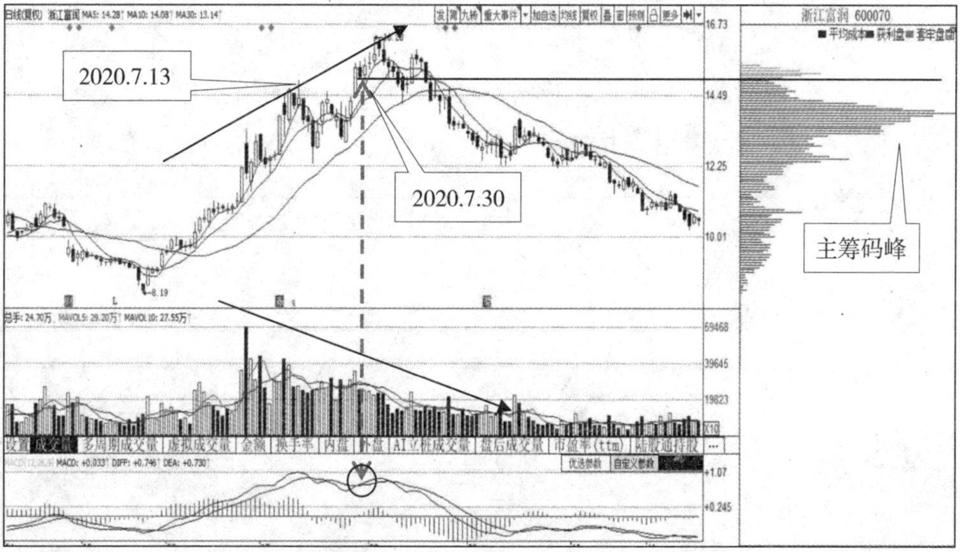

图 3–18　浙江富润（600070）MACD 指标走势图

如图 3–18 所示，浙江富润的股价自 2020 年 7 月 13 日创下阶段新高后出现回调走势，MACD 指标随之回调。不过，该股股价经过几个交易日的调整后，很快恢复上行态势，MACD 指标也同步出现高位金叉。

7 月 30 日，该股股价在前日放量上攻的基础上出现了回调，但仍站在短期均线之上，给人一种股价重新恢复上攻态势的架式，MACD 指标在高位形成了黄金交叉形态。此位置的金叉成色欠佳，投资者需要观察一下筹码峰的密集情况。

从右侧的筹码分布图中可以看出，主筹码峰当前集中于股价回调区域附近，也就是说，随着股价的回调，主力已经接近完成了出货任务，未来主力继续拉升的概率较低。此时 MACD 指标高位金叉，很可能只是主力的诱多行为，投资者宜谨慎。保守型投资者宜观望，激进型投资者可少量入场参与，一旦 MACD 指标重新出现死叉，则宜立即离场。

其实，在 MACD 指标出现高位金叉时，股价与成交量之间已经出现了明显的顶背离形态，这也是股价触顶的典型信号。

关于 MACD 指标高位金叉与筹码峰顶部密集的分析，投资者还需关注另外一种情形，即底部筹码峰并未上行但高位出现 MACD 指标金叉的情况，此时就存在未来股价继续上升的可能，投资者可考虑保留一部分仓位。

下面来看一下宇通客车的案例，如图 3-19 所示。

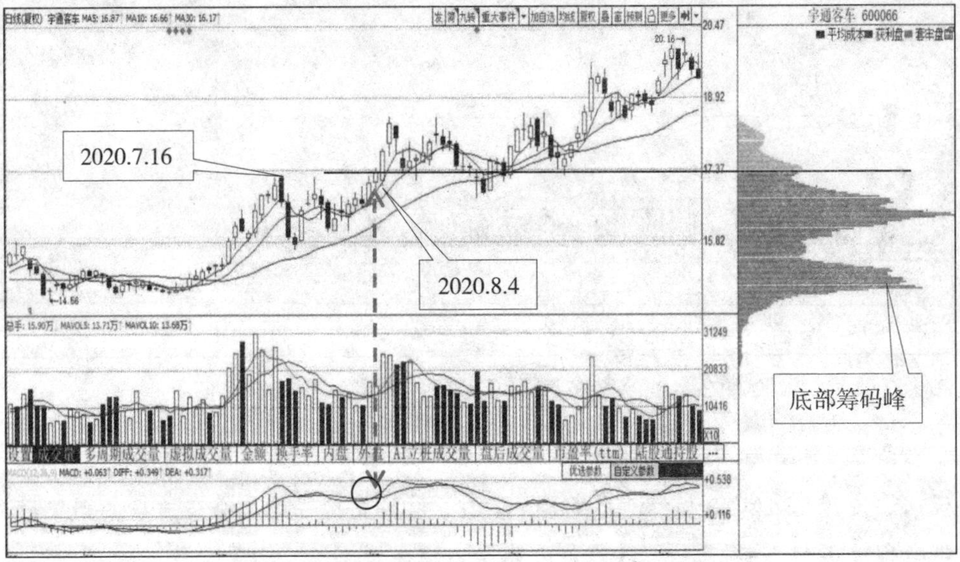

图 3-19　宇通客车（600066）MACD 指标走势图

如图 3-19 所示，宇通客车的股价自 2020 年 7 月 16 日创下阶段新高后出现回调走势，MACD 指标随之回调。不过，该股股价经过几个交易日的调整后，很快恢复上行态势，MACD 指标也同步出现高位金叉。

8 月 4 日，该股股价在前日放量上攻的基础上出现了回调，但仍站在短期均线之上，给人一种股价重新恢复上攻态势的架式。MACD 指标同时在高位形成了黄金交叉形态，但此位置的金叉成色欠佳，投资者需要观察一下筹码峰的密集形态。

从右侧的筹码分布图中可以看出，主筹码峰当前集中于股价回调区域附近，但股价启动初期的底部筹码峰仍然存在且非常大，这说明主力并未进行出货操作，投资者可保留一定的仓位，待底部筹码峰松动后再出货。

四、高位金叉与第五浪衰竭

第五浪常常被形容为“最后的疯狂”，在股市中，第五浪的成交量和涨幅一般来说均小于第三浪。大多数情况下，市场经过第一浪和第三浪的上涨之后，很多获利盘急于兑现，这样必然导致股价下跌。然而，由于很多散户投资者认为股价的上涨趋势还没有结束，盲目乐观，进而买入股票，由此促成了第五浪上涨。第五浪启动时，MACD 指标常常也会同步出现黄金交叉形态，因此，MACD 指标高位金叉常常成为提醒投资者提高警惕的一个信号。

1. 波浪理论第五浪的特征

在第五浪上涨过程中，成交量会不断出现萎缩现象，表现为价升量减的背离关系。投资者如果发现第五浪出现量价背离时，一定要第一时间出货，以防被套。在第五浪中，股价的上涨常常会超过其内在价值。从其完成的形态和幅度来说，第五浪经常会以失败的形态告终。

当然，如果第五浪是延伸浪的话，那么，第五浪的价格变化速度可能会超过第三浪。关于第五浪上升幅度的预测，可以采用以下几种方法。

（1）假如第三浪属于延伸浪，那么，第五浪的涨幅一般会与第一浪的涨幅接近。

（2）第五浪的最大涨幅 =（第一浪的高点 – 第一浪低点）×2×1.618+ 第

一浪的高点。

（3）第五浪的最小涨幅 =（第一浪的高点 – 第一浪低点）×2×1.618+ 第二浪的低点。

2. MACD 指标金叉第五浪

实战中，随着股价进入第四浪调整，MACD 指标也会随之下行。当股价启动第五浪上涨时，MACD 指标会同步出现黄金交叉形态。将 MACD 指标金叉与第五浪结合研判，不仅可以提升第五浪研判的准确性，还能够起到警示投资者提高风险防范意识的效果。

下面看一下弘业股份的案例，如图 3-20 所示。

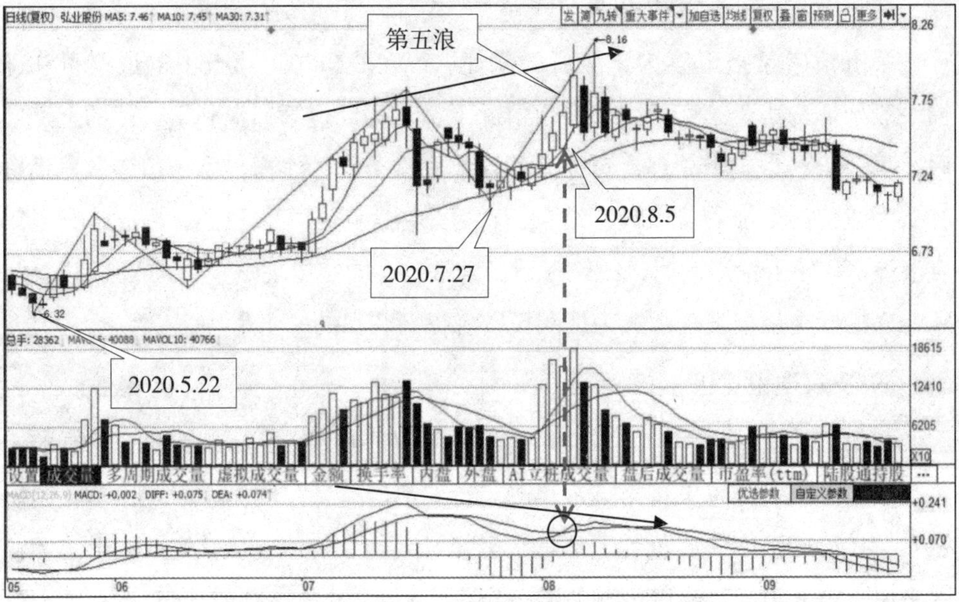

图 3-20　弘业股份（600128）MACD 指标走势图

如图 3-20 所示，弘业股份的股价自 2020 年 5 月 22 日创下阶段新低后出现振荡上升走势。投资者可以按照波浪理论的要求，绘制大致的波浪走势路线。

7 月 27 日，该股股价经过一波调整后，重新启动上升走势。按照波浪理论的画法，大致可以判断此时第五浪已经启动。观察此时的 MACD 指标可知，

DIFF 线随之上升，并与 DEA 线于 8 月 5 日在高位形成黄金交叉形态。此交叉点位于 0 轴上方，属于典型的高位金叉，也就意味着股价未来上升的空间和幅度可能有限。观察 MACD 指标的整体走势与股价的关系可知，此时 MACD 指标与股价 K 线形成了典型的顶背离，这也是股价即将下行的信号。

基于以上分析，投资者可大致判断出该股第五浪的涨幅应该不会太大，宜做好随时撤退的准备。

第四章

背离出击：MACD 指标背离战法

在 MACD 指标分析体系中，背离形态也是一种非常重要的研判对象。一般来说，MACD 指标的背离可分为指标线（DIFF 线）的背离和 MACD 柱线背离等。

第一节　底背离与底部建仓

按照背离的基本分析方法，当股价连续创出新低时，MACD 指标却并未随之创出新低，说明 MACD 指标与股价出现了底背离形态。前面介绍过，出现底背离形态，只是意味着股价可能会出现反向上攻，但并不确定这种上攻何时展开。有的股票可能发生一次底背离后，股价就会反向进入上升通道，有的股票则可能发生两次甚至三次底背离后才能反转。投资者在分析底背离形态时，一般可以按照以下原则进行研判。

第一，成交量方面，若成交量同步出现底背离形态，则反转的概率更高。

第二，价格走势方面，出现经典底部形态有利于投资者更好地判断趋势的转折点。

第三，借助其他技术指标或理论进行研判。筹码分布理论在这方面优势比较明显。

一、底背离与趋势、底部建仓

一般来说，当股价与 MACD 指标出现底背离时，MACD 指标可能同步在 0 轴下方出现低位金叉，这个交叉点有时可能会高一点，已经接近了 0 轴。此时，尽管股价仍然处于下行趋势，但反转肯定就在不远处了。也就是说，股价与 MACD 指标出现底背离后，投资者确实可以考虑开始少量建仓了。

下面来看一下山东华鹏的案例，如图 4-1 所示。

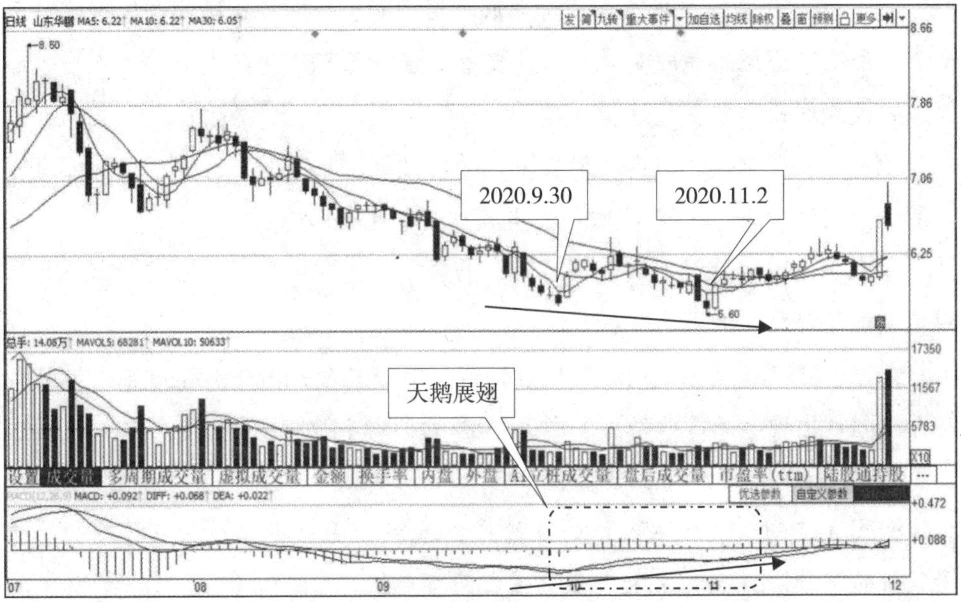

图 4-1　山东华鹏（603021）MACD 指标走势图

如图 4-1 所示，山东华鹏的股价自 2020 年 7 月初开始进入下行趋势。随着股价的下行，MACD 指标与成交量都同步走低。

2020 年 9 月 30 日，该股股价创出阶段低点后出现反弹走势，MACD 指标同步出现低位金叉。由于该金叉点远离 0 轴，且股价运行于 10 日均线和 30 日均线下方，投资者可保持观望，激进型投资者可少量入场。

其后，该股股价重新开始下跌，并于 11 月 2 日再度创出新低。不过，MACD 指标并未随之创出新低，这就意味着股价与 MACD 指标出现了底背离。

投资者观察 MACD 指标线的形态可以发现，此时 MACD 指标的 DIFF 线和 DEA 线构成了天鹅展翅形态，这属于典型的看涨信号。不过，由于此时 MACD 指标仍位于 0 轴下方，投资者可考虑少量建仓，MACD 指标向上突破 0 轴时再加仓。

二、底背离与 K 线底部形态

当 K 线在底部区域振荡形成经典底部形态时，MACD 指标同步出现底背离形态，那么底部形态完成时，就是投资者的最佳买入时机。

在研判时，需要关注这样几点。

第一，一般来说，只有在形成复杂的 K 线底部形态时，MACD 指标才可能与股价形成底背离，比如 W 底、三重底、头肩底等形态。

第二，出现这些经典底部形态时，若成交量也同步与股价形成背离形态，更可增强趋势反转的可信度。

第三，MACD 指标出现底背离时，若 MACD 指标已经上升至 0 轴附近或者在 0 轴附近出现金叉等典型买入形态，更可确认趋势将出现反转。

下面来看一下上海亚虹的案例。

如图 4-2 所示，上海亚虹的股价自 2020 年 2 月初开始进入下行趋势。随着股价的下行，MACD 指标与成交量都同步走低。

2020 年 4 月 2 日，该股股价创出阶段低点后出现反弹走势，MACD 指标同步出现低位金叉。由于该金叉点远离 0 轴，且股价运行于 10 日均线和 30 日均线下方，投资者可保持观望，激进型投资者可少量入场。

其后，该股股价重新开始下跌，并于 4 月 22 日再度创出新低。不过，MACD 指标并未随之创出新低，这就意味着股价与 MACD 指标出现了底背离。

与此同时，MACD 指标再次出现黄金交叉形态，且交叉点距离 0 轴较近，投资者可考虑买入操作。其后，该股股价经过一波上升后出现回调，并在 6 月

10 日形成了第三个低点，至此，该股股价 K 线在 4 月到 6 月期间形成了经典的头肩底形态。

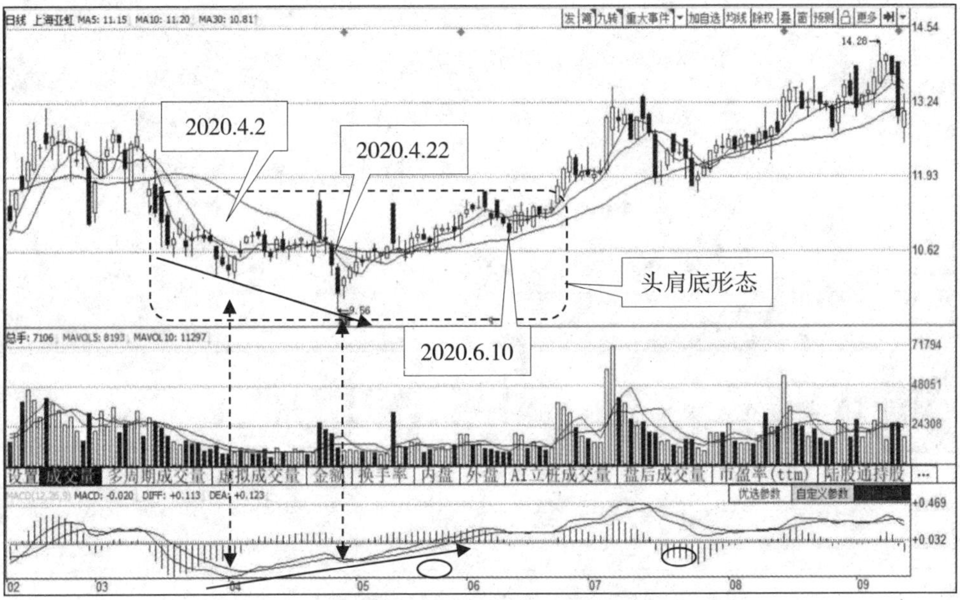

图 4-2　上海亚虹（603159）MACD 指标走势图

三、底背离与底部筹码峰

对于投资者来说，底背离形态确实有助于辨识底部的来临，但也有一个明显的缺点，即无法判断股价与 MACD 指标背离多少次才能反转。

利用筹码分布技术对 MACD 指标的底背离进行确认，也许是一个不错的选择。MACD 指标出现底背离后，股价 K 线并未出现反转，而仅仅反弹一下又开始了二度背离，从筹码分布角度来探究原因可以发现，之所以股价没有反转，主要还是顶部筹码峰并未移到底部，也就是顶部套牢盘较多，主力是不可能向上拉升股价的。换句话说，如果 MACD 指标出现底背离时，顶部筹码峰已经下移至底部，说明顶部的套牢盘已经割肉离场，主力也就可以安心地向上拉升股价了。

下面来看一下赞宇科技的案例，如图 4-3 所示。

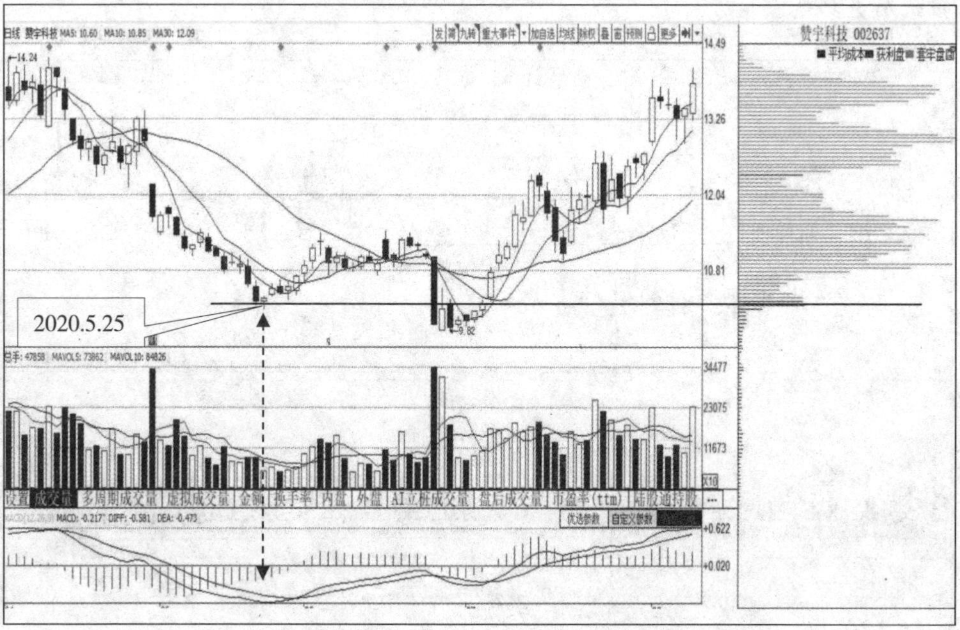

图 4-3 赞宇科技（002637）MACD 指标走势图一

如图 4-3 所示，赞宇科技的股价自 2020 年 4 月中旬进入了下行通道。5 月 25 日，该股股价创出阶段新低后反弹。与此同时，MACD 指标出现低位金叉后也同步向上，但交叉点距离 0 轴较远。观察此时的筹码分布图可知，此时该股的顶部筹码峰仍在，底部并未形成筹码峰，这说明顶部存在大量套牢盘，投资者不宜入场。

此后该股重新进入下行通道，并创下了新的低点。

如图 4-4 所示，赞宇科技的股价在 6 月 29 日再度创下阶段新低，且该低点明显低于 5 月 25 日的低点，MACD 指标却并未随之创出新低，这就意味着股价与 MACD 指标出现底背离。观察此时的筹码分布图可知，此时顶部筹码峰已经萎缩至极低状态，底部筹码峰已经非常大，这说明顶部的套牢盘基本消化殆尽，未来股价存在上攻的可能。

投资者可在底背离出现后，股价开始回升时入场买入股票。

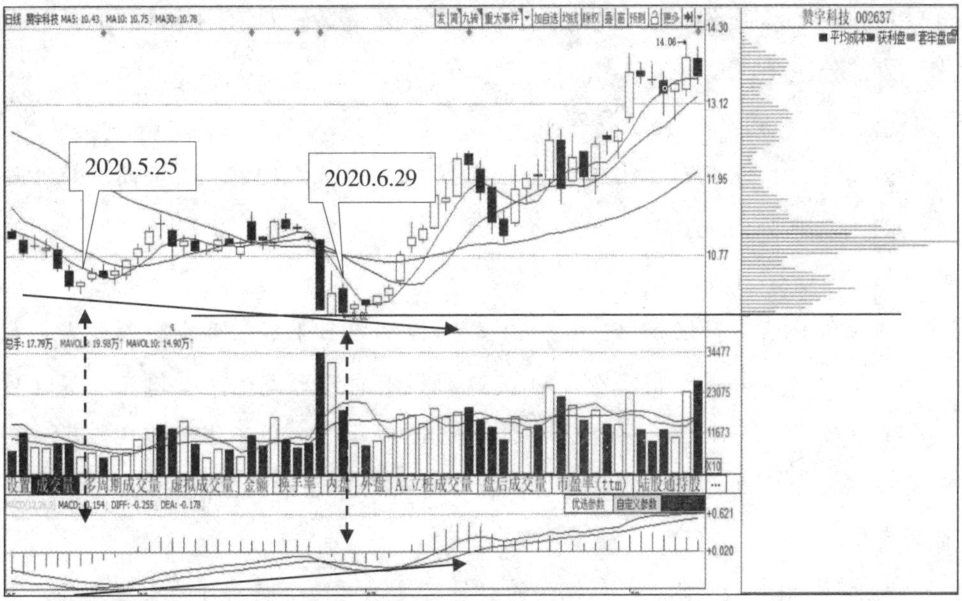

图 4-4　赞宇科技（002637）MACD 指标走势图二

四、MACD 柱线底背离

与 MACD 指标线相似，MACD 柱线理论上也会随着股价的涨跌出现收缩或拉伸等情况。当股价进入底部区域后，MACD 柱线的拉伸与股价不再同步时，就意味着 MACD 柱线开启了背离形态。

MACD 柱线底背离，是指股价在下跌过程中形成的低点一个比一个低，而 MACD 柱线形成的波谷低点一个比一个高的情况。由于 MACD 柱线直接反映了 DIFF 线与 DEA 线之间的落差，本质上就反映了短期内多空双方力量对比的变化情况。MACD 柱线形成底背离，说明空方力量与股价下跌并不同步，已经不足以打压股价继续走低。

与 MACD 指标线背离的情况相似，MACD 柱线底背离，只能说明股价有反转上涨或反弹向上的可能，但具体的上涨时间点还需结合其他技术分析方法确认，如 DIFF 快线向上与 DEA 慢线交叉或 DIFF 快线向上穿越 0 轴等。当

MACD 柱线出现底背离时，投资者应做好买入准备，一旦有明确的买入信号发出，可部分建仓。

下面来看一下利尔化学案例。

如图 4-5 所示，利尔化学的股价在 2020 年 8 月 7 日创下阶段高点后开始了一波下跌走势，MACD 柱线很快跌至 0 轴下方，并随之出现了一波又一波的拉长。

在股价振荡下行过程中，9 月 30 日和 11 月 2 日形成了两个阶段低点，且后一个低点明显要低于前一个。MACD 柱线也同步形成了两个低点，不过后一个底要高于前一个底，这说明股价与 MACD 柱线出现了明显的底背离，预示着股价将在短期内出现反转走势。投资者此时需密切关注股价及 MACD 指标的变化。

2020 年 11 月 11 日，利尔化学的股价延续了前几个交易日的上涨走势，再度放量上攻。此时，MACD 柱线正好升至 0 轴以上位置，且 DIFF 快线与 DEA 慢线在此之前形成了黄金交叉，买点出现，投资者可于当日部分建仓该股。

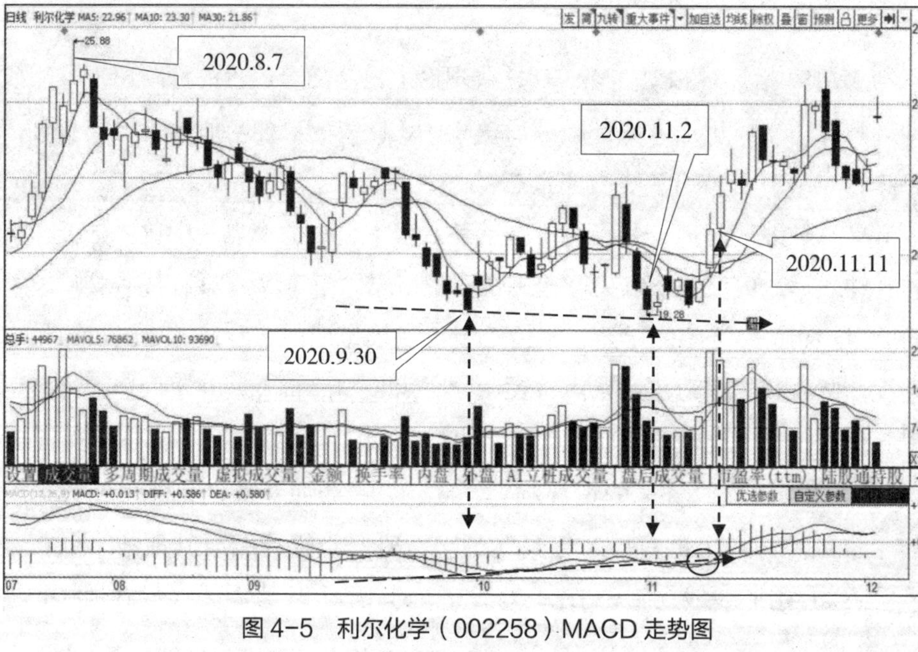

图 4-5　利尔化学（002258）MACD 走势图

五、背离共振：量价底背离与 MACD 指标底背离

量价底背离的原理与 MACD 指标底背离相似。正常情况下，量价同涨同跌属于良性的配合状态，即股价上涨，成交量增加；股价下跌，成交量萎缩。不过，随着股价的下跌，若成交量并未萎缩至新低，则意味着股价与成交量之间出现了量价底背离形态。若 MACD 指标与股价同步出现底背离，则股价反转向上的概率更大。

下面来看一下中超控股的案例，如图 4-6 所示。

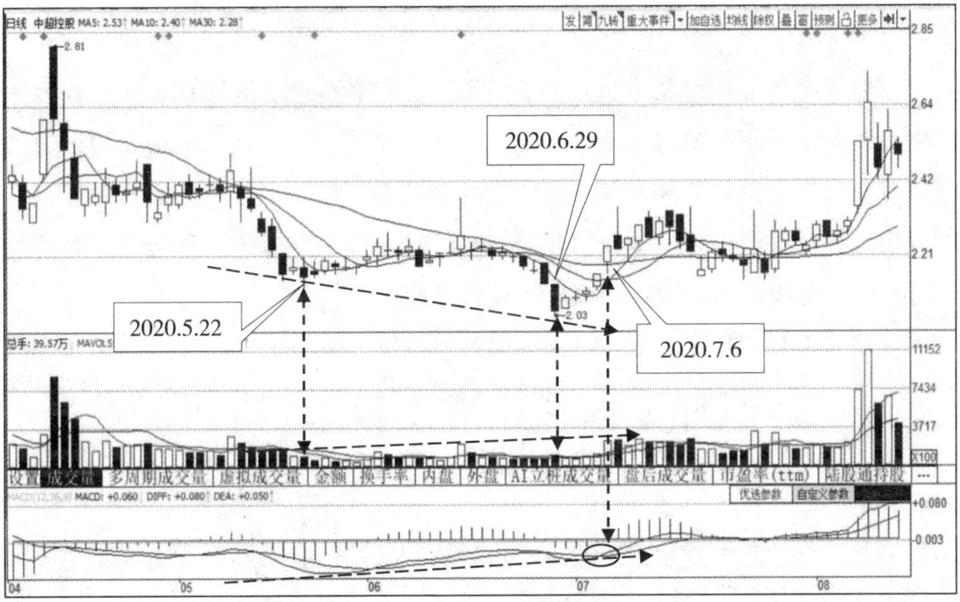

图 4-6　中超控股（002471）MACD 走势图

如图 4-6 所示，中超控股的股价自 2020 年 3 月下旬开始了一波下跌走势，MACD 指标与成交量同步下行。

在股价振荡下行过程中，5 月 22 日和 6 月 29 日形成了两个阶段低点，且后一个低点明显要低于前一个。MACD 指标也同步形成了两个低点，不过后一个底要高于前一个底，这说明股价与 MACD 指标出现了明显的底背离。

观察两个低点对应的成交量可以发现，5 月 22 日低点的成交量明显低于 6 月 29 日的成交量，这说明股价与成交量出现了底背离形态。MACD 指标底背

离与量价底背离在此时同步出现，这是典型的增强版看涨信号。

2020 年 7 月 6 日，中超控股的股价延续了前几个交易日的上涨行情，再度放量上攻。此时 MACD 指标出现低位金叉，买点出现，投资者可于当日部分建仓该股。

第二节 顶背离与高位减仓

按照背离的基本分析方法，当股价连续创出新高时，MACD 指标却并未随之创出新高，说明 MACD 指标与股价出现了顶背离形态。前面也曾介绍过，出现顶背离形态，只是意味着股价可能会出现反向下跌，但并不确定这种下跌何时开始。有些股票可能发生一次顶背离后，股价即反向进入下降通道，有的股票可能发生两次甚至三次顶背离后才反转下跌。

投资者在分析顶背离形态时，一般可以按照以下原则进行研判。

第一，成交量方面，若成交量同步出现顶背离形态，则反转的概率更高。

第二，价格走势方面，出现经典顶部形态，有利于投资者更好地判断趋势的转折点。

第三，借助其他技术指标或理论进行研判。筹码分布理论在这方面优势比较明显。

一、顶背离与趋势、顶部减仓

一般来说，当股价与 MACD 指标出现顶背离时，MACD 指标可能在 0 轴上方同步出现高位死叉，这个交叉点有的可能低一点，已经接近了 0 轴。此时，尽管股价仍然处于上涨趋势，但反转肯定就在不远处了。也就是说，股价与 MACD 指标出现顶背离后，投资者确实可以考虑开始减仓了。

下面来看一下今天国际的案例，如图 4-7 所示。

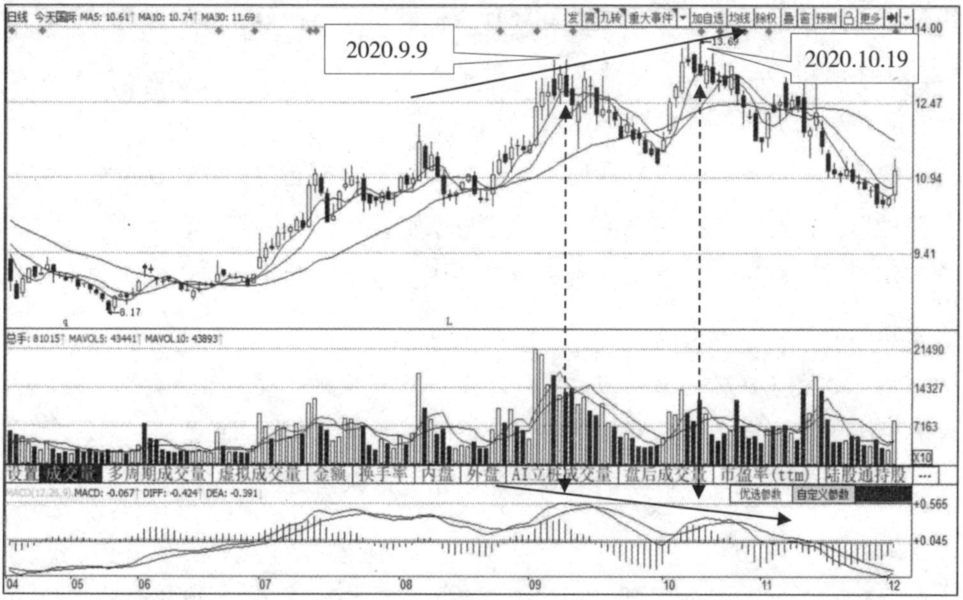

图 4-7　今天国际（300532）MACD 指标走势图

如图 4-7 所示，今天国际的股价自 2020 年 5 月中旬开始进入上行趋势。随着股价的上涨，MACD 指标与成交量都同步走高。

2020 年 9 月 9 日，该股股价创出阶段高点后出现回调走势，MACD 指标同步出现高位死叉。由于该死叉点远离 0 轴，且股价运行于 30 日均线上方，保守型投资者可少量减仓，激进型投资者可继续持仓。

其后，该股股价重新开始上涨，并于 10 月 19 日再度创出新高。不过，MACD 指标并未随之创出新高，这就意味着股价与 MACD 指标出现了顶背离。

与此同时，MACD 指标再度出现死叉形态，这已经是 MACD 指标在短期内第二次形成死亡交叉形态，属于比较明确的看跌信号，投资者可加大减仓力度，并在 MACD 指标跌破 0 轴时清仓。

二、顶背离与 K 线顶部形态

K 线在顶部区域振荡，形成经典的顶部形态时，MACD 指标同步出现顶背离形态，则顶部形态完成（或者 MACD 指标发出卖出信号）时，就是投资者的最佳卖出时机。

在研判时，需要关注这样几点。

第一，一般来说，只有在形成复杂的 K 线顶部形态时，MACD 指标才可能与股价形成顶背离，比如 M 顶、三重顶、头肩顶等形态。

第二，出现这些经典顶部形态时，若成交量也能同步与股价形成背离，更可增强趋势反转的可信度。

第三，MACD 指标出现顶背离时，若 MACD 指标已经下行至 0 轴附近或者在 0 轴附近出现死叉等典型卖出形态，更可确认趋势反转的来临。

下面来看一下鼎龙股份的案例，如图 4-8 所示。

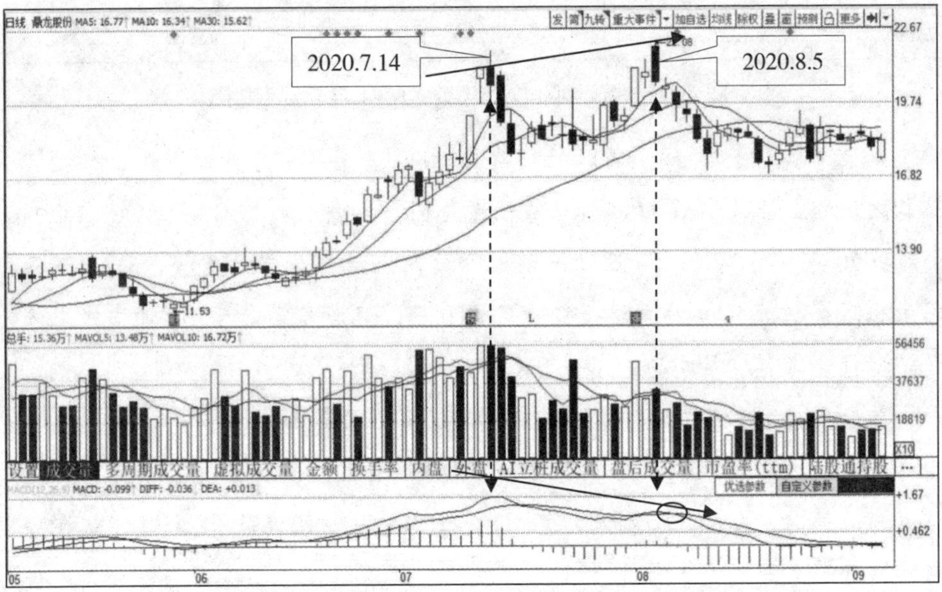

图 4-8　鼎龙股份（300054）MACD 指标走势图

如图 4-8 所示，鼎龙股份的股价自 2020 年 4 月初开始进入了中线上升趋势。随着股价的上行，MACD 指标与成交量都同步走高。

2020 年 7 月 14 日，该股股价创出阶段高点后出现回调走势，MACD 指标同步出现高位死叉。由于该死叉的交叉点远离 0 轴，且股价运行于 30 日均线上方，保守型投资者可少量减仓，激进型投资者可继续持仓。

其后，该股股价重新开始上升，并于8月5日再度创出新高。不过，MACD 指标并未随之创出新高，这就意味着股价与 MACD 指标出现了顶背离。

该股股价K线在7月到8月期间形成了经典的M顶形态。与此同时，MACD 指标再次出现死亡交叉形态，且交叉低点距离0轴较近，投资者可考虑卖出操作。

三、顶背离与筹码分布形态

对于投资者来说，顶背离形态确实有助于辨识顶部的来临，但也有一个明显的缺点，即无法判断股价与 MACD 指标背离多少次趋势才能反转。

利用筹码分布技术对MACD指标顶背离进行确认，也许是一个不错的选择。MACD 指标出现顶背离后，股价K线并未出现反转，而仅仅回调一下又开始二度背离，从筹码分布角度来探究原因可以发现，股价之所以没有反转，主要还是底部筹码峰并未移到顶部，也就是主力还没有出货或出货未完成。此时，主力是不愿意让股价下跌的，而且股价一旦开启下行通道，很多投资者都会出逃。主力为了让投资者安心在顶部“站岗放哨”，就会制造一些“诱多”陷阱，给人一种股价即将启动上行的假象，这也是各类K线形成顶部形态的原因所在。

下面来看一下莱宝高科的案例。

如图4-9所示，莱宝高科的股价自2020年4月开始启动了上涨行情，MACD 指标也随之不断走高。到了7月15日，该股股价高开低走，收出了一根大阴线，MACD 指标也出现了高位死叉。一般来看，这是一个典型的看跌信号。不过，此时股价位于10日均线、30日均线上方，从筹码分布图也可以看出，此时底部筹码峰仍在，说明主力并未完成出货，投资者仍可继续持股。

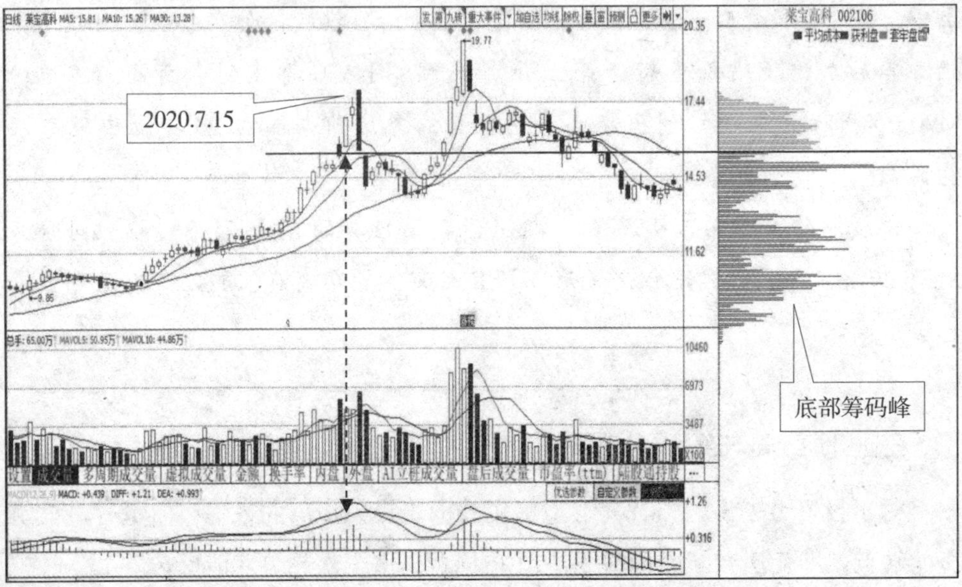

图 4–9　莱宝高科（002106）MACD 指标走势图一

基于以上判断，激进型投资者可继续持股，保守型投资者可少量减仓。此后，该股股价出现了振荡回调走势，MACD 指标同步出现回调。当股价回调至 30 日均线位置时，因受到均线的支撑重新上攻。

如图 4–10 所示，莱宝高科的股价自 30 日均线反弹向上，并于 8 月 6 日创出了上涨的新高点，该高点明显高于 7 月 15 日的股价高点。观察此时的 MACD 指标可知，尽管 MACD 指标随着股价的反弹出现了第二个高点，但 8 月 6 日的高点明显低于 7 月 15 日的高点，说明股价 K 线与 MACD 指标出现顶背离形态。

观察此时的筹码分布图可知，此时底部筹码峰已经消耗殆尽，说明主力出货接近完成，未来股价下跌的概率很大。此后，MACD 指标出现了高位死叉，此时投资者宜立即执行减仓操作。待 MACD 指标跌破 0 轴时，投资者再执行清仓操作。

在图 4–10 中，股价与 MACD 指标出现了一次顶背离后就启动了反向下跌，这与主力出货完成，即底部筹码峰完成上移有关。若顶背离出现后，主力并未完成出货，那么股价有可能出现第三个高点，甚至出现二次顶背离形态。

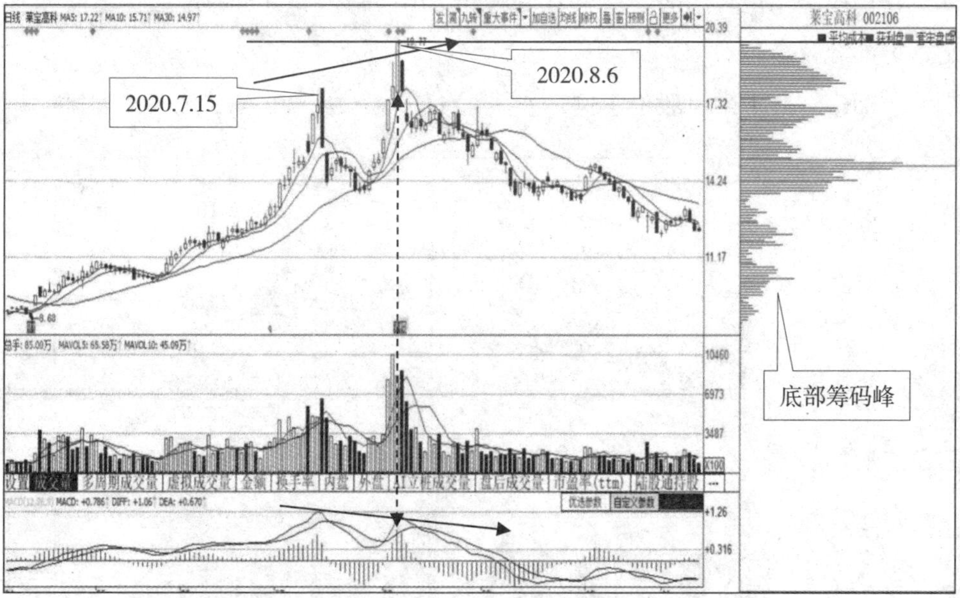

图 4-10　莱宝高科（002106）MACD 指标走势图二

四、MACD 柱线与股价顶背离

与 MACD 指标线相似，MACD 柱线理论上也会随着股价的涨跌而出现收缩或拉伸等情况。当股价进入顶部区域后，MACD 柱线的拉伸与股价不再同步时，就意味着 MACD 柱线开启了背离。

MACD 柱线顶背离，是指股价在上涨过程中形成的高点一个比一个高，而 MACD 柱线形成的波峰高点一个比一个低的情况。MACD 柱线直接反映了 DIFF 线与 DEA 线之间的落差，本质上则反映了短期内多空双方力量对比的变化情况。出现顶背离，说明多方力量与股价上涨并不同步，其已经并不足以支持股价继续走高。

与 MACD 指标线背离情况相似，MACD 柱线顶背离，只能说明股价有反转下跌或回调向下的可能，但具体的下跌时间点，还需结合其他技术分析方法确认，如 DIFF 快线向下与 DEA 慢线交叉或 DIFF 快线向下穿越 0 轴等。当 MACD 柱线出现顶背离时，投资者应做好卖出准备，一旦有明确的卖出信号发出，可部分减仓。

下面来看一下中直股份案例，如图 4-11 所示。

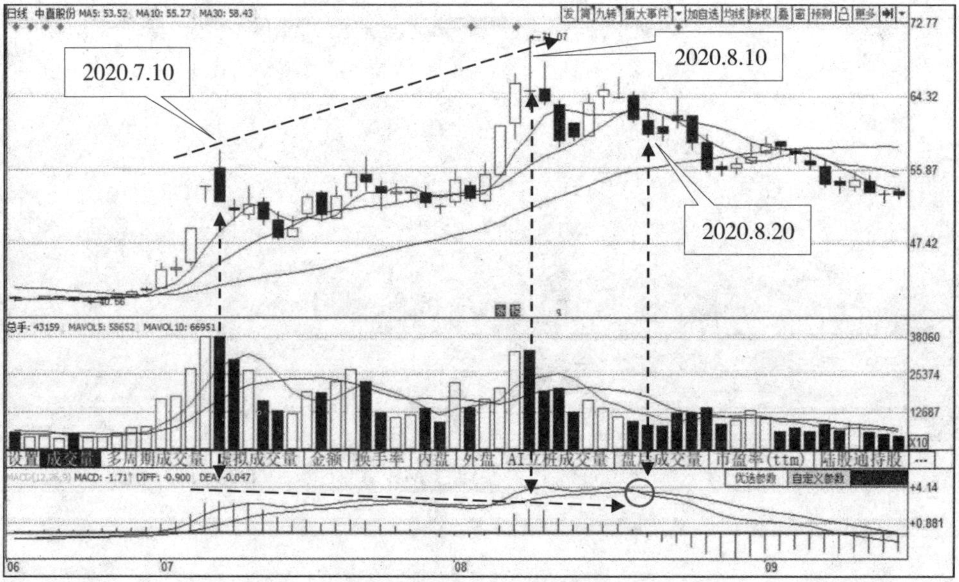

图 4-11　中直股份（600038）MACD 走势图

如图 4-11 所示，中直股份的股价在 2020 年 7 月 10 日创下阶段高点后开始了一波回调走势，MACD 柱线同步出现了缩头态势。

股价经过一波振荡调整之后，于 8 月 10 日形成了第二个阶段高点，且该高点明显高于 7 月 10 日的高点。MACD 柱线也同步形成了两个高点，不过后一个高点要低于前一个，这说明股价与 MACD 柱线出现了明显的顶背离，预示股价将在短期内出现反转走势。投资者此时需密切关注股价及 MACD 指标的变化。

2020 年 8 月 20 日，中直股份的股价延续了前几个交易日的下跌走势，再度下行。此时，MACD 柱线正好到达 0 轴位置，且 DIFF 快线与 DEA 慢线在此时形成了死亡交叉，卖点出现，投资者可于当日卖出部分股票。

五、背离共振：量价顶背离与 MACD 指标顶背离

量价顶背离的原理与 MACD 指标顶背离相似。正常情况下，量价同涨同跌属于良性的配合状态，即股价上涨，成交量增加；股价下跌，成交量萎缩。随着股价的上涨，股价连续创出新高，而成交量却并未放大至新高，则意味着股价与成交量之间出现了量价顶背离形态。若 MACD 指标与股价同步出现顶背离，则股价反转向下的概率更大。

下面来看一下紫光国微的案例，如图 4-12 所示。

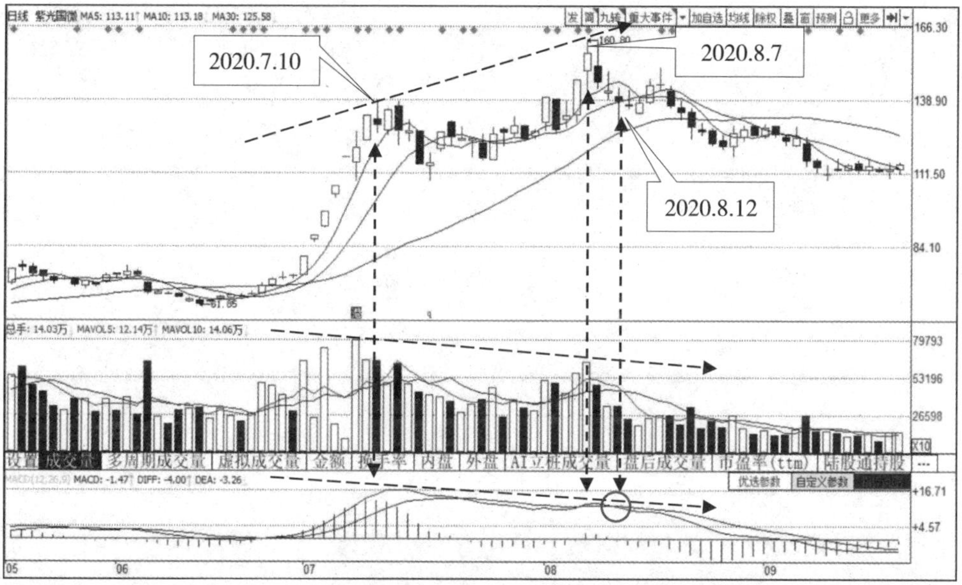

图 4-12 紫光国微（002049）MACD 指标走势图

如图 4-12 所示，紫光国微的股价自 2020 年 6 月中旬开始了一波快速上攻走势，MACD 指标与成交量同步上行。

在股价强势上攻过程中，7 月 10 日和 8 月 7 日形成了两个阶段高点，且后一个高点明显高于前一个。MACD 指标也同步形成了两个高点，不过后一个高点要低于前一个，这说明股价与 MACD 指标出现了明显的顶背离。

观察两个高点对应的成交量可以发现，8 月 7 日高点的成交量明显低于 7

月 10 日的成交量，这说明股价与成交量出现了顶背离形态。MACD 指标顶背离与量价顶背离在此时同步出现，是典型的增强版看跌信号。

2020 年 8 月 12 日，紫光国微的股价延续了前几个交易日的下跌走势，MACD 指标同步出现高位死叉，卖点出现，投资者可于当日部分减仓该股。

第五章

顺势而为：MACD 指标趋势识别技法

有投资大师曾经这样说：不做牛市的朋友，也不做熊市的朋友，只做趋势的朋友。只要趋势判断对了，你就可以无惧牛市或熊市。对于趋势的研究，可以追溯到查尔斯·道（Charles Dow）和他提出的“道氏理论”。查尔斯·道曾经为趋势下过这样一个定义：

“只要平均指数的高点突破了距它最近的一个高点，随后回调的低点位于前一个低点的上方，它就处于牛市期间。当最低点跌破前一个低点，随后反弹的高点位于前一个高点的下方，它就处于熊市期间。通常很难判断前进的过程是否已经结束，因为只有基本趋势发生变化时，价格运动才会随之出现。当然，这种变化也可能只是一次毫不起眼的折返运动所引发的。”

事实上，股价运动趋势的识别非常困难。正因如此，很多投资研究者不断研究各种方法以辅助研判趋势，希望能够更早一点发现趋势的改变。实战中，MACD 指标被认为是识别趋势最准确、最有效的技术指标。

第一节　MACD 指标与上升趋势的启动与终结

MACD 指标作为摆动指标的代表，在反映股价运行趋势方面具有其他技术指标无可比拟的优势。

一、MACD 指标与股价上升趋势

当 MACD 指标整体运行于 0 轴上方，且向右上方振荡上行时，意味着股价处于上升趋势。一般来说，对于趋势交易者来说，只要 MACD 指标的运行趋势没有发生改变，就可以一直坚定地持股。

下面来看一下三一重工的案例。

如图 5-1 所示，2020 年 7 月 2 日，三一重工的股价 K 线放量向上突破了多条均线。与此同时，MACD 指标在 0 轴附近形成黄金交叉后，直接向上突破了 0 轴。此后，MACD 指标一直运行于 0 轴上方，且呈现振荡上行的态势，这说明股价已进入上升趋势，投资者可耐心持股待涨。

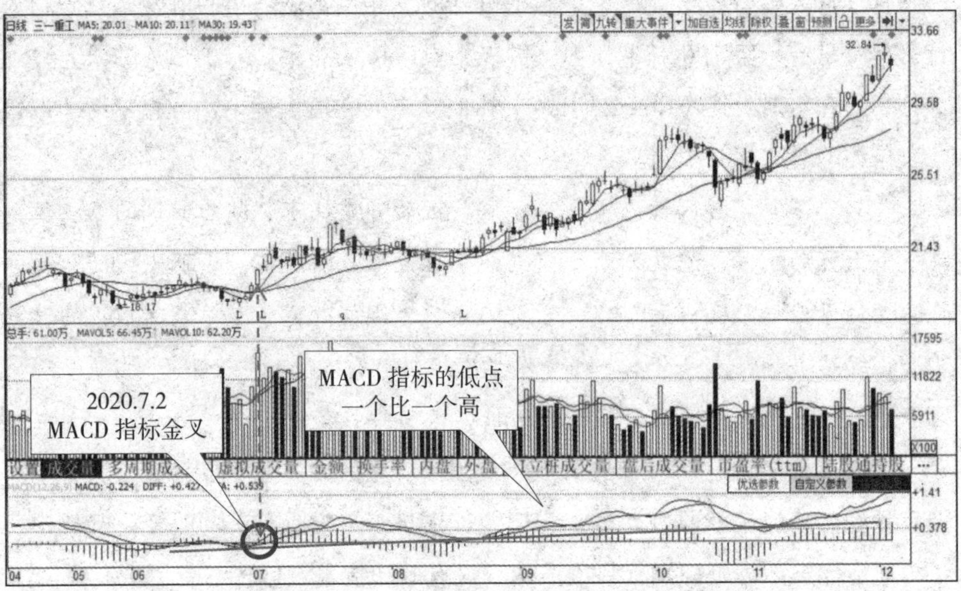

图 5-1　三一重工（600031）MACD 指标的趋势运动

顺势操作，是所有投资者的共识。认清股价运行所处的趋势，并准确地把握趋势，是每位投资者应该具备的关键能力。MACD 指标中两条曲线每次交叉与位置互换、MACD 指标与股价、指数的背离，都可能形成股价运行趋势的转向。通常情况下，出现下列情形，意味着股价处于或即将进入上涨趋势中。

第一，MACD 指标在 0 轴上方出现黄金交叉，其后 DIFF 快线一直位于 DEA 慢线上方。

第二，MACD 指标的两条曲线向右上方倾斜，回调时的低点一个比一个高。

第三，MACD 柱线在大部分时间内都位于 0 轴上方，偶尔跌破 0 轴，也能很快重新进入 0 轴上方区域。

二、MACD 指标上升趋势的形成

事实上，任何一种趋势的形成都不是瞬间完成的。从股价 K 线运行态势来看，有时候很难准确识别趋势的演进与发展。借助 MACD 指标，从 MACD 指标的变化中，可以更容易地辨识出股价运行趋势的演进。

一般来说，MACD 指标上升趋势的形成大致包括如下三个典型阶段。

第一，趋势的出现。上升趋势的启动始于下降趋势的终结，任何一次上升趋势的形成，最初的起点肯定都在下降趋势的末端。通常情况下，MACD 指标自底部出现拐头迹象，也就是上升趋势开始出现苗头的时候。当然，此时的拐头是否只是下降趋势中的一次反弹，还需要进一步确认。总之，处于下降趋势的 MACD 指标出现拐头，肯定是一个好迹象，但还不足以构成投资者入场买入的信号。

第二，趋势的启动。MACD 指标出现拐头迹象，只能表明上升趋势出现苗头，而且是非常弱的一个信号，这种趋势随时都可能终结。此后，若股价继续上升，MACD 指标可能会发出低位金叉形态。按照 MACD 指标分析方法，当 MACD 指标出现低位黄金交叉时，意味着股价将会启动一波上升或反弹走势，属于买入信号。在识别上升趋势时，也可以将 MACD 指标低位金叉作为一个典型的趋势启动信号。出现该信号，意味着形成上升趋势的可能性较大，投资者可以开始建仓介入。

第三，趋势的确认。MACD 指标出现低位金叉，很可能会引发股价的一波上升，但这种上升最终是否真的会演化为上升趋势，则需要确认信号的出现。MACD 指标自下而上突破 0 轴，则可以作为趋势确认的标准。MACD 指标向上突破 0 轴，意味着整个市场正式进入多方主导的行情发展阶段，因而将其作为上升趋势确认信号是十分合理的。

下面来看一下宁波联合的案例，如图 5-2 所示。

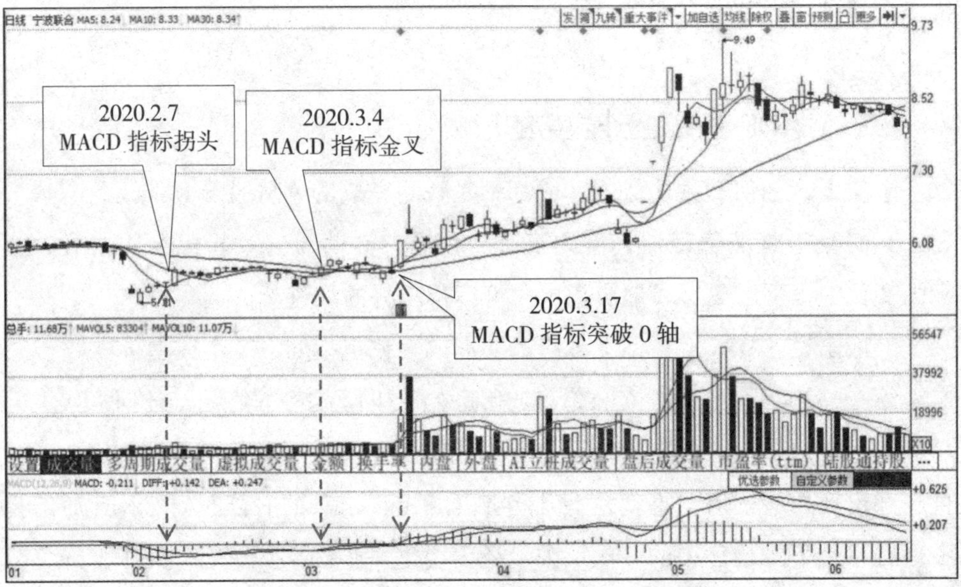

图 5-2　宁波联合（600051）MACD 指标走势图一

从图 5-2 中可以看出，宁波联合的股价在 2020 年 2 月以前出现了一波下跌走势。2 月 7 日，该股股价触底反弹后，MACD 指标出现了自底部拐头迹象，MACD 柱线也出现了“抽脚”态势，这都是空方实力不足的表象，也意味着股价上升趋势可能来临。

3 月 4 日，MACD 指标出现了低位金叉。从图 5-2 中可以看出，此时的金叉已经是该股短期内的第二次金叉了。一般来说，当股价处于底部盘整阶段，这种频繁出现交叉的情况是非常多的，只要 MACD 指标仍处于上升趋势，投资者就可以将最后一个金叉看成趋势启动的信号，少量入场建仓。

3 月 17 日，该股股价放量上攻，MACD 指标同步向上突破了 0 轴，这意味着多空力量对比彻底发生改变，也是股价进入上升趋势的明确信号。至此，MACD 指标上升趋势正式确认，投资者可考虑加仓买入该股。

三、MACD 指标上升趋势的终结

与上升趋势的启动相似，上升趋势的终结也是一个渐进式的过程。从股价 K 线运行态势来看，有时候很难准确识别趋势的转向与终结。借助 MACD 指标，并从 MACD 指标的变化中，可以更容易地辨识出股价运行趋势的终结。

一般来说，MACD 指标上升趋势的终结，大致包括如下三个典型的阶段。

第一，趋势的转向。物极必反，盛极而衰。当上升趋势进入顶峰，也就意味着这种趋势存在终结的可能。从 MACD 指标方面来看，当 MACD 指标线不再上升，而是出现了下行态势，就意味着趋势终结的信号开始显现。当然，有些时候，股价上升过程中的调整行情来临时，也可能会出现这种迹象，因此需要对趋势终结的确认。

第二，终结迹象。MACD 指标出现拐头迹象，只能表明上升趋势有终结的苗头，也可能只是股价短暂的调整。此后，若股价继续下跌，MACD 指标可能会形成高位死叉形态。按照 MACD 指标的分析方法，当 MACD 指标出现高位死亡交叉时，则意味着股价将会启动一波下跌或回调走势，属于卖出信号。这一信号同样可以作为 MACD 指标下降趋势启动的一个标志性信号。一般来说，无论未来股价能否重新反弹向上，投资者都应该在此进行适当的减仓操作。

第三，终结点的确认。尽管 MACD 指标出现高位死叉，很可能会引发股价的一波下跌，但这种下跌最终是否真的会演化为下降趋势，则需要确认信号的出现。MACD 指标自上而下跌破 0 轴，可以作为趋势转折确认的标准。MACD 指标向下突破 0 轴，意味着整个市场正式进入空方主导的行情阶段，因而将其作为上升趋势终结信号是十分合理的。当然，投资者也可以将其看成下降趋势正式确立的信号。

下面再来看一下宁波联合的案例，如图 5-3 所示。

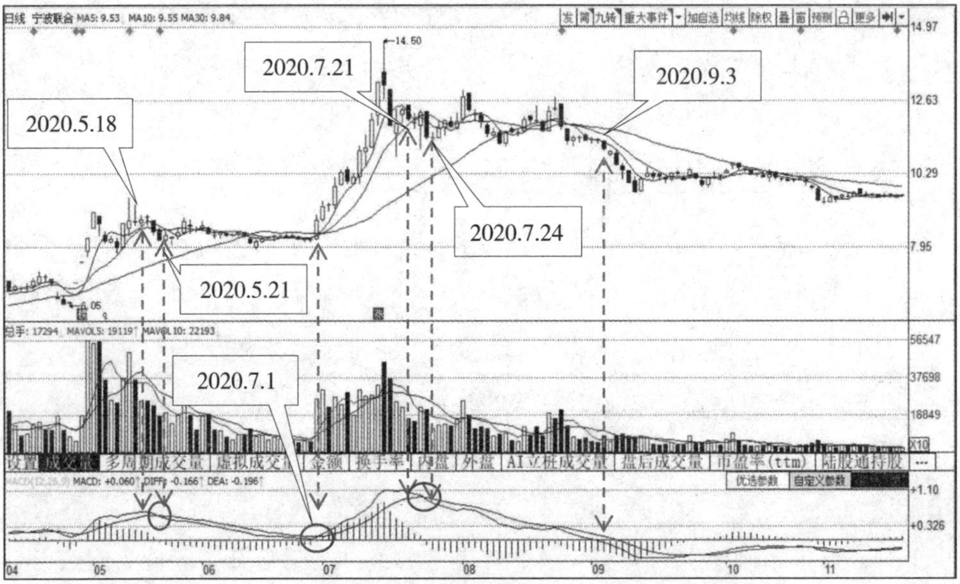

图 5-3　宁波联合（600051）MACD 指标走势图二

从图 5-3 中可以看出，宁波联合的股价在 2020 年 5 月以前出现了一波上涨走势。进入 5 月，该股进入加速上涨状态。

5 月 18 日，该股股价经过连续上涨后出现回调走势，MACD 指标同步出现拐头迹象，MACD 柱线也出现了“缩头”态势，这都是多方实力不足的表现，也意味着股价的上升趋势可能终结。

5 月 21 日，MACD 指标出现高位死叉。一般来说，当股价处于顶部区域，此时的死叉要么属于趋势终结信号，要么属于短线调整信号。无论何种信号，投资者都应该先进行减仓操作。

其后，该股股价经过一段时间的调整，MACD 指标来到 0 轴附近，因受 0 轴的支撑重新上升，MACD 指标在 0 轴附近形成了黄金交叉形态，这说明之前的死叉并不是趋势终结的信号，投资者可重新加仓买入该股。

其后，该股经过一波快速上攻后，再度来到了高位区域。7 月 21 日，该股股价出现了明显的调整迹象，MACD 指标二度“缩头”。此时投资者仍要将其看成趋势可能反转的信号，并保持警惕。

7 月 24 日，该股股价继续下行，MACD 指标再度出现高位死叉。出于安全考虑，投资者还是要部分减仓。

其后，该股股价出现振荡走势。9 月 3 日，该股股价继续下行，MACD 指标向下跌破了 0 轴，这意味着该股上升趋势彻底终结，也意味着下行趋势来临，投资者宜清空仓位。

第二节　趋势线与 MACD 指标

为了准确描述 MACD 指标的运行趋势，并及时发现趋势的变化，可以引入画线技术中的趋势线技术。趋势线，从本质上来说，就是描述股价运行趋势的直线，因其描述的趋势不同，又可分为上升趋势线和下降趋势线两类。

一、上升趋势线识别 MACD 运行趋势

上升趋势线是指在股价上涨趋势中，连接明显的支撑区域（最低点）的直线。一般情况下，上升趋势线一旦形成，会对股价产生一定的支撑作用。

1. 上升趋势线的基本画法

画上升趋势线时，需要掌握以下几个要领。

第一，上升趋势线是以两个回调低点为关键点位所画的直线，选择的第二个低点必须高于第一个。通常情况下，这两个下跌低点应该是股价两次回调后重新上涨的转折点。

第二，两个下跌低点之间必须有一定的距离，不能是两个紧紧相邻的低点。

第三，通过两个上升低点连线所画的上升趋势线，必须经过第三个低点确认方可。该 K 线的实体或影线触及趋势线均可，稍有距离也不影响上升趋势线的有效性。

第四，画上升趋势线时，必须以 K 线实体最低点为出发点，即以阳线的开

盘价或阴线的收盘价为基点。

下面以宇通客车为例进行说明，如图 5-4 所示。

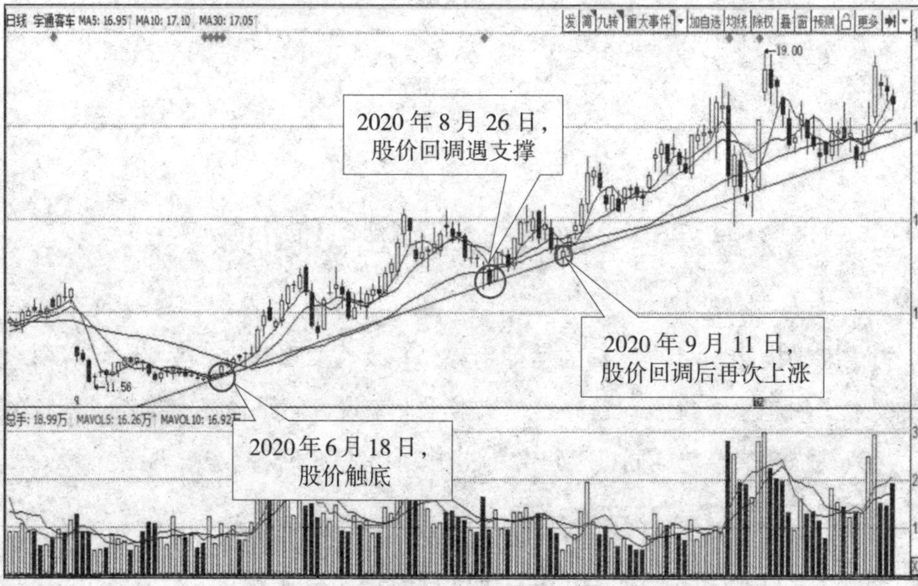

图 5-4　宇通客车（600066）日 K 线走势图

如图 5-4 所示，宇通客车的股价自 2020 年 2 月下旬出现振荡下跌走势。该股在 2020 年 6 月 18 日触底后反弹向上，并于 8 月 26 日创下了一段时间内的回调低点。8 月 26 日形成的低点要高于 6 月 18 日，这说明该股处于上升趋势中。此时，投资者可以用 8 月 26 日的低点与 6 月 18 日形成的低点画出一条上升趋势线。2020 年 9 月 11 日，股价回调几日后到达趋势线附近时，因受趋势线的支撑重新上涨，说明该趋势线具有一定的支撑作用。

画上升趋势线时，还需注意以下几个要点。

第一，上升趋势线画好后，可能会穿越一根或多根 K 线实体，但只要该 K 线实体没有完整地位于趋势线以下，就可以认定该趋势线是有效的。事实上，股价回调过程中形成的短期底部，往往相邻的几根 K 线价格趋近，选择其中的最低价与其他低点相连时，不可避免地会穿越某根 K 线实体。图 5-4 中，选择了 6 月 18 日的 K 线收盘价（该价格为临近的几根 K 线实体的最低价）为基点，趋势线穿越了后一个交易日的 K 线实体。

第二，在基准日价格的选择方面，历来有很多不同的意见。比如，有的投资者喜欢单纯地选择收盘价，包括阳线的收盘价甚至是最低价（即下影线最低点）。这些选择本身没有对错之分，不过笔者仍倾向于使用实体的最低点（即阳线的开盘价或阴线的收盘价）。

第三，绘制上升趋势线时，还要考虑股价的除权、除息等问题。如果一只股票近期（即绘制趋势线跨越的周期）出现除权或除息时，在绘制股价上升趋势线前，应该将其复权，然后再绘制上升趋势线。

第四，为了保险起见，针对一波上涨行情，投资者可画出多条上升趋势线，之后再随着股价的变动不断修正和取舍，直至确认趋势线对股价确有支撑作用为止。

第五，绘制技术指标的上升趋势线时，可以直接以技术指标线两次回调后上涨的转折点为关键点位。同时，第二个转折点必须高于第一个，否则不能称为上升趋势线。

2. 利用上升趋势线与 MACD 指标结合判断股票买卖点

将 MACD 指标上升过程中 DIFF 线的最低点和次低点相连，就能得到一条 MACD 指标的上升趋势线。这条 MACD 指标的上升趋势线与普通的股价趋势线相似，也能反映股价的运行趋势。通过判断 MACD 指标的运行趋势，可以在股价变化之前做出相应的买入或卖出决策，具体判断标准如下。

第一，当指标线跌破这条上升趋势线时，预示股价可能会出现一定的下跌。

第二，MACD 指标上升趋势线也属于支撑线的一种，其斜率越大，代表多头实力越强大，未来上涨的空间也越大。45 度是斜率的一个重要分界线，当趋势线斜率低于 45 度时，说明股价上升趋势较弱；反之，则较强。

下面看一下安彩高科的案例，如图 5-5 所示。

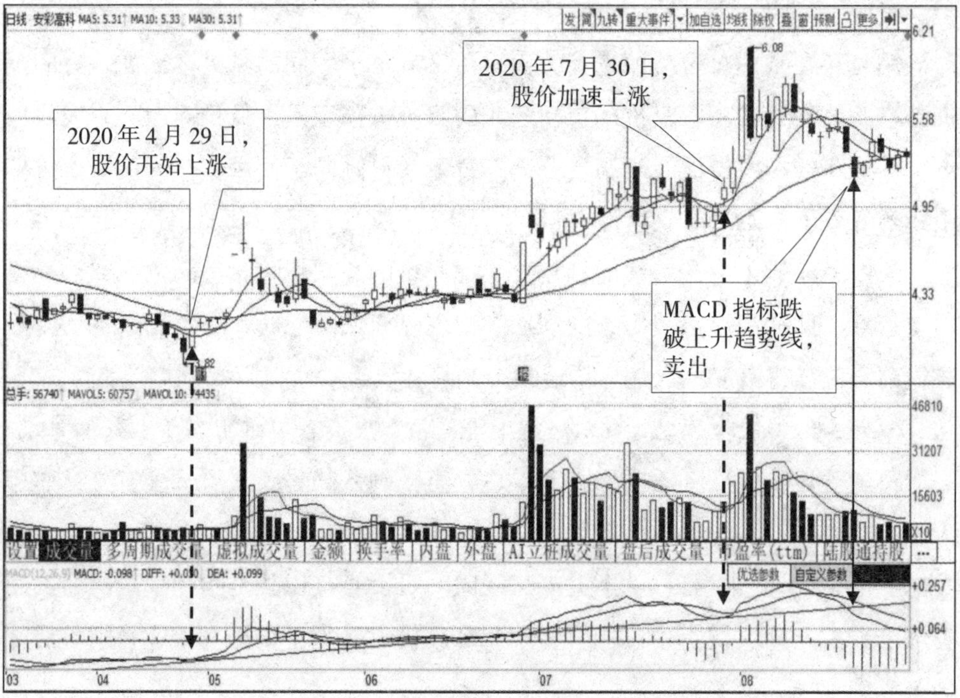

图 5-5　安彩高科（600207）日 K 线走势图

2020 年 4 月 29 日，安彩高科收出一根中阳线后，启动了一波上涨行情。与此同时，该股的 MACD 指标也同步出现了上行。

在上涨过程中，MACD 指标随着股价的振荡也出现了回调低点，投资者将最低点和次低点相连，就得到一条 MACD 指标的上升趋势线。只要 MACD 指标没有跌破这条趋势线，投资者就可以继续持股。

7 月 30 日，安彩高科的股价回调至 30 日均线附近位置后，因受均线支撑而发力上攻。与此同时，MACD 指标也在回落至上升趋势线附近时受到趋势线的支撑而重新上攻，由此可见，趋势线对 MACD 指标具有支撑作用。

8 月 20 日，安彩高科的 MACD 指标跌破了上升趋势线，这说明该股股价将要出现一波下跌走势，投资者最好卖出股票。在此之前，MACD 指标已经出现了高位死叉，这都属于典型的卖出信号。

使用 MACD 指标上升趋势线判断股价卖点时，需要注意以下两点。

第一，结合 MACD 指标的金叉与死叉进行研判。当 MACD 指标跌破上升趋势线时，如果 MACD 指标在此之前出现了死叉，则可增加股价下跌的概率。

第二，结合成交量分析卖点。MACD 指标跌破上升趋势线时，如果成交量同步放大，也可说明未来股价下跌的可能性很大。

二、下降趋势线识别 MACD 运行趋势

下降趋势线是指在股价下跌趋势中，连接明显的阻力区域（最高点）的直线。一般情况下，下降趋势线一旦形成，会对股价产生一定的阻力作用。

1. 下降趋势线的基本画法

画下降趋势线时，需要掌握以下几个要领。

第一，下降趋势线是以两个反弹高点为关键点位所画的直线，选择的第二个高点必须低于第一个。通常情况下，这两个反弹高点应该是股价两次反弹后重新下跌的转折点。

第二，两个反弹高点之间必须有一定的距离，不能是两个紧紧相邻的高点。

第三，通过两个反弹高点连线所画的下降趋势线，必须经过第三个反弹高点确认方可。该 K 线的实体或影线触及趋势线均可，稍有距离也不影响下降趋势线的有效性。

第四，画下降趋势线时，必须以 K 线实体为出发点，即阳线的收盘价或阴线的开盘价为基点。

下面以羚锐制药为例进行说明。

如图 5-6 所示，羚锐制药从 2020 年 8 月 3 日创下阶段高点后开始走出了一波下跌行情，股价沿下降趋势线运行。

9 月 3 日，羚锐制药延续了前几日的反弹行情，但盘中遭到强力打压，在 K 线图上留下了长长的上影线，其后该股股价再度回归下跌通道。9 月 3 日所创的高点要明显低于 8 月 3 日创下的高点，投资者可将 9 月 3 日的高点与 8 月 3 日的高点连接，绘制一条下降趋势线。

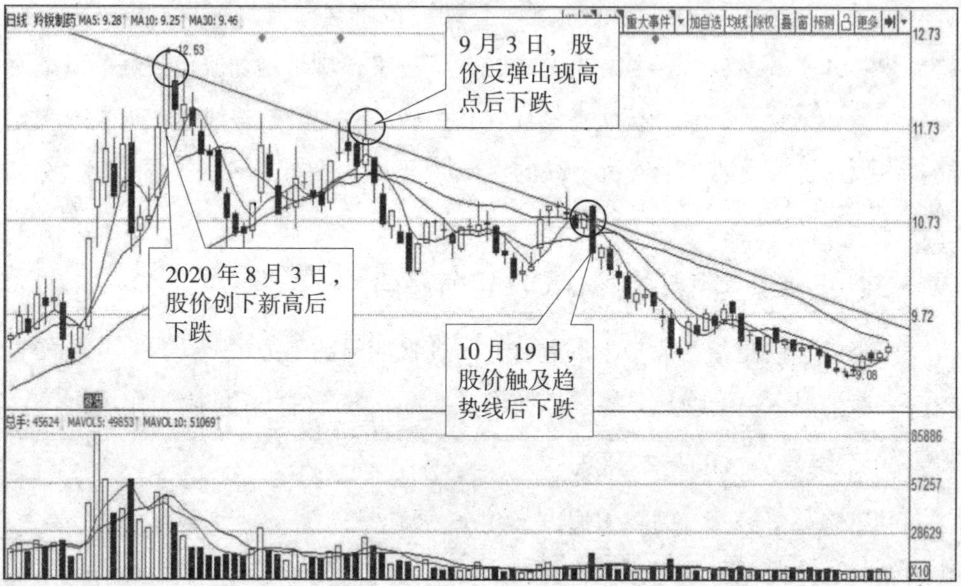

图 5-6 羚锐制药（600285）日 K 线走势图

10 月 19 日，该股股价直接高开于趋势线之上，但被反向大幅打压，进而重新下跌，说明此趋势线具有一定的阻力作用。

此后，该股一路沿着趋势线下跌，且股价反弹到趋势线附近时，都因受趋势线的阻力而重新下跌。

画下降趋势线时，还需注意以下几个要点。

第一，与上升趋势线相似，下降趋势线画好后，可能会穿越一根或多根 K 线实体，但只要该 K 线实体没有完整地位于趋势线之上，就可以认定该趋势线是有效的。在反弹过程中形成的短期顶部，相邻的几根 K 线价格往往趋近，这时选择其中的最高价与其他高点相连时，不可避免地会穿越某根 K 线的实体。

第二，与上升趋势线相似，在下降趋势线基准日价格选择方面，也有很多不同的意见。比如，有的投资者喜欢单纯地选择收盘价，包括阴线的收盘价甚至是最高价（即上影线最高点）。这些选择本身都没有对错之分，不过笔者仍倾向于使用实体的最高点（即阴线的开盘价或阳线的收盘价）。

第三，绘制下降趋势线时，还要考虑股价的除权、除息等问题。如果一只股票近期（即绘制趋势线跨越的周期）出现除权或除息时，在绘制股价下降趋势线前，应该将其复权，然后再绘制下降趋势线。

第四，为了保险起见，针对一波下降行情，投资者可以画出多条下降趋势线，之后随着股价的变动不断修正和取舍，直至确认趋势线对股价确有阻力作用为止。

第五，绘制技术指标的下降趋势线时，可以直接以技术指标线两次反弹后下跌的转折点为关键点位。同时，第二个转折点必须低于第一个，否则不能称为下降趋势线。

2. 利用下降趋势线与 MACD 指标结合判断股票买卖点

将 MACD 指标下跌过程中的最高点和次高点相连，就得到一条 MACD 指标的下降趋势线。这条 MACD 指标的下降趋势线与普通的股价趋势线相似，也能反映股价的运行趋势。通过判断 MACD 指标的运行趋势，可以在股价变化之前做出相应的买入或卖出决策。

具体判断标准如下。

第一，当指标线向上突破这条下降趋势线时，预示股价可能会出现一定的上涨。

第二，MACD 指标下降趋势线的斜率越大，代表空头实力越强大，下跌的空间也越大。45 度是斜率的一个重要分界线，当趋势线斜率低于 45 度时，说明股价下跌趋势较弱；反之，则较强。

下面看一下海越能源的案例。

2020 年 6 月 18 日，海越能源收出一根带上影线的阳线。次日，股价 K 线高开低走，启动了一波下跌行情，MACD 指标也同步出现了下行。

MACD 指标下跌过程中，随着股价的振荡，7 月 15 日再度出现了反弹高点。将最高点和次高点相连接，就得到了一条 MACD 指标的下降趋势线。只要 MACD 指标没有向上突破这条趋势线，投资者只能保持观望。

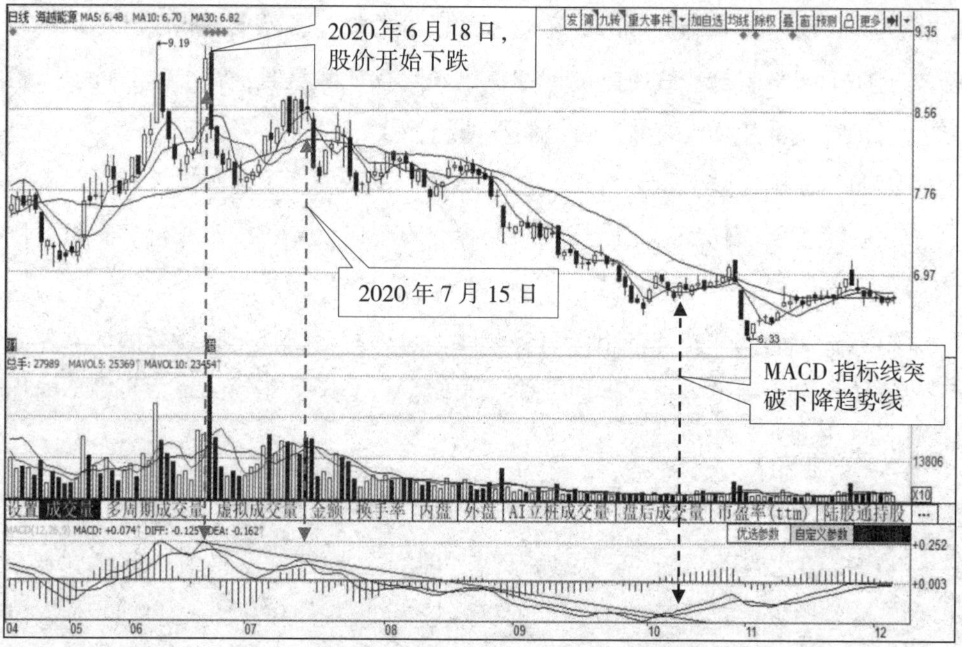

图 5-7　海越能源（600387）日 K 线走势图

2020 年 10 月 16 日，海越能源的股价放量上攻，MACD 指标同步向上突破了下降趋势线，这说明该股股价将要出现一波上涨走势，投资者可积极入场做多。

使用 MACD 指标下降趋势线判断股价买点时，需要注意以下两点。

第一，结合 MACD 指标的金叉与死叉进行研判。当 MACD 指标向上突破下降趋势线时，如果 MACD 指标在此之前出现了金叉，则可增加股价上涨的概率。

第二，结合成交量分析卖点。MACD 指标向上突破下跌趋势线时，如果成交量同步放大，也可说明未来股价上涨的可能性很大。

第六章

短线出击：MACD 指标短线追涨技法

MACD 指标不仅在识别趋势方面具有其他指标无可比拟的优势，在判断短线交易信号方面，优势也颇为明显。

第一节　MACD 指标短线追涨基础技法

以 MACD 指标为中心的短线交易基础战术，主要涵盖了一些以金叉、指标线形态为核心的交易策略与技巧。实战中，投资者也可以对这些技巧或方法进行改进，或与其他技术指标结合分析。

一、DIFF 线拐头与 MACD 柱线急速拉伸

股价经过一段时间的盘整后出现启动迹象，与此同时，MACD 指标中的 DIFF 线拐头向上，MACD 柱线出现急速大幅拉伸形态，意味着股价短线强攻已经启动，属于典型的短线强势看涨信号。

如图 6-1 所示，中水渔业的股价经过多日盘整后，于 2020 年 7 月 30 日放量上攻，当日以涨停报收。与此同时，DIFF 线拐头向上，MACD 柱线同步急速大幅拉伸，这属于典型的短线买入形态。

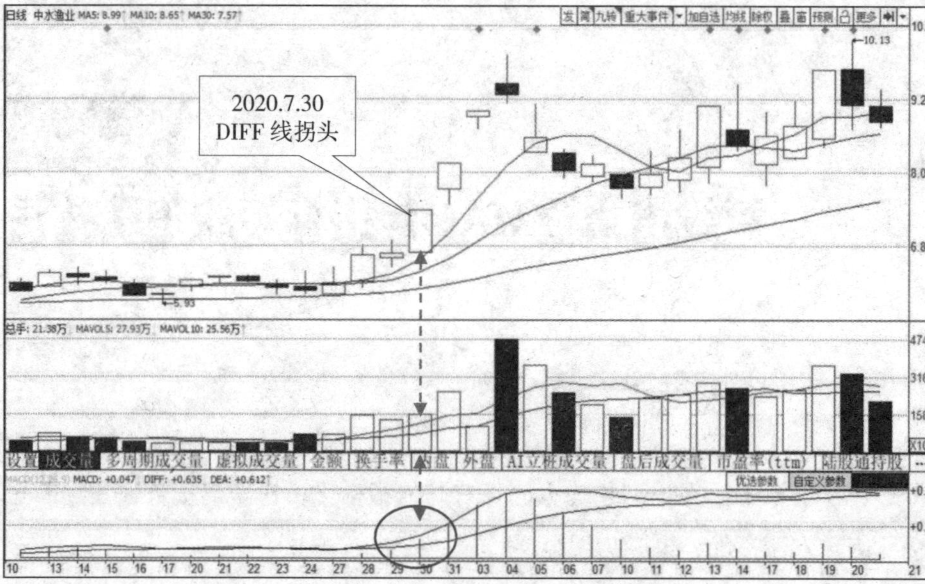

图 6-1　DIFF 线拐头与 MACD 柱线急速拉伸

结合图 6-1 的情况，可以看出 DIFF 线与 MACD 柱线急速拉伸的操盘要点如下。

第一，股价经过一段时间的横向盘整，MACD 指标线开始出现黏合形态，这是股价即将选择突破方向的形态。

第二，股价启动前，MACD 指标应运行于 0 轴上方，表明整个市场仍处于多头主导的行情中。

第三，股价启动，DIFF 线拐头向上时，拐头幅度越大，MACD 柱线拉伸幅度越大，说明股价上攻越急，短线上涨的幅度越大。

第四，股价启动上攻时，成交量同步放量，是股价上攻的必要条件。

一般来说，这类股票涨势比较急，投资者介入时，股价都已经产生了一定的涨幅，因而参与交易的风险也很高，投资者必须控制好仓位。一旦 MACD 柱线出现“缩头”迹象，应立即减仓或清仓，MACD 指标高位死叉是最后的清仓点。

下面来看一下鄂尔多斯的案例，如图 6-2 所示。

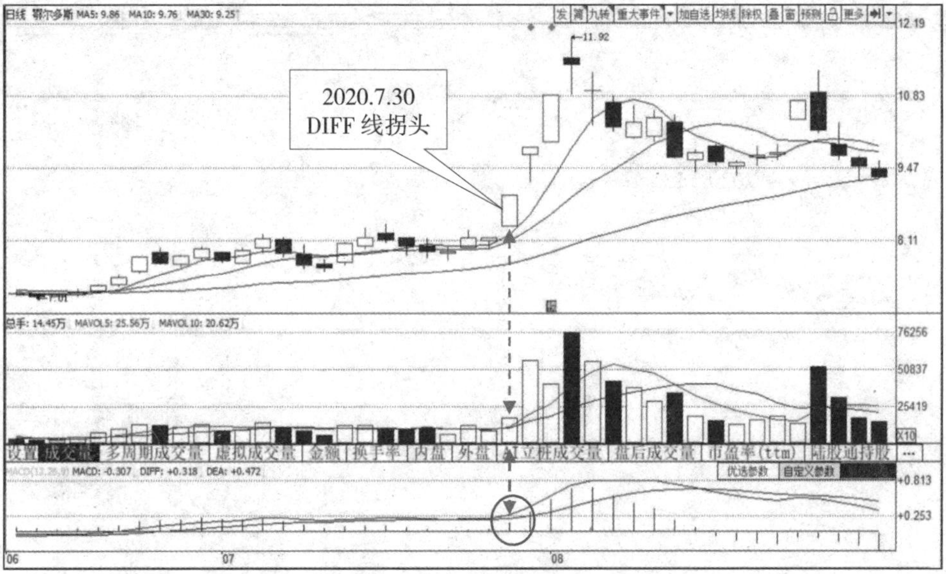

图 6-2 鄂尔多斯（600295）MACD 指标走势图

如图 6-2 所示，鄂尔多斯的股价自 2020 年 7 月初启动上攻，其后股价进入横向盘整区间。MACD 指标同步上升至 0 轴上方后出现横向黏合现象，说明股价正在选择突破方向，投资者还需继续等待。

2020 年 7 月 30 日，鄂尔多斯的股价放量上攻并以涨停报收。与此同时，DIFF 线拐头向上，MACD 柱线同步急速大幅拉伸，这属于典型的短线买入形态，投资者可立即追涨买入，不过必须将仓位控制在较低的水平。

其后，该股股价出现了连续大幅上攻的走势。

二、MACD 指标二度金叉擒牛股

MACD 指标二度交叉猎杀强势股，是指当 MACD 指标中的 DIFF 快线与 DEA 慢线连续两次形成黄金交叉时，预示股价将会发动一波快速上涨行情。很多涨停股在启动前也会出现 MACD 指标二度金叉的形态。

如图 6-3 所示，新余国科的股价在 2020 年 7 月到 8 月期间，曾经连续两次出现黄金交叉形态，这意味着股价即将启动一波强势上攻行情。

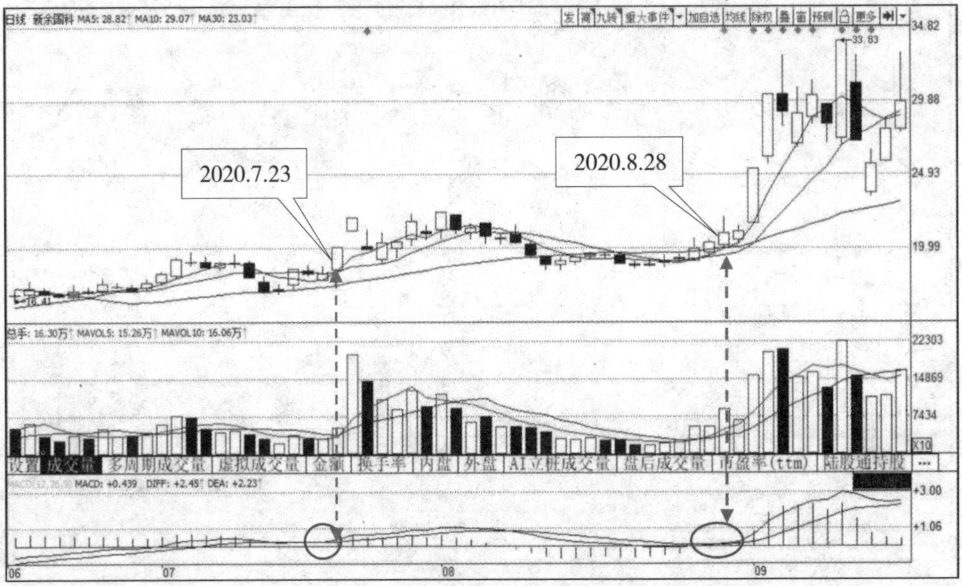

图 6-3　MACD 指标二度金叉擒牛股

二度金叉猎杀强势股的具体要求如下。

第一，DIFF 快线与 DEA 慢线两次形成黄金交叉时，必须全部位于 0 轴上方。这说明多方一直占据主导地位，股价的调整只是启动前的洗盘操作。

第二，两个金叉之间的死叉时间不能太长，而且越短越好。金叉之间间隔的时间过长，说明这两个金叉分别代表了两个不同的上升波段，也就失去了组合的力量和效果。

第三，出现两个金叉期间，成交量应该温和放大，但不能出现巨量。

第四，MACD 指标在短期内形成的两个金叉应该是相对简单的交叉，而非缠绕式交叉。也就是说，如果 MACD 指标出现了连续缠绕或频繁交叉，则此形态无效。

第五，股价重新上涨的同时，MACD 指标出现第二个黄金交叉，预示该股马上要进行大幅拉升，投资者宜迅速跟进买入股票。

下面来看一下洪都航空的案例。

如图 6-4 所示，洪都航空的股价经过一段时间的振荡上涨后出现下行走势。

其后，股价重新开始上攻，MACD 指标在 5 月 29 日出现了黄金交叉形态。其后，股价经过一段时间的整理后，MACD 指标在 6 月 11 日再度出现黄金交叉形态，金叉出现时，成交量同步放大，这意味着股价将会出现大幅上升走势，投资者可积极入场买入股票。

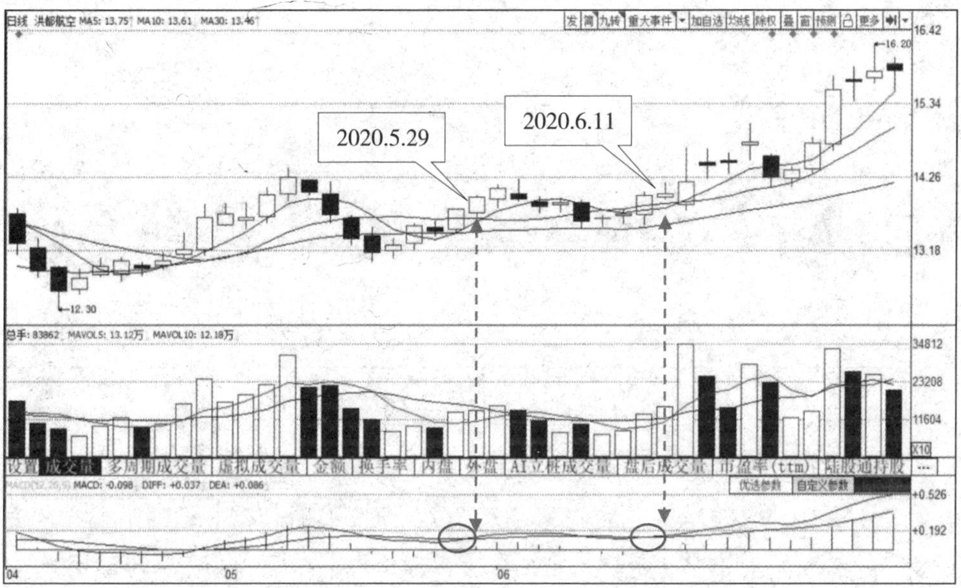

图 6-4　洪都航空（600316）MACD 指标走势图

三、低位双金叉 + 突破 0 轴

低位双金叉 + 突破 0 轴，是指 DIFF 快线与 DEA 慢线在 0 轴下方连续形成两个金叉后，一举向上突破 0 轴的形态。该形态与前面所讲的双金叉形态比较相似，只是金叉出现的位置比较靠下，因而需要 DIFF 线向上突破 0 轴进行买入形态确认，该形态也属于典型的看涨形态。

如图 6-5 所示，2020 年 6 月到 7 月期间，首开股份的 MACD 指标曾经连续两次出现黄金交叉形态，且 MACD 指标随后很快向上突破了 0 轴，这说明 MACD 指标进入强势走势，也意味着股价即将启动一波强势上升行情。

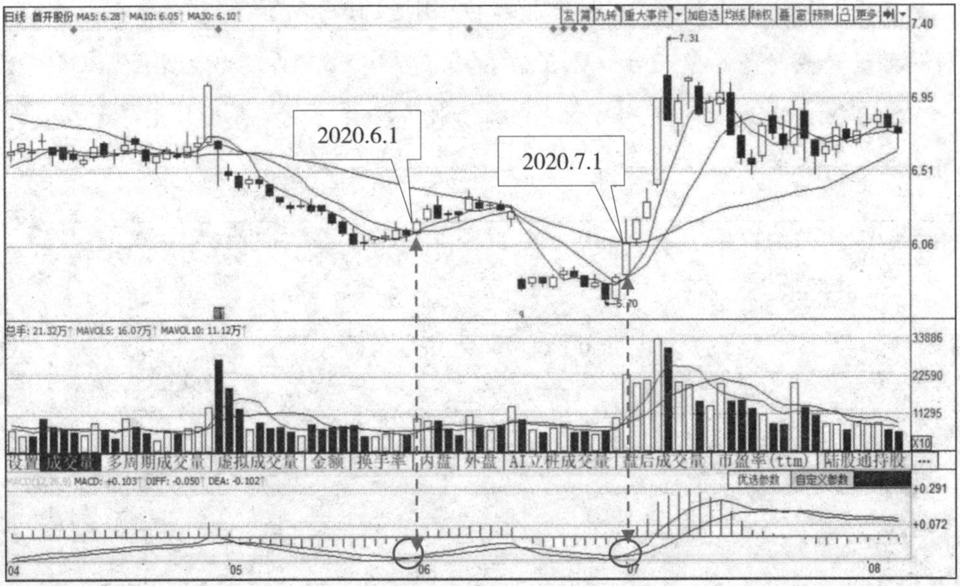

图 6-5 MACD 指标双金叉 + 突破 0 轴

MACD 指标双金叉与突破 0 轴的具体要求如下。

第一，DIFF 快线与 DEA 慢线两次形成黄金交叉时位于 0 轴的下方，这说明多方虽然暂时取得了优势地位，但并未占据主导地位，因此需要 MACD 指标向上突破 0 轴来确认这一优势。

第二，两个金叉之间的死叉时间不能太长，而且越短越好。金叉之间间隔的时间过长，说明这两个金叉分别代表了两个不同的上升波段，也就失去了组合的力量和效果。

第三，两个金叉的交叉点中，若后一个高于前一个，更能反映多方力量的强大。

第四，出现两个金叉期间，成交量应该温和放大，但不能出现巨量。

第五，MACD 指标在短期内形成的两个金叉应该是相对简单的交叉，而非缠绕式交叉。也就是说，如果 MACD 指标出现了连续缠绕和频繁交叉，则此形态无效。

下面来看一下新力金融的案例，如图 6-6 所示。

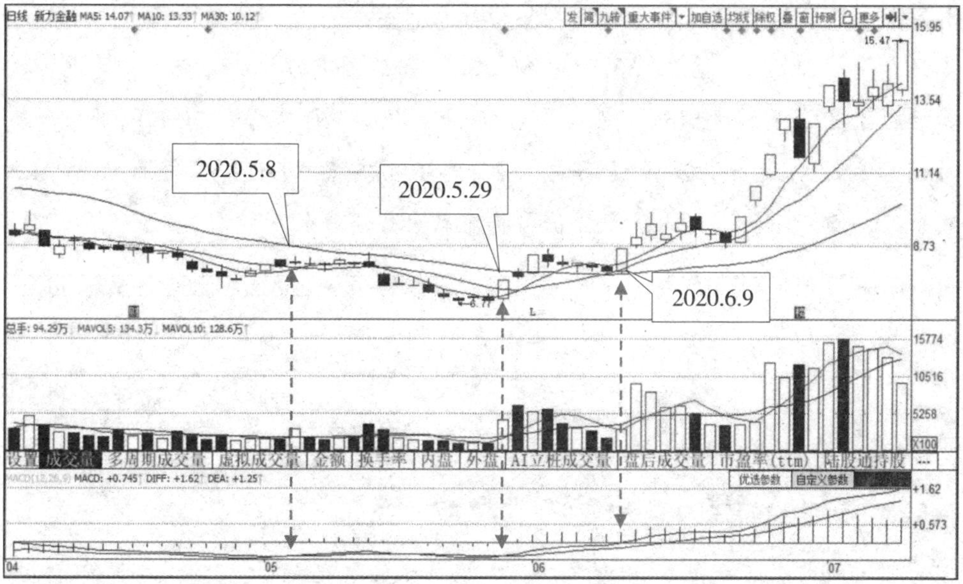

图 6-6 新力金融（600318）MACD 指标走势图

如图 6-6 所示，新力金融的股价经过一段时间的振荡上涨后出现下行走势，其后股价自底部开始振荡反弹。随着股价的振荡上升，MACD 指标在 5 月 8 日和 5 月 29 日连续走出两个低位黄金交叉形态，且后一个金叉高于前一个，这说明股价很快就可能进入快速上升通道。不过，鉴于这两个交叉点仍位于 0 轴下方，投资者可继续观望。

6 月 9 日，该股股价温和放量上攻，DIFF 线向上突破 0 轴。至此，“MACD 指标双金叉 +DIFF 突破 0 轴”形态正式成立，这也意味着股价将迎来一波快速上升走势，投资者可积极入场买入该股。

其后，该股股价出现了一波快速上升走势。

四、DIFF 线欲扬先抑

股价经过一波上涨后出现回调走势，MACD 指标随之不断走低。其后，DIFF 线向上突破 DEA 线未果后，DIFF 线再度向上成功突破 DEA 线，在 0 轴上方形成黄金交叉。该形态属于典型的看涨信号。

如图 6-7 所示，重庆啤酒的股价自 2020 年 6 月中旬启动了一波上升走势，其后股价开始了横盘盘整，MACD 指标同步出现下行态势。DIFF 线下行一段时间后，随着股价的反弹转而向上运行。8 月 5 日，DIFF 线向上突破 DEA 线未果，重新下行，给人一种股价即将重新大幅下跌的感觉。

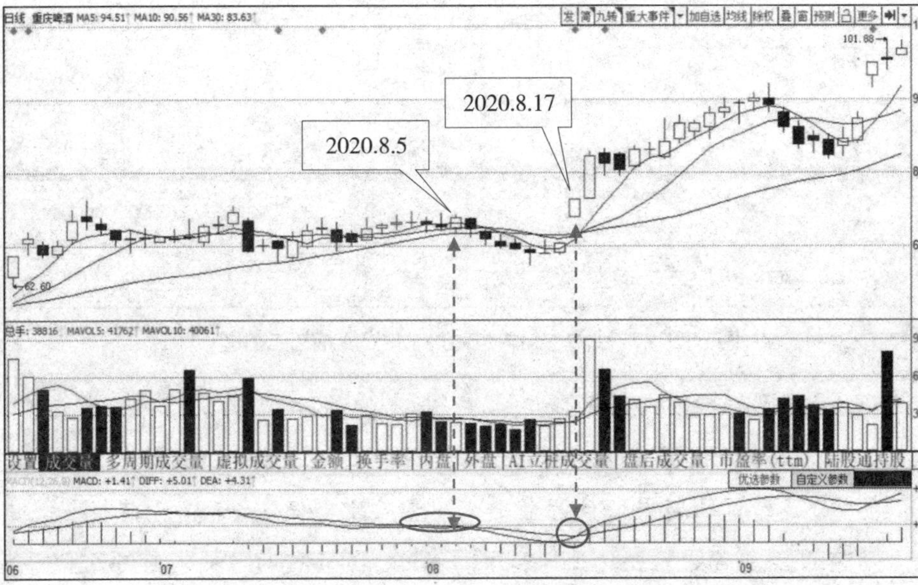

图 6-7　DIFF 线欲扬先抑形态

其后，股价 K 线确实出现了一波下挫走势，但很快又被向上拉升。8 月 17 日，重庆啤酒放量跳空涨停，形成了鱼跃龙门形态。此时 DIFF 线成功向上突破 DEA 线，形成了黄金交叉，这意味着股价将迎来一波新的上涨行情。

结合图 6-7 的情况，可以看出 DIFF 线欲扬先抑的操盘要点如下。

第一，股价盘整过程中，尽管 DIFF 线和 DEA 线同步下行，但二者均运行于 0 轴之上，说明此时仍是多方主导行情。

第二，股价盘整过程中，DIFF 线上攻未果，属于典型的主力诱空动作，希望持有股票的投资者将手中的股票卖出。

第三，股价启动上行，DIFF 线拐头向上突破 DEA 线时，交叉点应该位于

0 轴上方附近位置，这是股价上攻的基本保障。

第四，股价启动上攻时，成交量同步放量，这是股价上攻的必要条件。

下面来看一下信邦制药的案例，如图 6–8 所示。

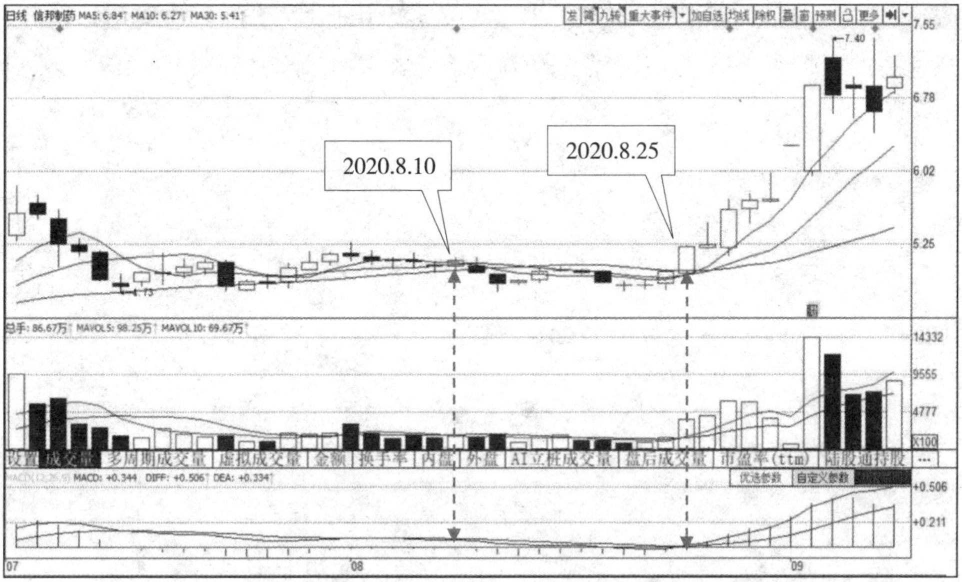

图 6–8　信邦制药（002390）MACD 指标走势图

如图 6–8 所示，信邦制药的股价自 2020 年 7 月中旬启动了一波上升走势，之后出现振荡调整走势，MACD 指标同步出现下行。DIFF 线下行一段时间后，随着股价的反弹转而向上运行。8 月 10 日，DIFF 线向上突破 DEA 线未果，重新下行，给人一种股价即将重新大幅下跌的感觉。

其后，股价 K 线确实出现了一波下挫的走势，但很快又被向上拉升。8 月 25 日，信邦制药的股价放量跳空上涨，此时 DIFF 线成功向上突破 DEA 线形成了黄金交叉。该交叉点正好位于 0 轴上方不远位置，这也说明该交叉属于质量较高的黄金交叉，意味着股价将迎来一波新的上涨行情。

五、绿柱不过三，上升后劲足

股价经过一波上升后出现回调走势，MACD 指标同步下行，MACD 柱线随之萎缩。当 MACD 柱线下降至 0 轴下方后（炒股软件中的颜色一般为绿色，又称“绿柱”），很快又重返 0 轴上方（停留在 0 轴下方的柱线不超过三根），则说明此时的调整多为主力洗盘动作，未来继续上升的概率很高。如图 6-9 所示。

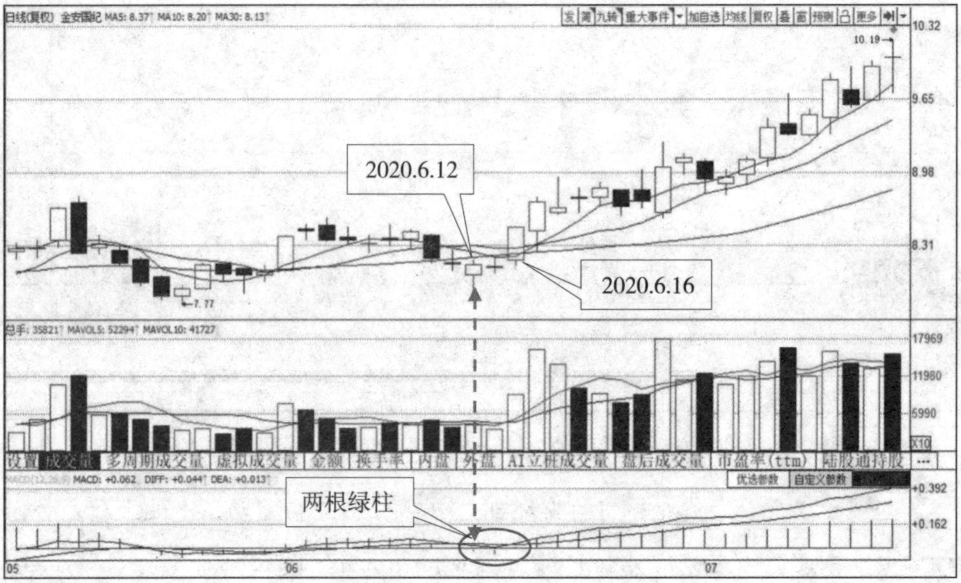

图 6-9 “绿柱不过三”形态

如图 6-9 所示，金安国纪的股价自 2020 年 5 月中旬启动了一波振荡走势，MACD 指标同步出现下行，MACD 柱线同步萎缩。到了 6 月 12 日，该股股价触底反弹，收出假阳线，而 MACD 柱线同步跌破了 0 轴，收出第一根绿柱。这并不是一个好的迹象，投资者需要保持观望。

次日，该股股价收出十字线，MACD 柱线继续收出绿柱。6 月 16 日，该股高开高走，一举放量向上突破多条均线，MACD 柱线重新回到 0 轴上方。MACD 柱线停留在 0 轴下方的时间不超过三天，明显属于主力洗盘，该股短线应该看涨。

结合图 6-9 的情况，可以看出“绿柱不超过三根”的操盘要点如下。

第一，股价盘整过程中，MACD 指标出现死叉，MACD 柱线出现“绿柱”，但持续时间很短，MACD 指标又重新出现金叉，MACD 柱线重新进入 0 轴上方，也就意味着此次 MACD 柱线跌破 0 轴纯属主力刻意为之，目的是“诱空”，以便让更多的投资者抛弃手中的筹码。

第二，股价回调过程中，成交量同步萎缩，更可印证主力“诱空”的判断。

第三，股价启动，MACD 指标重新出现金叉时，该交叉点在 0 轴附近位置，未来股价上涨的趋势和空间会更佳。

第四，股价启动上攻时，成交量同步放量，则是股价上攻的必要条件。

下面来看一下陕西黑猫的案例，如图 6-10 所示。

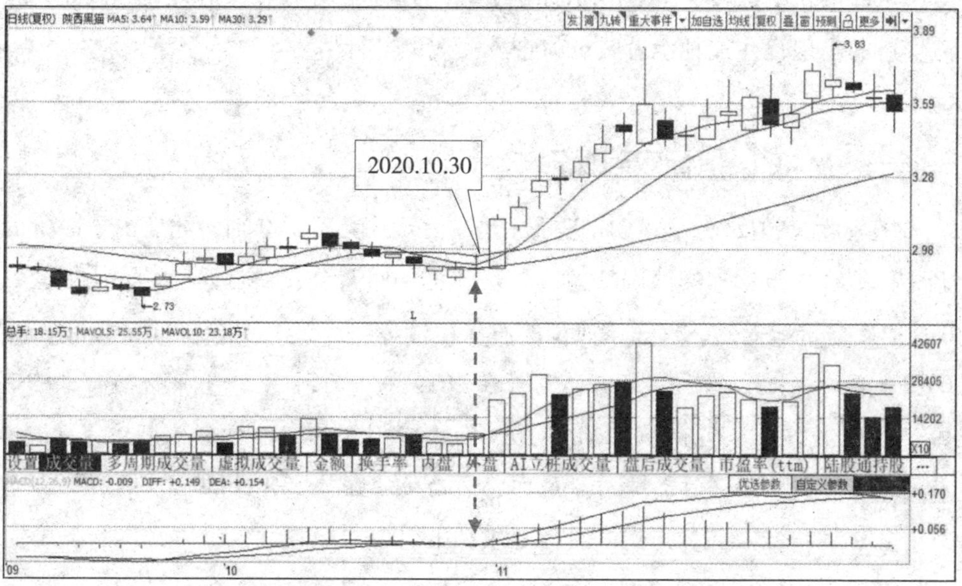

图 6-10　陕西黑猫（601015）MACD 指标走势图

如图 6-10 所示，陕西黑猫的股价自 2020 年 9 月底结束下跌，开始了一波振荡上升走势。自 10 月下旬开始，该股股价出现回调，MACD 指标同步出现下行态势，MACD 柱线同步萎缩。10 月 29 日，该股股价触底反弹。10 月 30 日，该股股价收出十字线，MACD 柱线却跌破了 0 轴，收出了第一根绿柱，这并不是一个很好的现象，投资者需要保持观望。

下一个交易日（即 11 月 2 日），该股股价高开高走，一举放量向上突破多条均线，MACD 柱线重新回到 0 轴上方。MACD 柱线停留在 0 轴下方的时间只有一天，这属于典型的主力洗盘行为，该股短线应看涨，投资者可积极入场追涨买入该股。

该股股价随后出现了一波快速上升走势。

第二节　MACD 指标经典追涨形态

随着股价的波动，MACD 指标也会呈现各种不同的形态，其中一些经典起涨形态的出现，往往预示着股价将进入短线上升行情。

一、MACD 指标双回探形态

随着股价的反弹，MACD 指标自低位上升并突破了 0 轴，此后由于股价的调整，MACD 指标连续两次（超过两次亦可）回调至 0 轴附近位置，均因受到 0 轴的支撑重新上扬，这属于典型的看涨信号。

如图 6-11 所示，ST 新海的股价在 2019 年年底到 2020 年年初期间出现了回调整理形态，其间 MACD 指标连续两次回调至 0 轴附近位置，均因受到 0 轴的支撑重新上扬，这意味着股价即将启动一波强势上升行情。

MACD 指标双回探形态的具体要求如下。

第一，MACD 指标自低位向上突破 0 轴前，必须从较低的低点启动，应该与 0 轴有较大的距离。

第二，MACD 指标随股价回调时，应该紧贴 0 轴且大部分时间位于 0 轴上方，这说明多方仍占据主导地位。

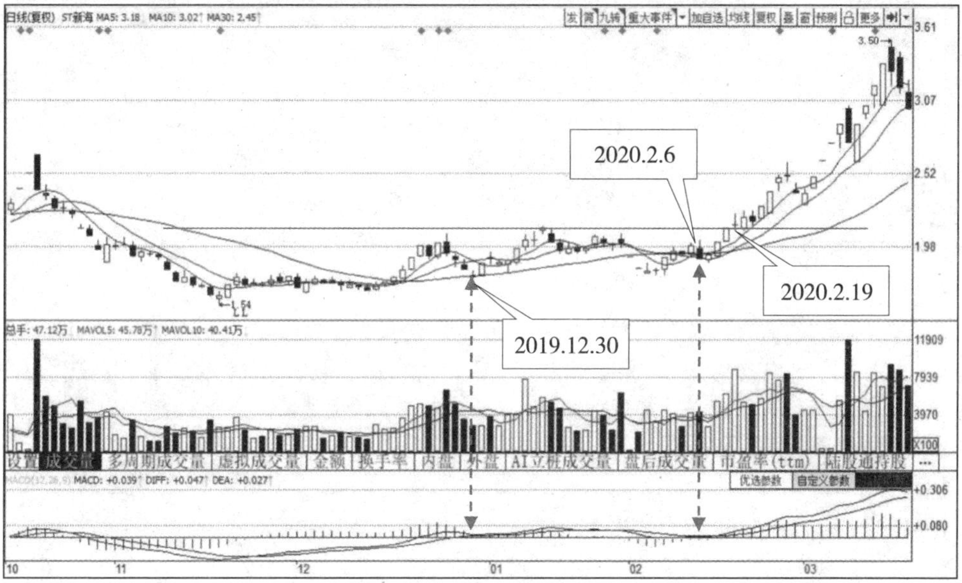

图 6-11　MACD 指标双回探形态

第三，MACD 指标回调期间，股价 K 线也可能会出现振荡整理形态。MACD 指标受支撑反弹时，若股价 K 线向上突破整理区间，则意味着买入时机来临；反之，若股价跌破整理形态，则意味着整个行情进入下行趋势，投资者宜出清手中的股票。

第四，MACD 指标振荡回调过程中，成交量应该呈萎缩状态。当 MACD 指标遇 0 轴支撑重新上扬时，成交量应该呈现明显的放大。

下面来看一下昊华科技的案例。

如图 6-12 所示，昊华科技的股价自 2020 年 4 月下旬启动反弹，MACD 指标自低位反向上攻。到了 5 月下旬，股价到达阶段高点时，MACD 指标也同步向上突破了 0 轴。

此后，该股股价出现振荡回调走势，MACD 指标在 5 月 29 日和 6 月 22 日两度回落至 0 轴附近，均因受到 0 轴的支撑转而重新上攻，这说明 0 轴对 MACD 指标具有较强的支撑作用。投资者可在 6 月 22 日股价上升且 MACD 指标重新上扬时少量入场。

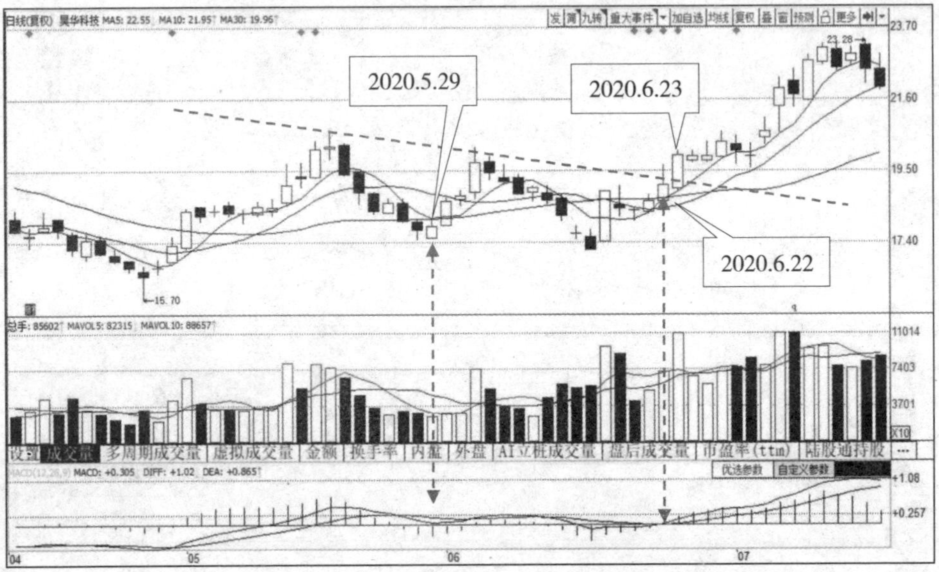

图 6-12 昊华科技（600378）MACD 指标走势图

6 月 23 日，该股股价放量上攻，突破了股价整理区域的上边线，这意味着股价将展开新一波上涨行情，投资者可积极入场加仓该股。

二、MACD 指标"水上飞"形态

股价出现长时间的振荡整理行情，在股价振荡时，MACD 指标一直在 0 轴上方波动，从来没有跌破 0 轴，那么，一旦股价启动，意味着将会出现一波幅度较大的上涨行情。

如图 6-13 所示，华宝股份的股价自 2020 年 3 月启动了振荡上升行情，MACD 指标在 3 月 27 日向上突破 0 轴后，一直运行于 0 轴上方，这属于典型的看涨形态。在接下来的三个月时间内，尽管 MACD 指标随着股价的波动出现了振荡，其间还数次出现了金叉与死叉形态，但 MACD 指标始终运行于 0 轴上方，投资者都可以持股不动。

6 月 30 日，该股股价大幅上攻，MACD 指标拐头向上，这说明股价进入了加速上升区间，投资者可积极入场买入该股。

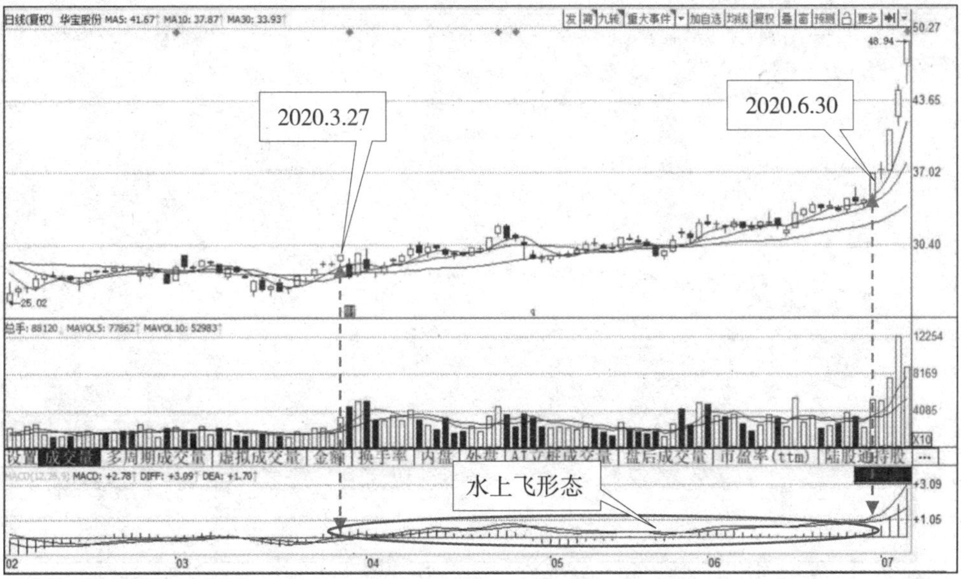

图 6-13 MACD 指标“水上飞”形态

MACD 指标“水上飞”形态的具体要求如下。

第一，MACD 指标突破 0 轴后，一直运行于 0 轴上方，无论股价如何波动，MACD 指标线都没有跌破 0 轴。

第二，随着股价的波动，MACD 指标始终在 0 轴上方附近位置，不能出现太大的波动，若波动过大，未来股价上涨的可能性就会降低，甚至出现下跌走势。

第三，MACD 指标持续在 0 轴上方附近运行的时间越长（一般要求在三个月以上），未来股价上涨的空间和幅度越大。此时往往属于股价横盘振荡或小幅慢涨阶段，从股价运行的角度来说，未来股价也存在由慢牛变为快牛的可能。

第四，MACD 指标振荡回调过程中，成交量应该呈现萎缩状态。当 MACD 指标重新上扬时，成交量应该出现明显的放大。

下面来看一下金徽酒的案例，如图 6-14 所示。

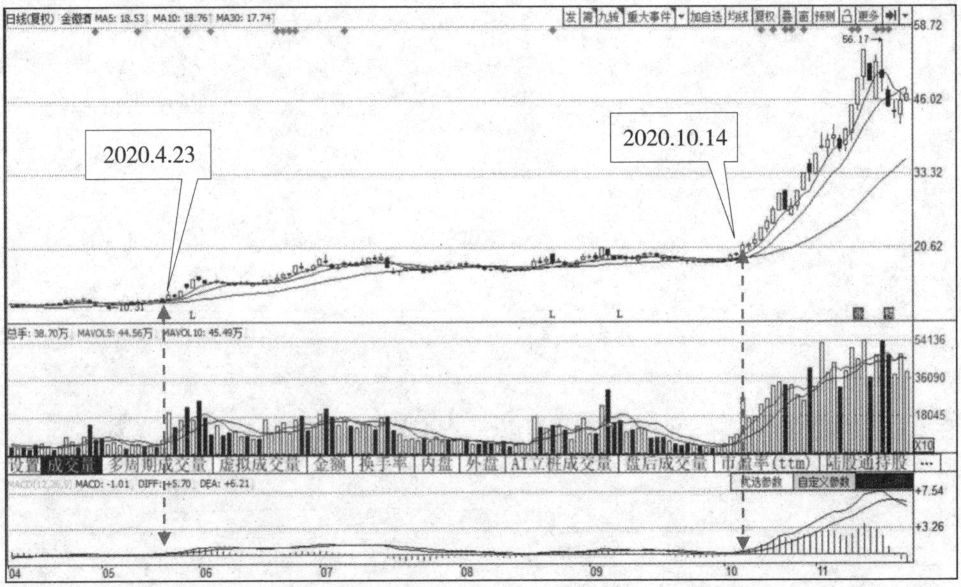

图 6-14　金徽酒（603919）MACD 指标走势图

如图 6-14 所示，金徽酒的股价自 2020 年 4 月启动了振荡上升行情，MACD 指标 4 月 23 日向上突破 0 轴后，一直运行于 0 轴上方，这属于典型的看涨形态。在接下来的近六个月时间内，尽管 MACD 指标随着股价的波动出现了振荡，其间还数次出现了金叉与死叉形态，但 MACD 指标始终运行于 0 轴上方，投资者都可以持股不动。

10 月 14 日，该股股价放量大幅上攻，MACD 指标拐头向上，这说明股价进入了加速上升区间，投资者可积极入场加仓该股。

三、MACD 指标“鳄鱼嘴”形态

股价自底部启动上升，MACD 指标在 0 轴下方形成黄金交叉后向上突破了 0 轴，此后 MACD 指标的 DIFF 线和 DEA 线呈黏合状态，并贴着 0 轴运行。随着股价的启动，DIFF 线拐头向上，与 DEA 线分开，形似“鳄鱼张嘴”。如图 6-15 所示。

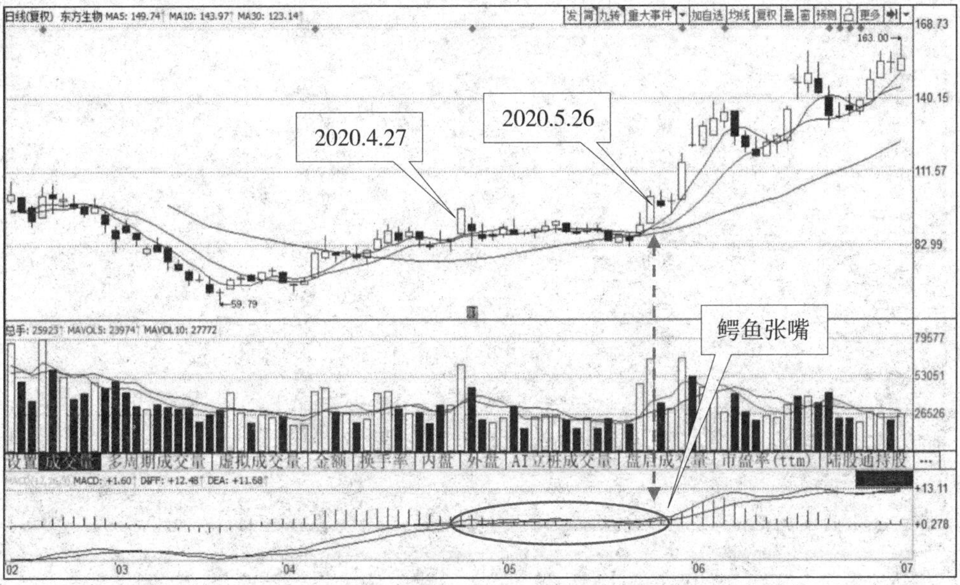

图 6-15　MACD 指标“鳄鱼嘴”形态

如图 6-15 所示，东方生物的股价自 2020 年 3 月启动了振荡上升行情。4 月 27 日，该股股价创下阶段高点后回调，MACD 指标突破 0 轴后同步出现回落态势。DIFF 线与 DEA 线黏合在一处，并在 0 轴上方运行。

5 月 26 日，该股股价放量上攻，DIFF 线拐头向上，形成鳄鱼嘴形态。投资者见到此形态，可立即入场，追涨买入该股。

MACD 指标“鳄鱼嘴”形态的具体要求如下。

第一，MACD 指标在股价反弹向上突破 0 轴后，很快就出现了回落态势，其间与 0 轴并未形成较远的距离。

第二，随着股价的回调，DIFF 线与 DEA 线黏合在一处且运行于 0 轴上方（其间偶尔跌破 0 轴不影响对该形态的判断），黏合在一起的时间越长，未来股价上涨的幅度可能越大。

第三，MACD 指标在 0 轴上方黏合时，成交量同步呈现萎缩状态；当 DIFF 线拐头向上时，成交量出现放大态势。

下面来看一下晶丰明源的案例，如图 6-16 所示。

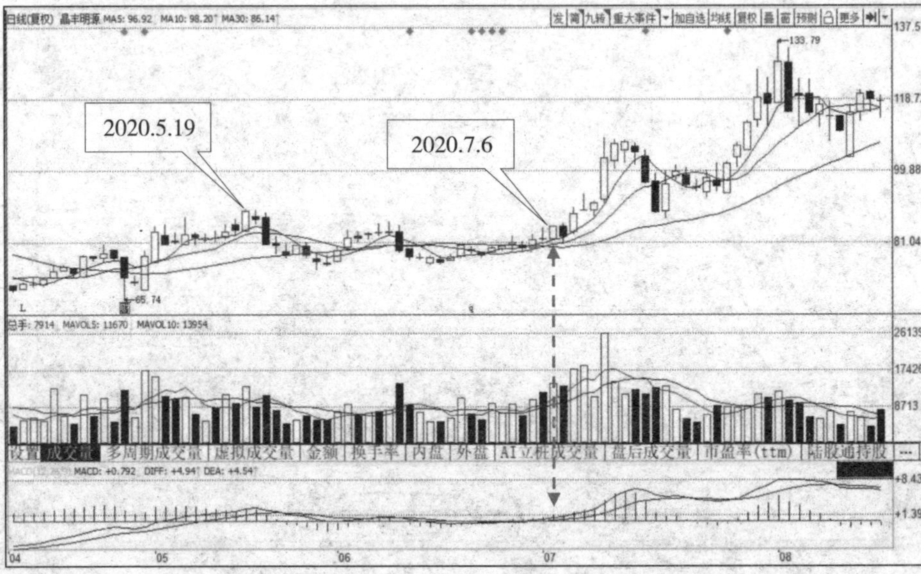

图 6-16　晶丰明源（688368）MACD 指标走势图

如图 6-16 所示，晶丰明源的股价自 2020 年 4 月启动了振荡上升行情。5 月 19 日，该股股价创下阶段高点后回调，MACD 指标突破 0 轴后同步出现回落态势。DIFF 线与 DEA 线黏合在一处，并在 0 轴上方运行。

7 月 6 日，该股股价放量上攻，DIFF 线拐头向上，形成鳄鱼嘴形态。投资者见到此形态，可立即入场追涨买入该股。

四、MACD 指标“空中加油”形态

股价经过一段时间的上涨后出现回调走势，MACD 指标中的 DIFF 线随之回落，在其与 DEA 线即将相交时，由于股价重新上攻，导致 DIFF 线再度拐头向上，这就是典型的 MACD 指标“空中加油”形态，属于典型的看涨信号。

如图 6-17 所示，特变电工的股价自 2020 年 7 月初启动了上升行情，MACD 指标随之上扬，DIFF 线和 DEA 线先后穿越 0 轴。其后，随着股价的调整，DIFF 线开始向 DEA 线靠拢，但还未与 DEA 线相交时，因股价上升，DIFF 线重新上扬，至此，MACD 指标空中加油形态正式成立。

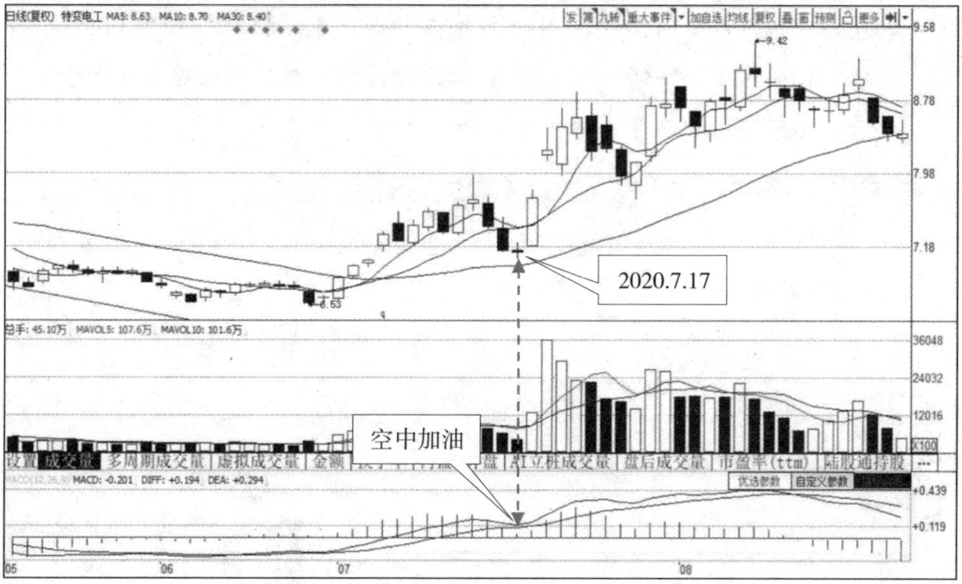

图 6-17　MACD 指标“空中加油”形态

MACD 指标“空中加油”形态的具体要求如下。

第一，股价经过一段时间的上涨后出现回调，DIFF 线同步回落，MACD 柱线开始出现“缩头”形态。

第二，随着股价的回调，DIFF 线与 DEA 线还未相交时重新上扬，即 MACD 柱线并未萎缩至 0 轴时重新开始拉伸，这是股价重新上行的迹象。

第三，“空中加油”形态本质上属于股价上涨途中的一次洗盘或调整，股价未来上涨的概率极高。

第四，股价回调时，成交量同步萎缩，当 DIFF 线重新上扬时，成交量同步放大，则可增加股价上涨的概率。

下面来看一下大唐电信的案例。

如图 6-18 所示，大唐电信的股价自 2020 年 5 月底启动了上升行情，MACD 指标随之上扬，DIFF 线和 DEA 线先后穿越 0 轴。

6 月初，该股股价出现调整，DIFF 线开始向 DEA 线靠拢，MACD 柱线随之出现萎缩。6 月 15 日，该股股价大幅下挫，DIFF 线接近 DEA 线，但并未相交。次日，该股股价重新上升，DIFF 线同步拐头向上，MACD 柱线同步拉长。至此，MACD 指标“空中加油”形态成立，投资者可积极入场建仓或加仓。

此后，该股股价出现了一波上涨行情。

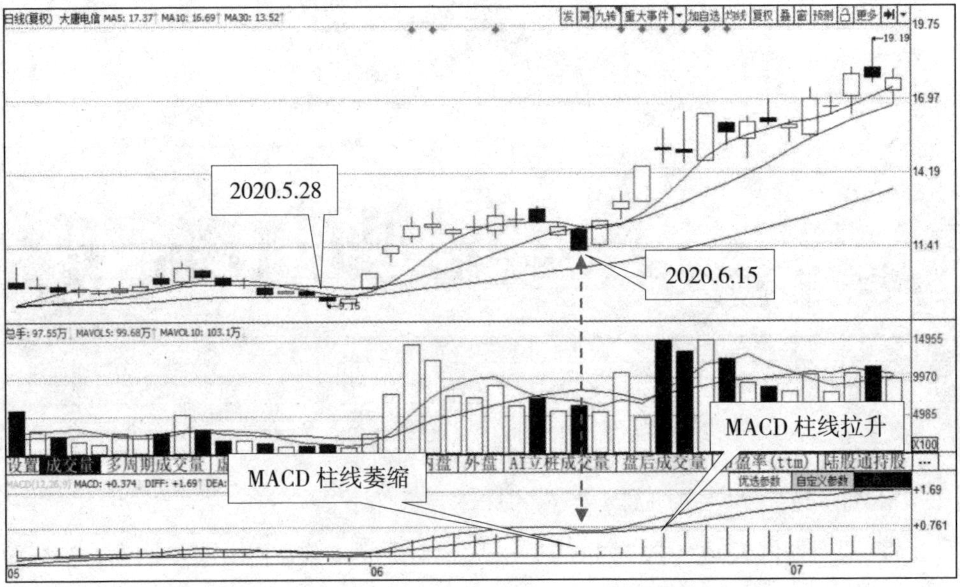

图 6-18 大唐电信（600198）MACD 指标走势图

第三节 MACD 指标与其他指标组合追涨法

在狙击强势股过程中，MACD 指标发出的信号有时候并不明确，此时，若能将其与其他技术指标组合应用，无疑可以增强短线信号的及时性和有效性。

一、MACD 指标与 KDJ 指标金叉共振

KDJ 指标与 MACD 指标金叉共振，是指在 KDJ 指标发出短线金叉买入信号时，MACD 指标也同步发出波段金叉买入信号。从本质上来说，这属于双重

买入信号，也是买入信号的强化版。

KDJ 指标是一种非常有效的中短线分析工具，主要用来反映市场上买卖力量的强弱和超买超卖现象，它能够在股价尚未上升或下降之前发出准确的买卖信号。相对于其他指标，KDJ 指标的灵敏度极高，在短线交易中，经常被投资者拿来分析和判断股价短线运行趋势。

实战中，KDJ 指标会随着股价的涨跌出现各种波动，其三条指标线波动的形态以及位置，往往对股价未来的走势具有一定的指引作用。KDJ 指标出现交叉、超买超卖等形态，都需要投资者特别关注。

1. KDJ 指标黄金交叉

通常情况下，大家习惯将曲线 K 自下而上穿越曲线 D 形成的交叉称为黄金交叉。不过，有些时候，KDJ 指标黄金交叉形态出现后，股价上行却很快停止了。因此，即使看到 KDJ 指标出现黄金交叉形态，我们也要尝试分析、确认质量较佳的黄金交叉。相对而言，出现这类黄金交叉时，股价上升的概率更大。

一般情况下，富有质量的黄金交叉应该满足以下几项条件。

第一，曲线 K 和曲线 J 同时自下而上穿越曲线 D，交叉点最好位于 20 线上方附近，这说明股价已经启动反弹或上涨，且短期内存在一定的反弹或上涨空间。

第二，若曲线 K 与曲线 D 在底部形成多次金叉，则可增强买入信号的准确性。

第三，出现金叉时，股价 K 线应以阳线收盘，且成交量同步放大。

第四，出现金叉时，若股价 K 线同步上穿某条重要均线或阻力位，则可增强买入信号的准确性。

如图 6-19 所示，上海机场的股价在 2020 年 10 月出现了一波调整走势，KDJ 指标逐步走低，曲线 K、曲线 D 先后进入 20 线下方的超卖区。

2020 年 11 月 3 日，该股股价结束下跌，开始反弹，并与前一日的中阴线形成了阴孕阳形态。与此同时，曲线 K、曲线 J 自下而上穿越曲线 D 形成了底部黄金交叉，且此交叉点位于 20 线附近位置，说明此时出现的黄金交叉质量较高，投资者可执行短线买入操作。

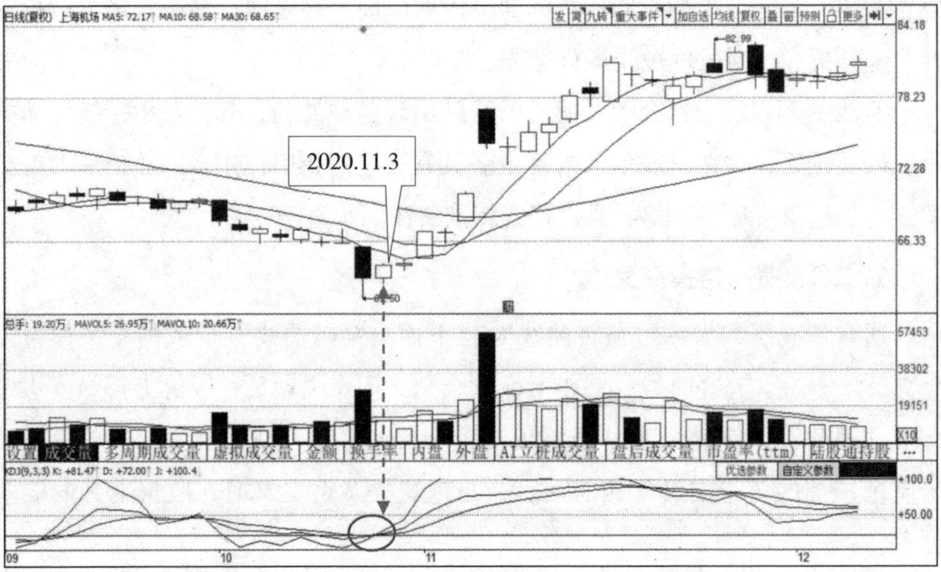

图 6-19　上海机场（600009）KDJ 指标走势图

2. MACD 指标与 KDJ 指标金叉共振

MACD 指标金叉是对 KDJ 指标金叉买入信号的确认和强化，其具体操作建议如下。

第一，股价处于阶段底部或回调时，KDJ 指标率先走出黄金交叉形态，随后 MACD 指标也呈现黄金交叉形态，两个金叉相隔的时间最好不要超过 3 个交易日。

第二，KDJ 指标的金叉值小于 50（以 20 线附近为最佳），MACD 指标金叉位于 0 轴上方附近位置。MACD 指标金叉时，成交量出现明显放大更佳。由于本形态要求 MACD 指标金叉在 0 轴附近出现，因而 KDJ 指标的金叉也极少会在 20 线附近出现，一般都在 50 线附近的位置。

第三，两个金叉出现时，股价 K 线位于 30 日均线上方更好。

第四，20 日均线向上，MACD 指标出现金叉时，为该股的最佳买点。

下面来看一下北方稀土的案例，如图 6-20 所示。

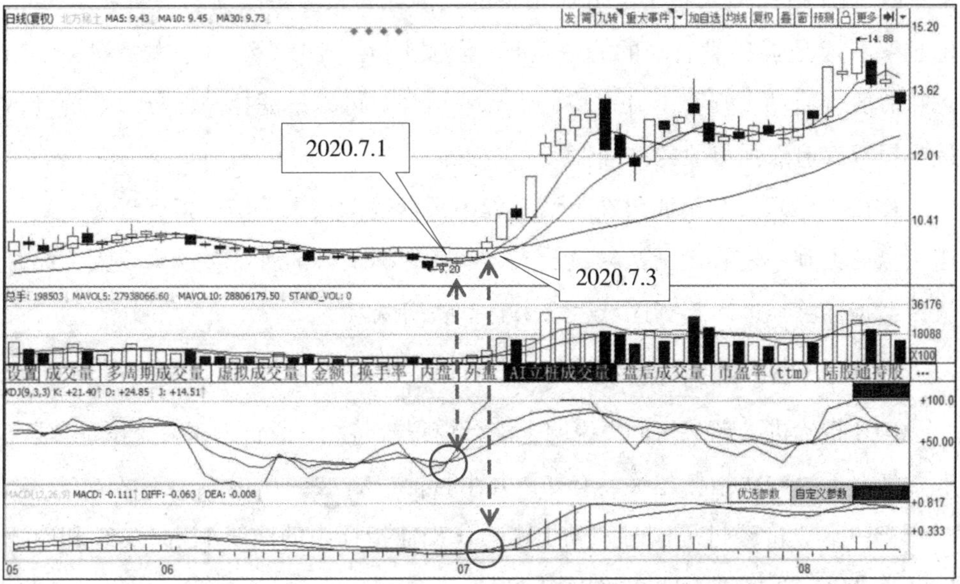

图 6-20　北方稀土（600111）MACD 金叉与 KDJ 金叉共振

如图 6-20 所示，北方稀土的股价在 2020 年上半年出现振荡上涨行情。2020 年 6 月初，该股出现了短暂的回调，MACD 指标和 KDJ 指标同步出现了死亡交叉形态。2020 年 7 月 1 日，该股 KDJ 指标率先触底反弹并形成了低位黄金交叉形态，且此交叉点位于 20 线附近，这说明该交叉点成色较高，投资者宜密切关注该股随后的股价走势。

7 月 3 日，该股股价连续三个交易日上攻，成交量同步温和放大。与此同时，MACD 指标在该日出现黄金交叉形态，且此交叉点位于 0 轴上方附近，同样含金量十足。至此，KDJ 金叉与 MACD 金叉出现共振，且股价此时已经顺利突破 30 日均线，说明股价短期内会有一波快速上涨行情。

二、DIFF 线拐头向上与 KDJ 指标超买

KDJ 指标进入超买区域，意味着股价即将触顶反转，然而，在实战中，此

期间往往也是股价上涨幅度最大最快的一个阶段。很多超级强势股甚至涨停板，都是在 KDJ 指标进入超买区域后出现的，因此，很多短线交易者都将 KDJ 指标超买看成是强势股启动的一个信号。与此同时，DIFF 线向上大幅拐头，则意味着股价启动了强势上升走势，将二者结合，可以过滤掉一部分无效信号，提升投资者追涨强势股的准确性。

KDJ 指标超买是指股价在上涨过程中买盘逐渐放大，KDJ 指标逐步走高，当买盘放大到一定程度无法继续放大，KDJ 指标上升的难度会越来越大，此时就说明指标已经进入超买区域，未来有下跌的风险。

1. KDJ 指标超买的特征

KDJ 指标进入超买区间，说明上涨行情很难持续，股价未来有下跌的风险。通常情况下，KDJ 指标超买具有如下几个特征。

第一，股价经过一段时间的上涨后，KDJ 指标中的曲线 J、曲线 K 和曲线 D 先后进入超买区域，即 80 线上方区域。

第二，尽管 80 线被看成超买区与徘徊区的分界线，但很多投资者仍然将曲线 K 进入 90 线以上区域才看成指标超买，曲线 J 很可能到达 100 线以上区域才被看成超买。

如图 6-21 所示，三峡水利的股价经过一段时间的盘整后，在 2020 年 6 月底出现了一波快速拉升。随着股价的上涨，KDJ 指标中的各条指标线从 7 月 6 日开始先后进入超买区域，即 80 线以上区域。其中，曲线 K 进入了 90 线以上区域，曲线 J 一度达到 100 线以上区域，这说明股价短期可能会出现筑顶走势，投资者应做好卖出股票的准备，待有明确的卖出信号发出，则可考虑出货。

2. DIFF 线拐头与 KDJ 指标超买

“DIFF 线拐头与 KDJ 指标超买”的具体操作建议如下。

第一，股价经过一段时间的上涨，KDJ 指标进入 80 线上方超买区域，这说明股价即将启动快速上升行情，但同时面临转向的风险。

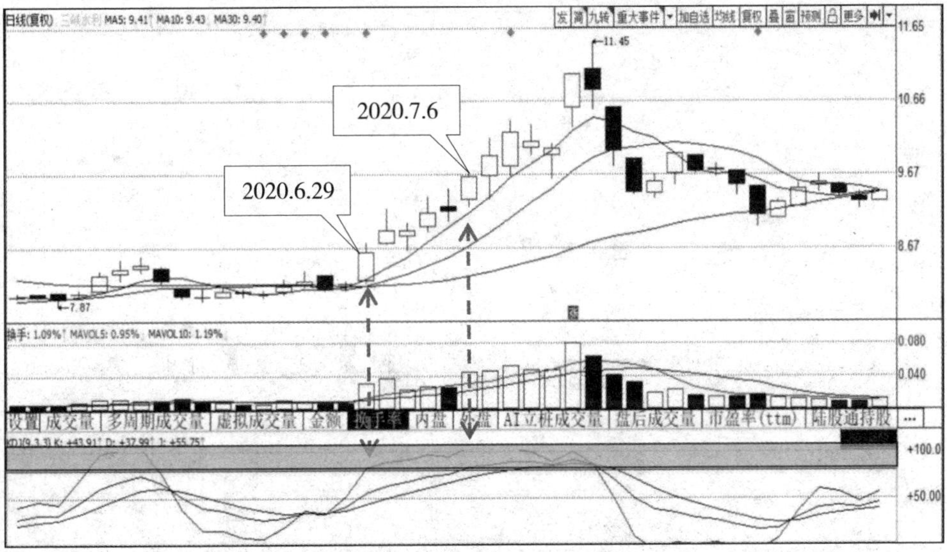

图 6-21 三峡水利（600116）KDJ 指标超买示意图

第二，此时 MACD 指标刚刚越过 0 轴，DIFF 线出现拐头向上迹象，MACD 柱线同步大幅急速拉伸。

第三，股价 K 线同样表现出某些突破性形态，且成交量同步放大，则可增强股价上升的可能性。

第四，该技巧比较适合超短线交易者使用，风险相对较高。一旦股价回调，KDJ 指标出现高位死叉或 MACD 柱线"缩头"，都应该执行减仓或清仓操作。

下面来看一下西部资源的案例。

如图 6-22 所示，西部资源的股价在 2020 年 6 月底到 7 月初出现了一波振荡上涨行情。进入 8 月份之后，该股股价的上攻态势出现加速。

8 月 5 日，该股股价在前一交易日涨停的基础上再度涨停，KDJ 指标进入超买区域，这说明股价已经步入危险区，投资者宜谨慎。同时，MACD 指标中的 DIFF 线拐头向上，MACD 柱线同步出现急速拉伸状态，这属于典型的短线强攻信号。

喜欢超短线交易的投资者可积极入场，并严格控制仓位，一旦股价出现回落，要第一时间离场。

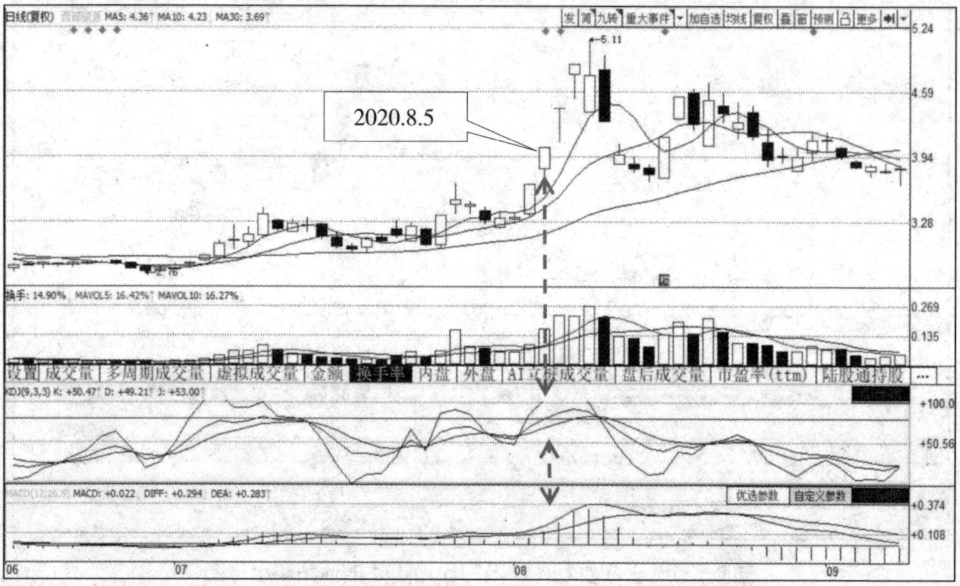

图 6-22　西部资源（600139）DIFF 拐头与 KDJ 指标超买

三、股价回调遇布林线中轨与 MACD 指标“空中加油”

股价自高位回落过程中，如果能够在布林线中轨位置获得支撑（偶尔跌破但很快拉起也可），则说明股价仍处于强势区间，投资者可继续持股。MACD 指标若能同步呈现“空中加油”形态，投资者更可坚定地入场加仓。

布林线又称“布林带”，英文简称为“BOLL”，是由约翰·布林格（John Bollinger）先生发明并以其名字命名的。该指标根据统计学中的标准差原理求出股价的信道区间，从而划定股价的波动范围，并预测未来可能的走势，同时利用波带显示股价安全的高低价位。

1. 中轨线的支撑

中轨线本身是一条 20 日均线，因此，中轨线的支撑作用是三条指标线中最强的。在实战中，当股价 K 线位于中轨线上方时，若能有效获得中轨线的支撑，股价上行就有了保障，投资者大可安心持股待涨。如图 6-23 所示。

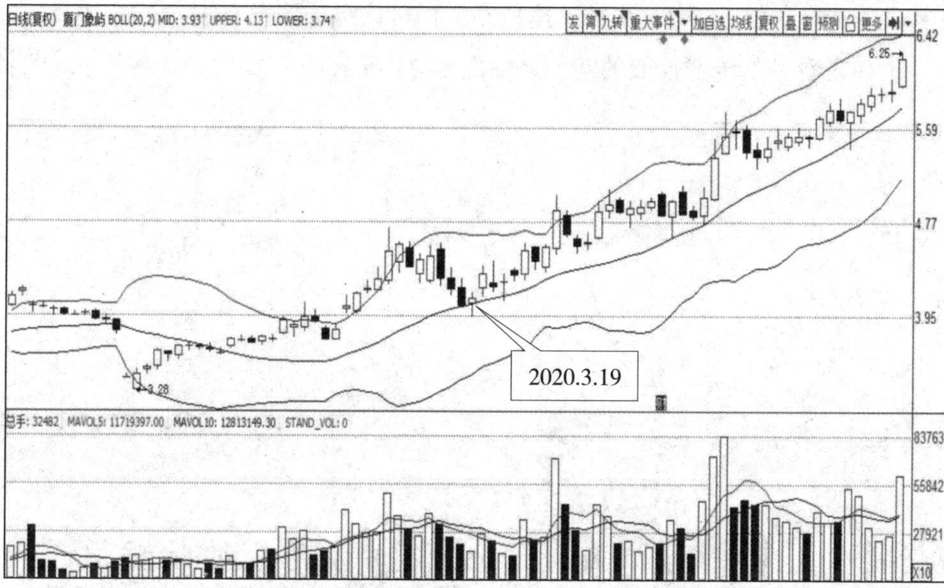

图 6-23　厦门象屿（600057）布林线指标走势图

如图 6-23 所示，厦门象屿的股价自 2020 年 2 月初启动了一波振荡上升走势。进入 3 月份后，该股股价经过了一波快速上升后出现回调，股价回调至布林线中轨线位置时，因受中轨线的支撑重新上攻。鉴于中轨线对股价具有较强的支撑能力，投资者可考虑继续持股待涨。此后，该股股价几次出现回调，均受到中轨线的支撑重新上攻，由此可见，中轨线对股价具有较强的支撑作用。

2. MACD 指标“空中加油”与布林线中轨支撑

MACD 指标“空中加油”与布林线中轨支撑的操作要点如下。

第一，股价自短期高点回落后，MACD 指标也会随之回落，但 DIFF 线仍位于 DEA 线上方，没有形成对 DEA 线的突破。

第二，股价 K 线在向布林线中轨线靠拢过程中，成交量也会同步出现萎缩态势，当股价遇中轨线支撑重新上升时，成交量同步放大。

第三，股价回落过程中，布林通道的喇叭口出现了明显的收缩迹象，当股价反向上攻时，布林通道的喇叭口重新放大。

第四，有时 MACD 指标中的 DIFF 线在向 DEA 线靠拢时，偶尔可能也会有跌破的情况，但若 DIFF 线被迅速拉升，仍可认定该形态有效。

下面来看一下传音控股的案例，如图 6-24 所示。

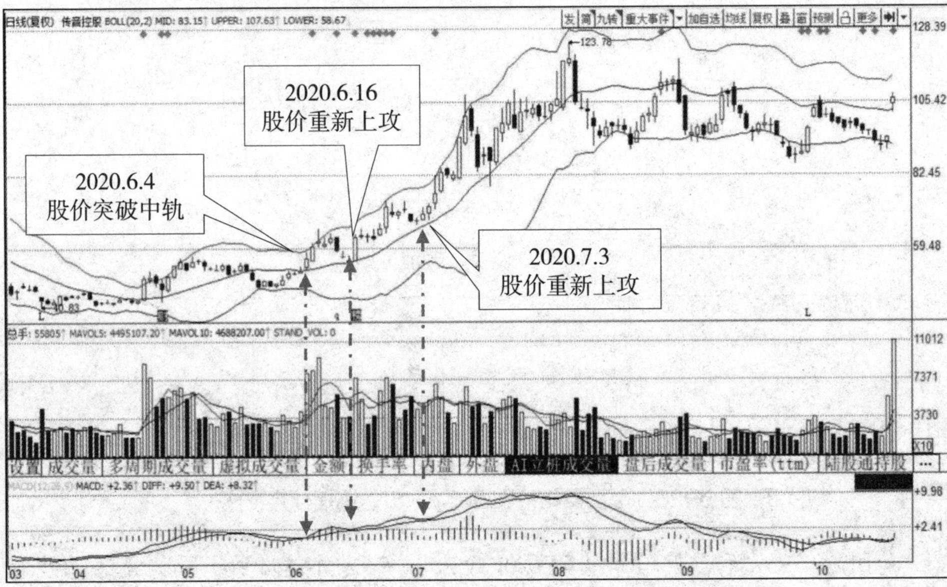

图 6-24　传音控股（688036）布林线指标走势图

如图 6-24 所示，传音控股的股价在 2020 年 4 月到 5 月期间出现了低位盘整走势，布林通道的喇叭口出现了收缩态势。

6 月 4 日，该股股价自下而上突破了布林线中轨线，MACD 指标同步出现黄金交叉形态，这说明股价有进入上升通道的可能。

其后，该股股价经过一段时间的上涨后，连续两次出现了调整走势，股价调整至布林线中轨线位置时，因受到中轨线的支撑重新上攻。观察此时的 MACD 指标可知，MACD 指标中的 DIFF 指标线同步拐头向下，在即将与 DEA 指标线形成交叉时，因股价向上拉升而重新拐头向上。至此，MACD 指标在 6 月 16 日和 7 月 3 日两次出现“空中加油”形态。

综合以上分析，可以判断股价很可能会重新进入上升通道，投资者可考虑入场追涨买入该股。

四、MACD 指标与均线金叉共振

MACD 指标的两条指标线都处于上升状态中，如果 DIFF 线从下向上突破 DEA 线形成金叉，均线系统也几乎同时形成了金叉，这种双金叉的走势表明场外投资者正在进场，是较为可靠的买入信号。

1. 均线金叉

均线黄金交叉简称“均线金叉”，是指周期较短的均线由下而上穿过周期较长的均线，而且这两条均线方向都是向上的。均线金叉代表阻力线被向上突破，股价将继续上涨，通常是买入信号。

根据均线金叉进行操作时，应注意以下几点。

第一，短期均线上穿上升中的长期均线，形成黄金交叉，投资者可以在金叉形成的当天果断买入。

第二，均线形成金叉时，周期较长的均线应该是方向向上的，如果该均线走平或向下，则是一个虚假的金叉，不能视为买入信号。

第三，周期越长的均线，发出的金叉信号所指引的交易周期越长。如果周 K 线图或月 K 线图上出现均线金叉，中长期投资者可以考虑买进。

第四，两条交叉的均线上倾的角度越大，均线周期越长，看涨信号越强烈。

第五，两条周期较长的均线发生金叉时，如果股价在交叉点上方附近，投资者可以适量买入；如果股价远离均线，可能会出现小幅调整走势，投资者可在股价回调至均线附近时再执行买入操作。

下面来看一下紫天科技的案例。

如图 6-25 所示，2020 年 6 月初，处于整理走势中的紫天科技的股价开始反弹，从而带动 5 日均线、10 日均线向上移动。2020 年 6 月 5 日，5 日均线上穿处于上升状态的 10 日均线。与此同时，该股股价 K 线位于黄金交叉点的上方，成交量也放大了数倍，这属于比较明确的买入信号，投资者可考虑此时买入该股。

其后，该股股价一路上行。由此可见，黄金交叉发出的信号准确性较高。

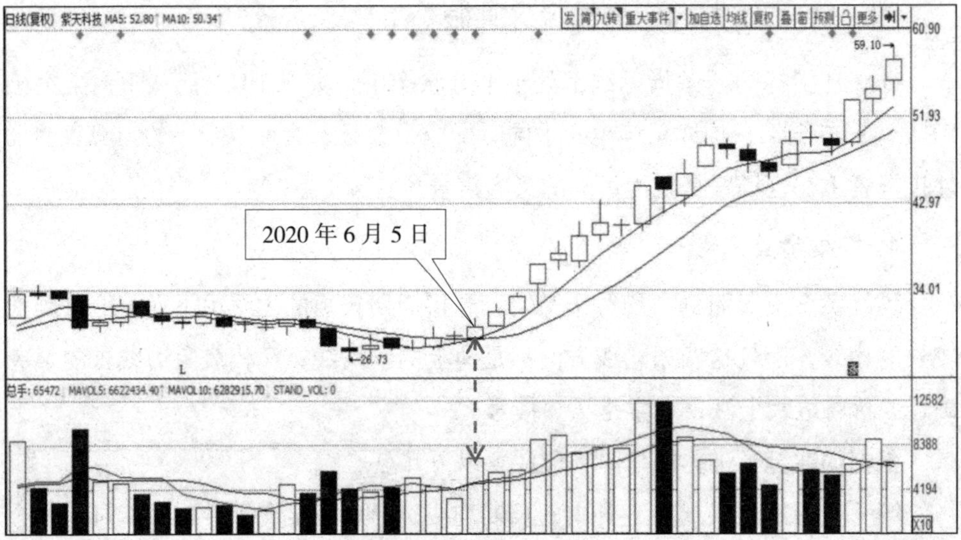

图 6-25　紫天科技（300280）日 K 线走势图

2. MACD 指标与均线双金叉

其具体操作要点如下。

第一，MACD 指标金叉应该在 0 轴附近位置，不宜距离 0 轴过远。

第二，均线金叉以 5 日均线向上穿越 10 日均线为宜，成交量也应该同步出现温和放大。

第三，中长期均线如 30 日均线，应该呈现放平或拐头向上运行的态势。

下面来看一下莱美药业的案例。

如图 6-26 所示，莱美药业的股价经过一段时间的横向盘整之后，2020 年 7 月下旬开始进入上升通道。

2020 年 7 月 31 日，该股股价在前一交易日小幅调整的基础上收出一根大阳线。与此同时，5 日均线向上突破了 10 日均线，形成低位黄金交叉形态。MACD 指标则在此时形成了黄金交叉形态，且交叉点位于 0 轴上方附近。鉴于此时股价刚刚启动，股价 K 线并未远离均线，投资者可考虑积极入场交易。

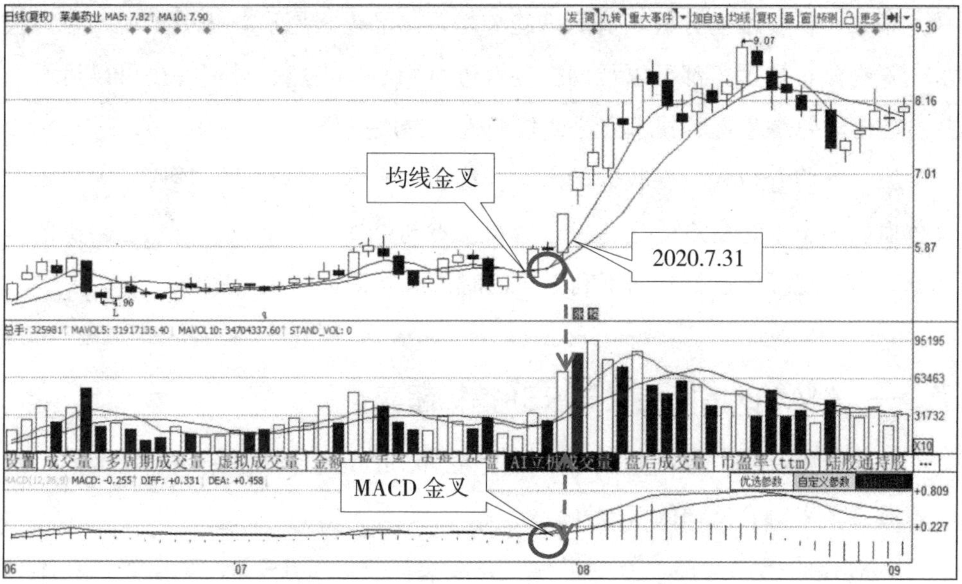

图 6-26 莱美药业（300006）日 K 线走势图

第四节 MACD 指标抄底技法

股价不会永无止境地下跌。当股价经过连续下跌，已经远远偏离其内在价值时，往往意味着股价可能会进入短线反弹行情，很多投资者比较青睐这种博短线的抄底操作。一般来说，抄底操作与追涨操作比较类似，都是风险与收益并存的。一方面，投资者若能准确抄底，就可在几个交易日内获得较为丰厚的收益；另一方面，若抄底失败，则可能被套在半山腰。以往的事实证明，投资者抄底的成功率与追涨的成功率相似，都不是太高。正因如此，在准备抄底时，投资者必须要做好以下几项准备工作。

第一，对股票的估值要有基本的了解。不能因为股价下跌幅度较大就入场抄底，只有股价明显低于其估值或内在价值时入场，才是相对稳妥的选择。

第二，从多维度分析股价下跌趋势是否已经进入尾声。一般来说，背离技术、筹码分布技术等都可以帮助投资者进行判断。当然，投资者也可以运用一些自己已经熟练掌握的技术方法或技巧进行抄底操作。

第三，将仓位控制在较低的水平。股市中有这样一句话：抄底，无异于刀口舔血。为了不让自己受伤，投资者每次参与抄底的资金只能占仓位很少的一部分，当发现股价运行方向不利于自己时，应立即进行止损操作。

一、MACD 指标金叉与 RSI 指标超卖

MACD 指标在 0 轴附近出现黄金交叉前，RSI 指标早已进入超卖区间，意味着股价未来触底反弹的可能性较大。

相对强弱指标又称“力度指标”，英文简称为“RSI”，是由美国技术分析大师威尔斯·威尔德创立的。该指标通过比较一段时期内的收盘涨幅和总波动幅度之间的比值，来分析市场买卖意向和实力，从而对市场未来走势做出预测。

RSI 指标的波动较为频繁，但实用性较强，常被用来研判中短期趋势，以及预测阶段性顶部和阶段性底部。与 KDJ 指标相似，RSI 指标的金叉死叉、超买超卖也是较为核心的研判项目。

1. RSI 指标超卖的特征

RSI 指标出现超卖，说明下跌行情很难持续，股价未来有反弹的可能。通常情况下，RSI 指标超卖具有如下几个特征。

第一，股价经过一段时间的下跌后，RSI 指标中的 6 日 RSI、12 日 RSI 和 24 日 RSI 先后进入超卖区域，即 20 线下方区域。

第二，尽管 20 线被看成是超卖区与弱势区的分界线，但很多投资者将 6 日 RSI 进入 10 线以下区域才看成指标超卖，24 日 RSI 到达 30 线以下区域，才会被看成超卖，如图 6-27 所示。

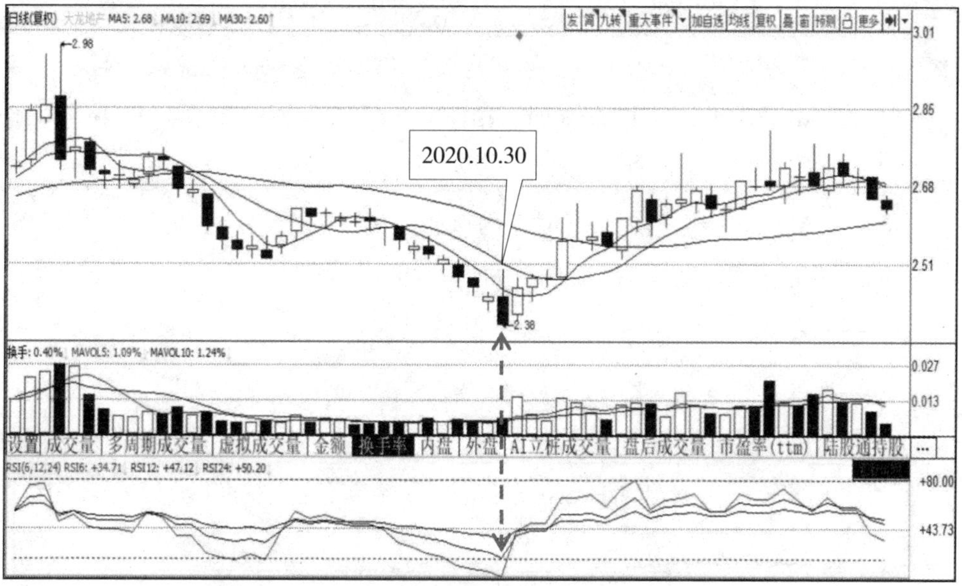

图 6-27　大龙地产（600159）RSI 指标走势图

如图 6-27 所示，大龙地产的股价在 2020 年 9 月出现了一波下跌走势。进入 10 月下旬，该股的下跌速度明显加快。10 月 30 日，随着该股连续拉出大阴线，RSI 指标中的 6 日 RSI 指标、12 日 RSI 指标同步进入超卖区域，这说明随着空方力量的持续释放，未来有由弱转强的可能。不过，此时投资者仍不可贸然介入该股。

下一交易日（即 11 月 2 日），该股股价触底回升，6 日 RSI 指标和 12 日 RSI 指标自底部回升，并走出了超卖区域，这说明多方力量有所增强。投资者若发现其他更为明显的买入信号，可执行建仓操作。

2. RSI 指标超卖与 MACD 指标金叉

RSI 指标进入超卖区间，意味着短期内股价将会反弹向上，若此时 MACD 指标出现黄金交叉，则意味着股价未来上涨的可能性较大。

“MACD 金叉 +RSI 指标超卖”的操作建议如下。

第一，股价处于阶段底部或回调时，RSI 指标率先进入超卖区间，说明市场下跌动能不足，随时有可能出现反弹走势。

第二，RSI 指标发出超卖信号后，DIIF 快线上穿 DEA 慢线形成黄金交叉形态。若该交叉点位于 0 轴附近，更可印证股价即将上涨的判断。

第三，MACD 指标出现金叉时，6 日 RSI 指标应处于上升趋势中且突破 20 线。

第四， MACD 指标出现金叉时，为该股的最佳买点。

下面来看一下金种子酒的案例，如图 6–28 所示。

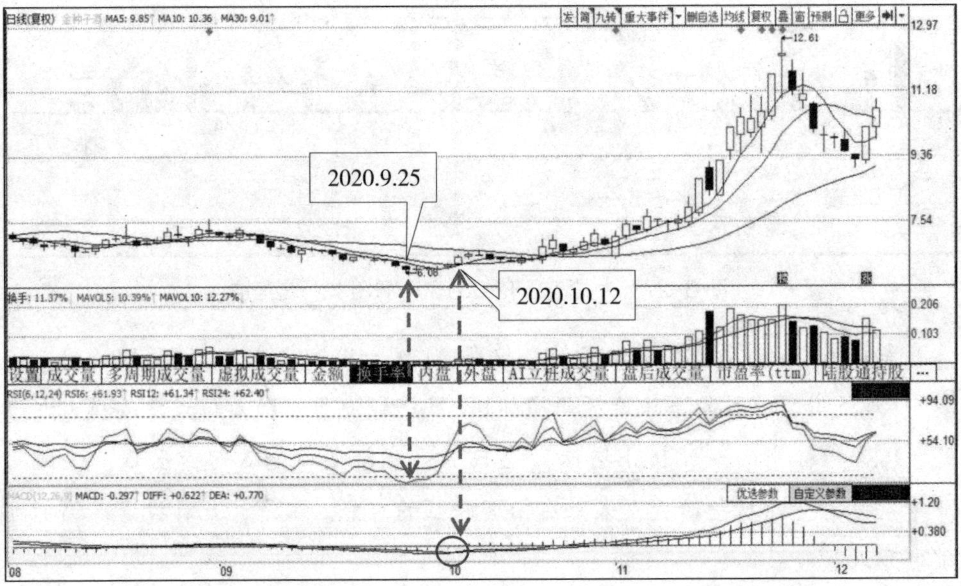

图 6–28 金种子酒（600199）MACD 金叉与 RSI 超卖示意图

如图 6–28 所示，金种子酒的股价在 2020 年 9 月底出现了一波快速杀跌走势，RSI 指标与 MACD 指标同步下降。2020 年 9 月 25 日，6 日 RSI 指标跌破了 20 线，说明该股已经进入超卖区间，下跌动能难以持续，未来随时有上涨的可能。

此后，在超卖区间，6 日 RSI 指标拐头向上突破了 20 线，这说明股价有企稳迹象，此时 MACD 指标已经出现向右上方倾斜的迹象。10 月 12 日，DIFF 快线向上突破 DEA 慢线形成黄金交叉形态，此交叉点距离 0 轴较近，说明该金叉的成色相对较好，股价上涨趋势已经确立，投资者可于当日第一次买入该股，并于 DIFF 快线向上突破 0 轴时加仓买入。

二、MACD 指标金叉与 BIAS 指标超卖

一般来看，BIAS 指标进入超卖状态，意味着股价短线下跌幅度较大，如 BIAS 指标反向向上，则未来存在反弹的可能。此时，若 MACD 指标出现黄金交叉，更可增加股价短线反弹的概率。

1. BIAS 指标超卖的特征

当股价在均线下方运行时，某一日或某几日突然暴跌并远离均线，此时负的乖离率突然增大。当其达到某一百分比时，表现为短期超卖，为买进时机。通常情况下，当 6 日 BIAS 低于 –5%，就可能出现反弹，12 日 BIAS 必须达到 –7%，24 日 BIAS 必须超过 –9%，才能认为可能回调。

下面来看一下圆通速递的案例，如图 6–29 所示。

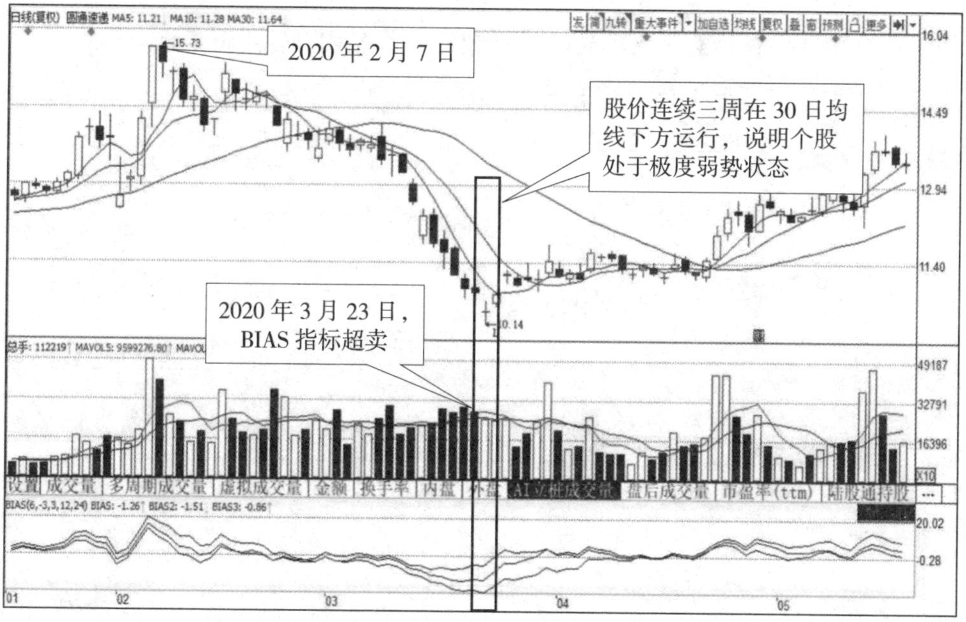

图 6–29　圆通速递（600233）日 K 线走势图

如图 6–29 所示，圆通速递的股价自 2020 年 2 月 7 日创出阶段高点后出现振荡下跌走势。进入 3 月份，该股股价下跌速度加快，导致负的乖离率突然增大。

2020 年 3 月 23 日，该股股价创下回调新低，6 日、12 日和 24 日 BIAS 指标值均低于 −5%，特别是 24 日 RSI 指标值达到了 −20%，说明该股已经严重超卖。短线投资者可以尝试买入，争抢反弹。

其后，该股企稳回升，出现了一波反弹行情。

2. BIAS 指标超卖与 MACD 指标金叉

BIAS 指标超卖与 MACD 指标金叉的操作要点包括如下几项。

第一，BIAS 指标进入超卖区域后，BIAS 值越低，未来反弹的空间和幅度越大。

第二，BIAS 指标进入超卖区域后反弹向上，此时若 MACD 指标出现金叉，则为最佳买入信号。一般来看，BIAS 指标触底反弹与 MACD 指标金叉同时出现最佳，MACD 指标金叉晚几个交易日亦可，但不能相隔太长时间。

第三，MACD 指标金叉的位置越高越好，若能在 0 轴附近最佳。

下面来看一下上机数控的案例，如图 6-30 所示。

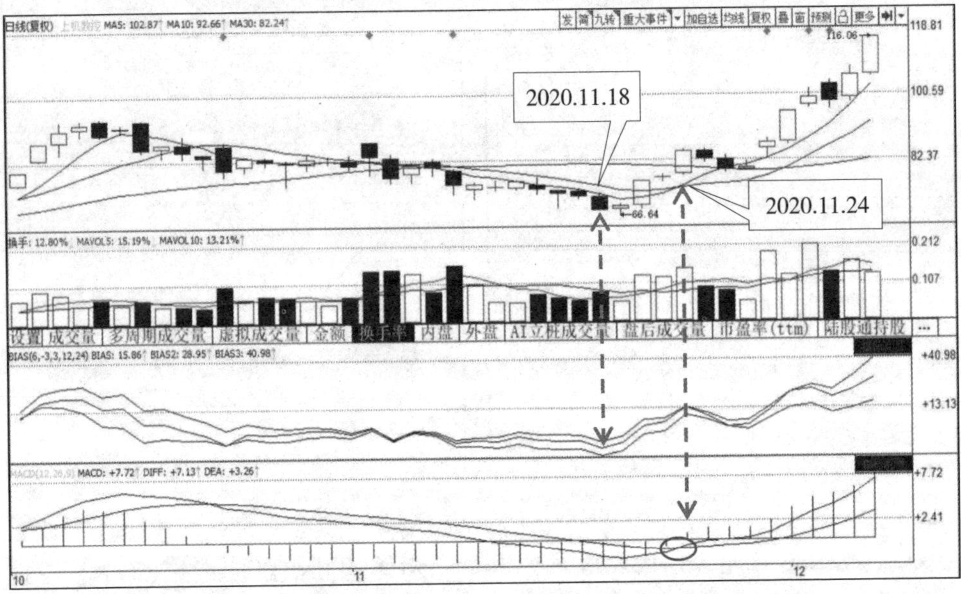

图 6-30　上机数控（603185）MACD 金叉与 BIAS 指标超卖

如图 6-30 所示，上机数控的股价自 2020 年 10 月中旬开始出现振荡调整走势。进入 11 月后，该股股价下跌速度加快，BIAS 指标开始同步下行。

11 月 18 日，该股股价大幅下跌，BIAS 指标进入超卖区域，此后 MACD 指标也达到了最低点。之后股价开始出现反弹，BIAS 指标自超卖区域拐头向上，MACD 柱线同步萎缩。11 月 24 日，该股股价大幅上攻，BIAS 指标进一步走高。与此同时，MACD 指标出现了黄金交叉形态，且此交叉点位于 0 轴下方不远处，这说明该股可能会启动一波短线反弹走势，喜欢博反弹的投资者可以入场控仓参与。

三、MACD 指标底背离与布林线下轨支撑

MACD 指标与股价出现底背离形态，意味着股价反弹可能很快来临，此时若股价在布林线下轨获得支撑，则意味着股价反弹行情开启。

1. 布林线下轨线的支撑

正常情况下，股价下行遇布林线下轨线并不必然会受到支撑，有时甚至可能会跌破下轨线。股价下行遇布林线下轨线，只能说明股价进入超卖区域，不能提前预判下轨线对股价的支撑。只有在股价 K 线触及下轨线出现反弹向上的走势时，才能确认下轨线对股价有支撑作用，投资者也可据此入场建仓。

下面来看一下宇通客车的案例。

如图 6-31 所示，宇通客车的股价在 2020 年 2 月底出现了一波杀跌走势。股价 K 线自 2020 年 3 月 13 日开始跌破了布林线下轨。此时，布林线下轨对股价不具有任何支撑作用。此后，该股股价一直沿布林线下轨下行，这属于典型的空头行情，投资者不宜入场。

3 月 23 日，该股股价在前一交易日横盘的基础上再次收出阴线，且该阴线正好踩到布林线下轨位置。观察前一交易日 K 线与布林线的形态可知，在前一个交易日，股价 K 线已经从布林线下轨的外侧回归到布林通道内部，这属于典型的股价企稳信号。此时，投资者需要密切关注下一交易日的股价走势，只要股价反弹向上，就可以确认布林线下轨对股价存在有效的支撑。

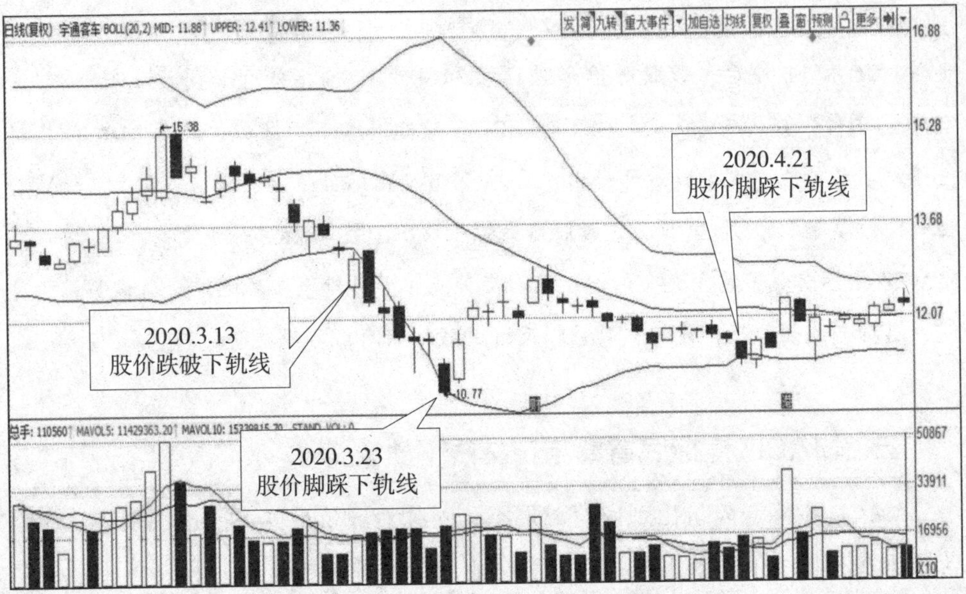

图 6-31　宇通客车（600066）布林线指标走势图

3 月 24 日，该股股价高开高走，收出一根大阳线。由此可以确认，布林线下轨对股价存在有效的支撑，未来股价有继续上升的可能，投资者可以考虑少量入场建仓。

4 月 21 日，该股股价 K 线再度脚踩布林线下轨。次日，该股股价再度上行，此时可进一步确认布林线下轨对股价的有效支撑。

2. MACD 指标底背离与下轨线的支撑

MACD 指标底背离与下轨线支撑的操作要点如下。

第一，股价经过一段时间的下跌，在触及下轨线后反向上攻，股价反弹时，成交量出现放大迹象。

第二，股价触及下轨线时，相比之前的低点已经有了明显的下跌，而 MACD 指标形成的阶段低点却高于前一个，即 MACD 指标与股价形成了底背离，这是股价即将结束下行趋势的一个信号。

第三，MACD 指标形成第二个低点并拐头向上时，若 MACD 指标同步出现金叉，可增强股价上升的概率。

第四，股价触及下轨线反弹时，布林通道的喇叭口同步收缩，当股价突破中轨线后，布林通道的喇叭口重新开始放大，这说明股价即将进入上攻趋势，投资者可考虑积极入场。

下面来看一下华发股份的案例，如图 6-32 所示。

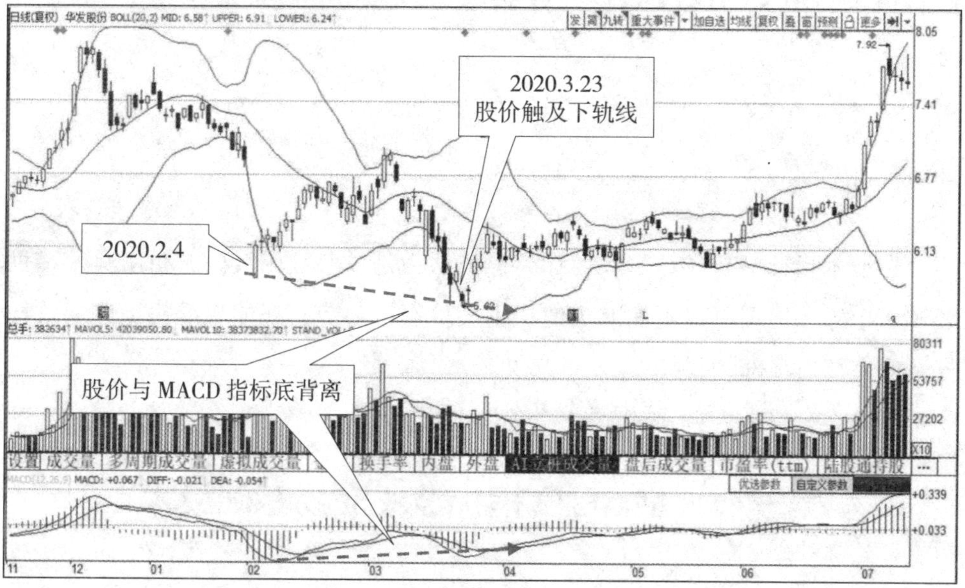

图 6-32　华发股份（600325）MACD 指标底背离与股价遇布林线下轨支撑

如图 6-32 所示，华发股份的股价自 2020 年年初开始出现了一波振荡下跌走势。股价经过一段时间的下跌后，K 线开始沿布林线下轨下行，这是行情走弱的信号，投资者不宜进场交易。

2 月 4 日，该股股价曾一度跌破布林线下轨，之后反弹向上，随即又重新进入下行通道，并在 3 月 23 日触及布林线下轨后反弹向上。股价 K 线在 3 月 23 日形成的低点明显低于 2 月 4 日的低点。观察此时的 MACD 指标可知，尽管 MACD 指标也随着股价 K 线的下行而下跌，但其 3 月 23 日形成的低点要高于 2 月 4 日的低点，即 MACD 指标与股价形成了底背离形态，这属于股价即将反弹的信号。

此后，该股股价 K 线连续上行，可以预判股价可能会出现一波反弹或反转走势，激进型投资者可少量入场建仓。

第七章

随波逐流：MACD 指标波段交易技法

在技术指标分析领域，MACD 指标被认为是最有效的波段分析工具。借助 MACD 指标，不仅可以更加准确地识别股价运行趋势，还能较准确地判断波段行情的底部与顶部。

第一节 MACD 指标波段交易基础战术

MACD 指标波段交易基础战术，主要涵盖一些以 MACD 指标为核心的波段交易策略与技巧。实战中，投资者可以以这些基础战术为核心，适当地丰富和扩充自己的战术。

一、周线 MACD 指标突破 0 轴

相比日线，周线的走势更为稳定和持久。当股价经历了长期振荡下行后，若周线 MACD 指标走强，并向上突破了 0 轴，则意味着股价将进入上升趋势。

如图 7-1 所示，歌尔股份的股价经过长时间的下跌后，周线 MACD 指标长时间处于 0 轴下方。2019 年 2 月初，歌尔股份的股价启动上行，MACD 指

标同步上升。到了 2019 年 3 月中旬，MACD 指标自下而上突破了 0 轴，这说明整个市场环境已经由空方主导变为多方主导，未来股价将进入上升趋势。

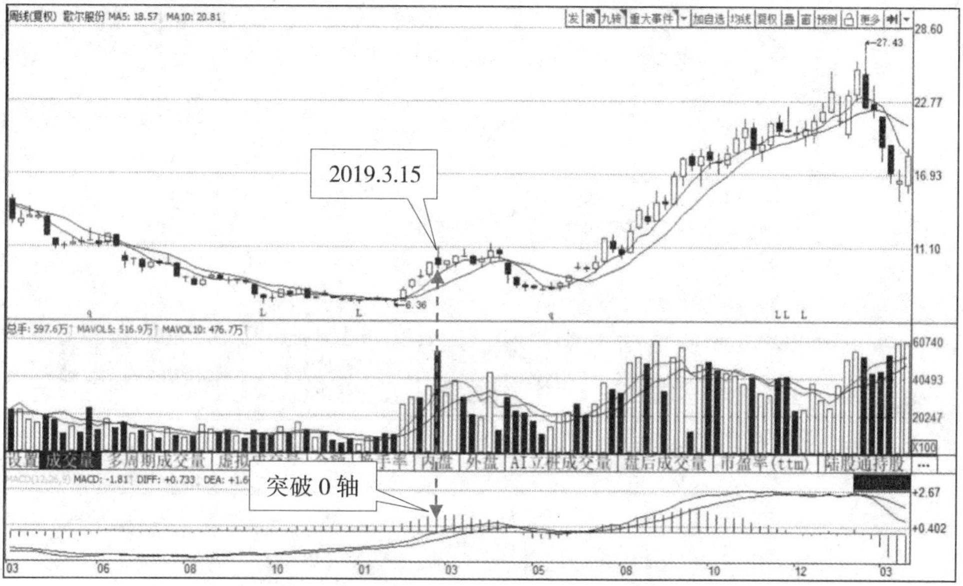

图 7-1 周线 MACD 指标向上突破 0 轴

周线 MACD 指标突破 0 轴的具体要求如下。

第一，周线 MACD 指标突破 0 轴前，应该在 0 轴下方运行了较长时间，至少要长于三个月。

第二，MACD 指标向上突破 0 轴前，DIFF 线与 DEA 线应该在低位早已形成了黄金交叉，这也是多空实力对比发生变化的一种表现。

第三，周线 MACD 指标向上突破 0 轴后，若出现回调走势，只要不跌破 0 轴，则意味着股价上升趋势不变，投资者可继续持股。一般来说，MACD 指标上升过程中，若指标线出现回调遇 0 轴支撑而不破，都可以适当地进行加仓操作。

第四，出现两个金叉期间，成交量应该温和放大，但不能放出巨量。

相对于日线 MACD 指标突破 0 轴，周线级别的 MACD 指标突破 0 轴所带来的股价上升趋势可能更为稳定和长久，因而这种形态也更加适合波段交易者使用。

下面来看一下容大感光的案例，如图 7–2 所示。

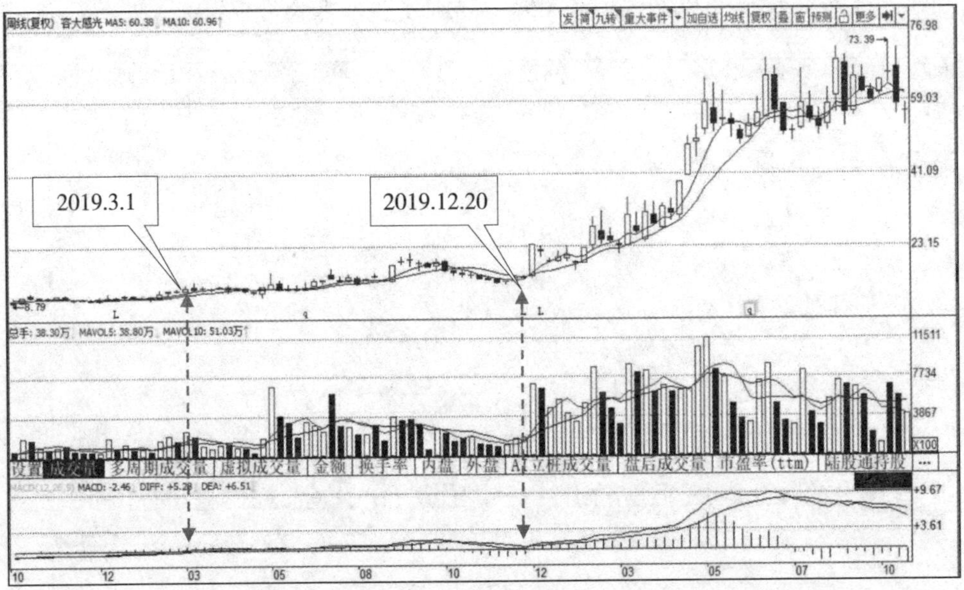

图 7–2　容大感光（300576）周线 MACD 指标走势图

如图 7–2 所示，容大感光的股价经过长时间的下跌后，周线 MACD 指标长时间处于 0 轴下方。2019 年 2 月初，容大感光的股价启动上行，MACD 指标同步上升。2019 年 3 月初，MACD 指标自下而上突破了 0 轴，这说明整个市场环境已经由空方主导变为多方主导，未来股价将进入上升趋势。

其后，该股股价经过一段时间的上涨后出现回调走势，MACD 指标随之回落，但其回落至 0 轴附近时，因受到 0 轴支撑转而重新上升。对于想要加仓的投资者来说，此时就是一个较佳的入场机会。

二、50 日均线与 MACD 指标组合波段操作

50 日均线与 MACD 指标组合进行波段操作，是杰拉尔德 · 阿佩尔比较推崇的一种技术分析方法。该方法的核心精髓在于，通过 50 日均线判断股价整体的运行趋势，即只有当 50 日均线处于上升或放平走势时，MACD 指标发出

的买入信号才是有价值的，如图 7-3 所示。

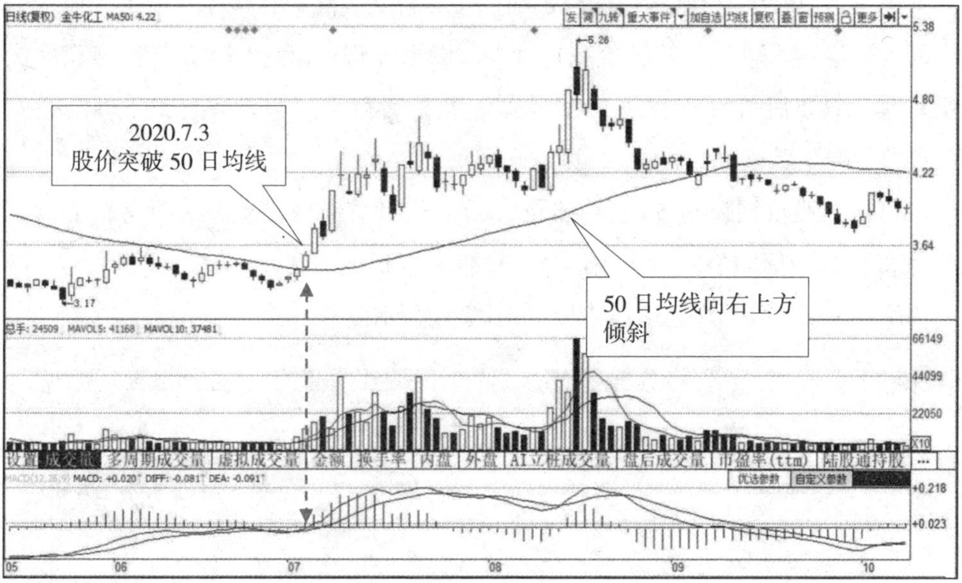

图 7-3 50 日均线与 MACD 指标组合

如图 7-3 所示，金牛化工的股价在 2020 年上半年出现了一波下跌走势，50 日均线同步走低。尽管在 2020 年 6 月份，MACD 指标已经出现了触底反弹走势，但由于 50 日均线仍未放平，且股价运行于 50 日均线下方，投资者也不宜入场交易。

7 月 3 日，该股股价放量突破 50 日均线，说明股价运行的中期趋势已经发生了逆转。50 日均线同步出现拐头向上的走势，这也是中线趋稳的信号。与此同时，MACD 指标向上突破了 0 轴，这属于典型的买入信号，投资者可积极入场买入股票。

结合图 7-3 的案例可以看出，MACD 指标与 50 日均线组合分析需要注意以下几点。

第一，50 日均线方向向上是投资者入场的前提条件。只有 50 日均线方向放平或向右上方倾斜，才是投资者的最佳入场时机。

第二，股价运行于 50 日均线上方，说明股价中期呈强势，投资者入场后盈利的概率才会更高一些。

第三，当股价与 50 日均线满足前两个条件后，MACD 指标发出买入信号，才可大胆进场。不过，若股价涨幅过大，随后出现回落，MACD 指标出现高位死叉时，只要股价没有跌破 50 日均线，投资者就可以只做减仓，不做清仓。一旦股价向下跌破 50 日均线，再清仓即可。

第四，股价回调至 50 日均线位置后，若因受到均线支撑转而重新上攻，此时 MACD 指标同步发出买入信号，投资者可积极加仓。

下面来看一下菲利华的案例，如图 7-4 所示。

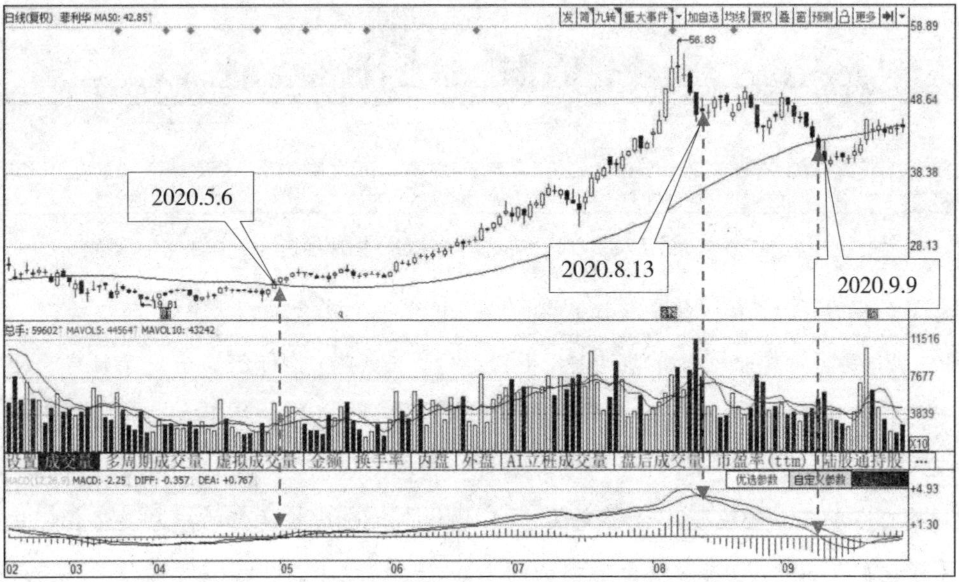

图 7-4　菲利华（300395）MACD 指标走势图

如图 7-4 所示，菲利华的股价在 2020 年 3 月出现了一波下跌走势，50 日均线同步走低。尽管在 2020 年 4 月份，MACD 指标已经出现了振荡筑底走势，但由于 50 日均线仍未放平，且股价运行于 50 日均线下方，投资者不宜入场交易。

5 月 6 日，该股股价放量突破 50 日均线，说明股价运行的中期趋势已经发生了逆转。50 日均线同步出现了拐头向上走势，这也是中线趋稳的信号。与此同时，MACD 指标向上突破了 0 轴，这属于典型的买入信号，投资者可积极入场买入股票。

8 月 13 日，该股股价连续自高位下挫，由于此时股价 K 线与均线之间距离较大，存在一定的回调需求，且 MACD 指标此时也出现了高位死叉，因而投资者宜进行适当的减仓操作。鉴于此时股价仍运行于 50 日均线上方，MACD 指标也运行于 0 轴上方，多方仍占据主导优势，投资者可保留大部分仓位。

9 月 9 日，该股股价向下跌破了 50 日均线，且 50 日均线存在放平的迹象，MACD 指标同步向下跌破了 0 轴，此时投资者宜执行清仓操作。

三、周期线与 MACD 指标组合波段操作

周期线是依据周期理论开发的一种画线工具。该工具将股价走势划分成若干个相等时长的周期，用以观察周期点上股价的变化情况。按照周期理论，股价总是处于上升与下跌的周期循环之中，而且两次启动的时间间隔也大致相等。

阿佩尔在分析了纽约证券综合指数后发现，市场中等规模的周期循环天数大约在 110 天左右。当然，市场环境不同，投资者选择的操作周期不同，循环天数也会有所不同。周期线包括很多种，比如斐波那契周期线、自由周期线、等周期线等。阿佩尔在介绍周期线时，选择的是等周期线，我们这里也以等周期线为例进行讲解。

1. 等周期线绘制

投资者可以利用炒股软件“画线工具”中的“等周期线”功能画出等周期线。

选择等周期线工具后，首先用鼠标确定一个低点（或高点）A，然后再寻找最近一段涨幅或跌幅的高点（或低点）B，这时系统就会自动生成等周期线，如图 7-5 所示。

在画等周期线时，下面两种情况需要注意。

第一，画等周期线时，应该注意波段低点与波段高点之间的时间跨度，如果时间过短，将无法反映出股价的周期运动规律。

图 7-5　等周期线示意图

第二，等周期线画完之后，投资者可以根据股价变化的规律适当地进行调整，使其能够更加准确地预测股价未来的变化趋势。

使用等周期线研判股价运行方向时，可参照以下标准。

第一，股价处于上涨趋势中，每当股价运行到周期线附近时，都有出现回调的可能；每当股价回调，运行到周期线附近时，都有结束回调重新上涨的可能。

第二，股价处于下跌趋势中，每当股价运行到周期线附近时，都有出现反弹的可能；每当股价反弹，运行到周期线附近时，都有结束反弹重新下跌的可能。

2. MACD 指标与等周期线组合判断波段趋势

在实战中，可以通过绘制等周期线，为股价运行趋势绘制大致的变盘时间点，此时若 MACD 指标同步发出买入或卖出信号，无疑可以增加交易信号的有效性。

下面来看一下新华医疗的案例。

图 7-6 为新华医疗的股价在 2019 年下半年到 2020 年上半年的走势情况。投资者可以以 2019 年 11 月 18 日的低点和 2020 年 2 月 6 日的高点为基准绘制

等周期线，系统会自动给出一组等周期线。从图 7-6 中可以看出，2020 年 4 月 20 日和 7 月 7 日都属于等周期线的变盘时间点。

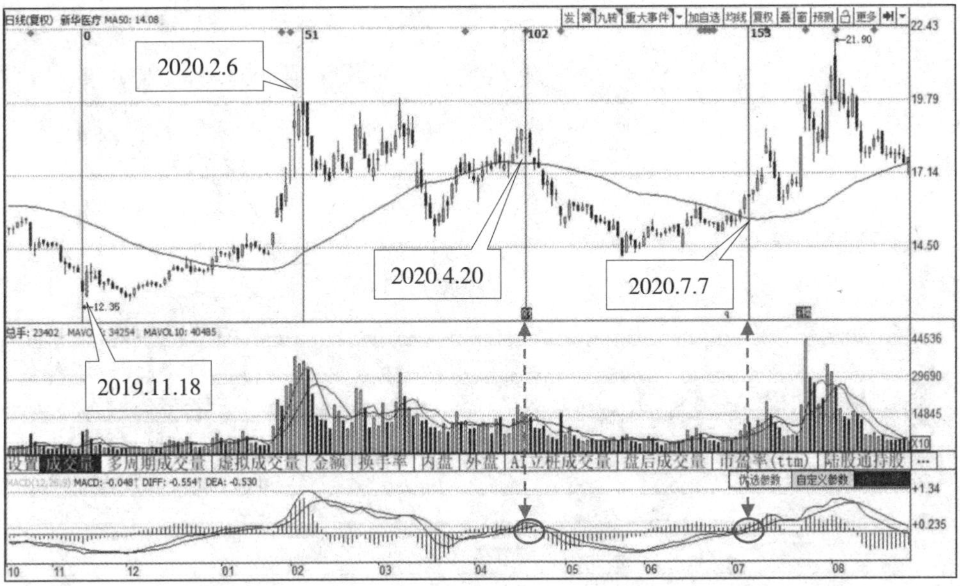

图 7-6　新华医疗（600587）MACD 指标与等周期线组合

下面再来看一下 MACD 指标的走势情况。4 月 20 日，MACD 指标的柱线开始出现“缩头”，并很快在 0 轴附近出现死叉，这属于典型的看空信号。当日 K 线正好处于等周期线的变盘时间点，也就意味着股价下行的概率极高，持股的投资者宜卖出手中的股票。

其后，该股股价经过一段时间的下跌后重新上升。7 月 7 日，MACD 指标自下而上突破 0 轴，这说明市场已经由空方主导变为多方主导，属于典型的看多信号。此时，股价 K 线也正好位于等周期线的变盘时间点位，这就意味着股价上升的概率极高，投资者可积极入场买入股票。

四、MACD 指标黄金通道战法

MACD 指标黄金通道战法，是指通过 MACD 指标中 DIFF 线与 DEA 线的金叉与死叉，构筑成一个上行的通道，当通道开启时，表示股价处于上升趋势；当通道关闭时，则意味着投资者需要离场避险。如图 7-7 所示。

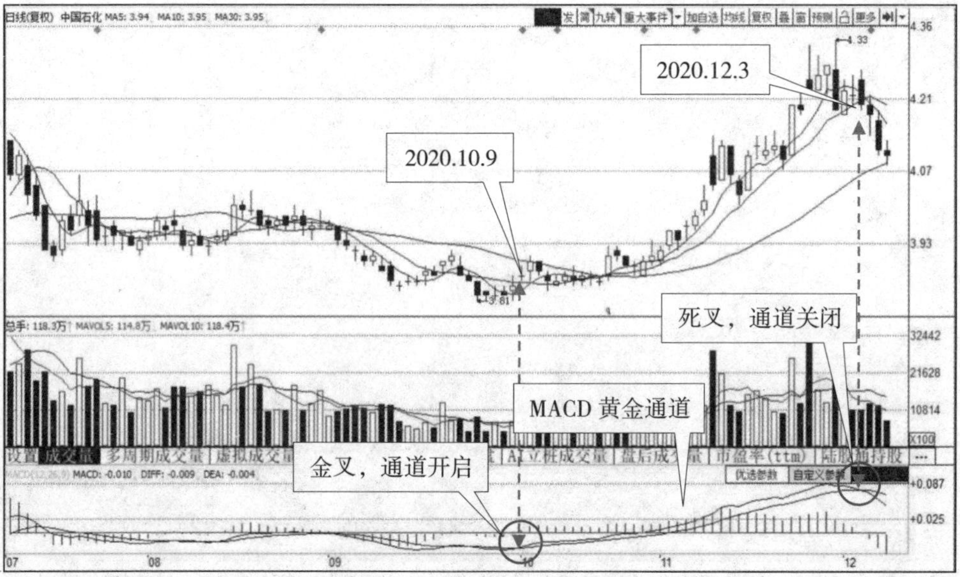

图 7-7　MACD 指标黄金通道形态

如图 7-7 所示，2020 年 10 月 9 日，中国石化的股价 K 线跳空高开，当日以十字线报收。与此同时，DIFF 线向上突破 DEA 线形成了黄金交叉，MACD 柱线依然运行于 0 轴上方，这说明该股股价进入了强势上升通道，投资者可积极入场。

此后，在股价上行过程中，尽管出现多次振荡，但通道始终没有关闭。12 月 3 日，股价连续多日下跌后，再度收出一根中阴线，DIFF 线向上跌破了 DEA 线，MACD 指标黄金通道关闭，投资者可离场或减仓。

结合图 7-7 的案例可以看出，MACD 指标黄金通道战法在操作过程中需要注意以下几点。

第一，随着股价的上行，MACD 指标呈向右上方倾斜态势，这是股价上行的主要特征。

第二，DIFF 线向上突破 DEA 线时，成交量最好能够呈现出放大态势，以确保突破的有效性。投资者此时入场安全性相对较高。

第三，DIFF 线与 DEA 线振荡上行过程中，MACD 柱线一直运行于 0 轴上方，只要 MACD 柱线没有出现绿柱（即运行于 0 轴下方的柱线），投资者就可以继续持股待涨。

第四，DIFF 线跌破 DEA 线（形成死叉）后，意味着 MACD 指标黄金通道关闭，投资者宜立即清空仓位。

下面来看一下歌华有线的案例，如图 7-8 所示。

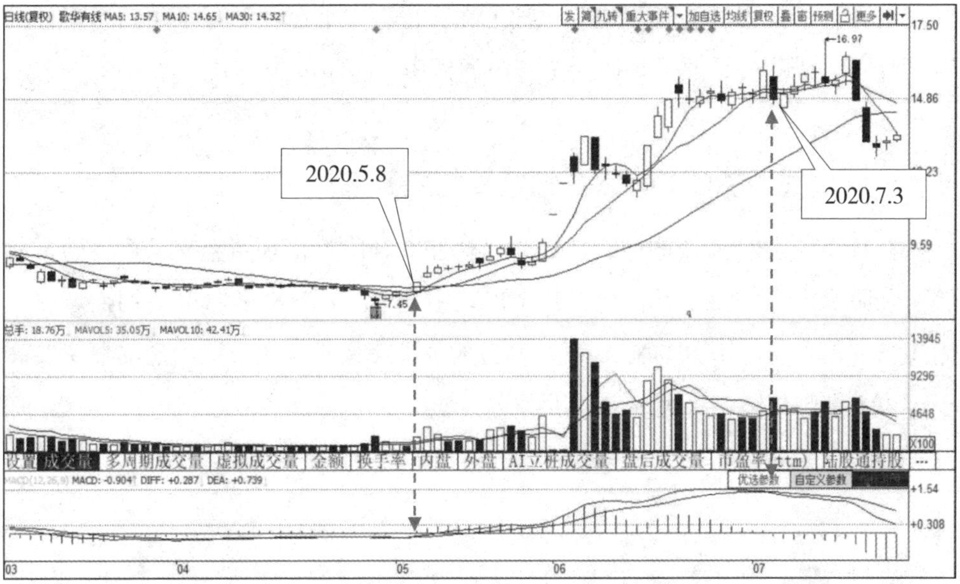

图 7-8　歌华有线（600037）日 K 线走势图

如图 7-8 所示，2020 年 5 月 8 日，歌华有线的股价 K 线放量向上突破多条均线，与此同时，MACD 指标中的 DIFF 线向上突破 DEA 线形成黄金交叉形态，意味着该股的 MACD 指标黄金通道完全打开。

此后，在股价上行过程中，尽管出现多次振荡，但通道始终没有关闭。DIFF 线与 DEA 线同步向右上方倾斜，说明股价处于良性上升通道，投资者可耐心持股待涨。

7 月 3 日，股价在连续多日盘整后，收出一根中阴线，DIFF 线向下跌破了 DEA 线，这意味着 MACD 指标黄金通道正式关闭，投资者可卖出股票。

第二节　MACD 指标擒主升浪

主升浪是最受投资者重视的一种上涨行情。本节试图通过多种技术指标的组合应用，帮助投资者提升捕捉主升浪的概率。

一、周线 MACD 指标 0 轴金叉与主升浪

在日线级别的 K 线图中，MACD 指标在 0 轴附近出现黄金交叉后，通常能够引领股价出现一波上升行情，甚至出现主升浪。不过，若将分析周期调整至周线级别，当 MACD 指标在 0 轴上方出现黄金交叉时，主升浪出现的概率要高于日线级别。如图 7–9 所示。

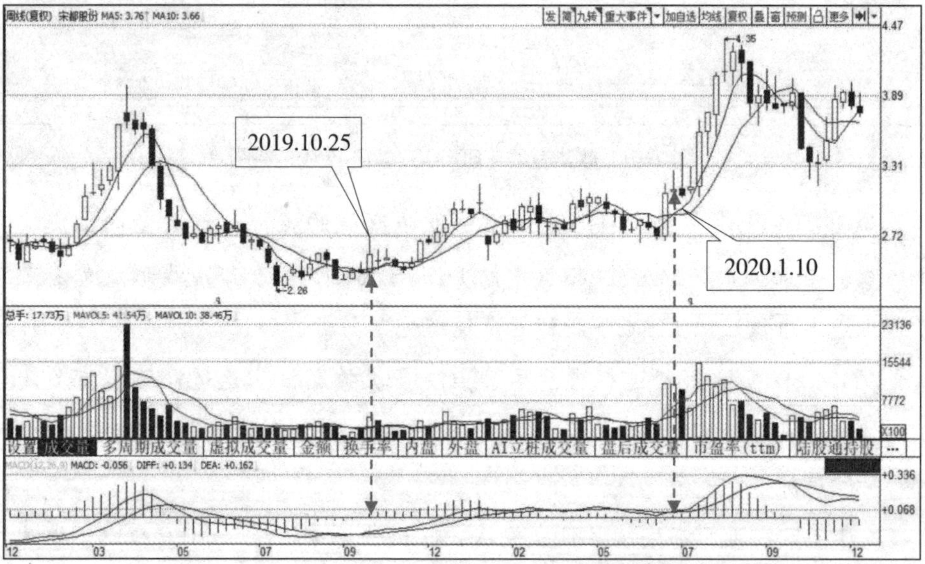

图 7–9　周线 MACD 指标 0 轴上方金叉

如图 7-9 所示，宋都股份的股价经过一段时间的下跌后，周线 MACD 指标运行于 0 轴下方。2019 年 10 月初，宋都股份的股价触底反弹，MACD 指标同步出现低位金叉，并很快向上突破了 0 轴。

2020 年 1 月中旬，MACD 指标与股价同步出现调整走势。当 MACD 指标来到 0 轴附近时，因受 0 轴支撑重新上升，DIFF 线与 DEA 线在 0 轴附近形成了黄金交叉形态。由于该位置的黄金交叉一向属于成色最佳的交叉形态，因而未来股价上升的趋势值得看高一线。

周线 MACD 指标在 0 轴附近形成金叉的具体要求如下。

第一，周线 MACD 指标突破 0 轴前，应该在 0 轴下方运行了较长时间，说明 MACD 指标上升前处于下行趋势。

第二，MACD 指标向上突破 0 轴前，DIFF 线与 DEA 线在低位早已形成了黄金交叉，这往往属于波浪理论中的第一浪，也是不确定性最高的一浪。

第三，随着股价的回落，周线 MACD 指标在 0 轴附近形成黄金交叉。此时，股价回落的低点不应低于 MACD 指标低位金叉前的低点，否则也就不是第三浪了。

第四，MACD 指标在 0 轴附近形成金叉后，股价随之启动，且成交量出现了明显的放大迹象，这是对股价启动的一种确认。

下面来看一下楚天科技的案例。

如图 7-10 所示，楚天科技的股价经过一段时间的下跌后，周线 MACD 指标运行于 0 轴下方。2020 年年初，楚天科技的股价触底反弹。2 月 7 日，该股股价继续上行，MACD 指标同步向上突破了 0 轴。

到了 2020 年 3 月中旬，MACD 指标与股价同步出现调整走势。5 月底，当 MACD 指标来到 0 轴附近时，因受 0 轴支撑重新上升，且 DIFF 线与 DEA 线在 0 轴附近形成了黄金交叉形态，这很可能意味着股价将迎来一波主升浪，投资者可积极入场买入该股。

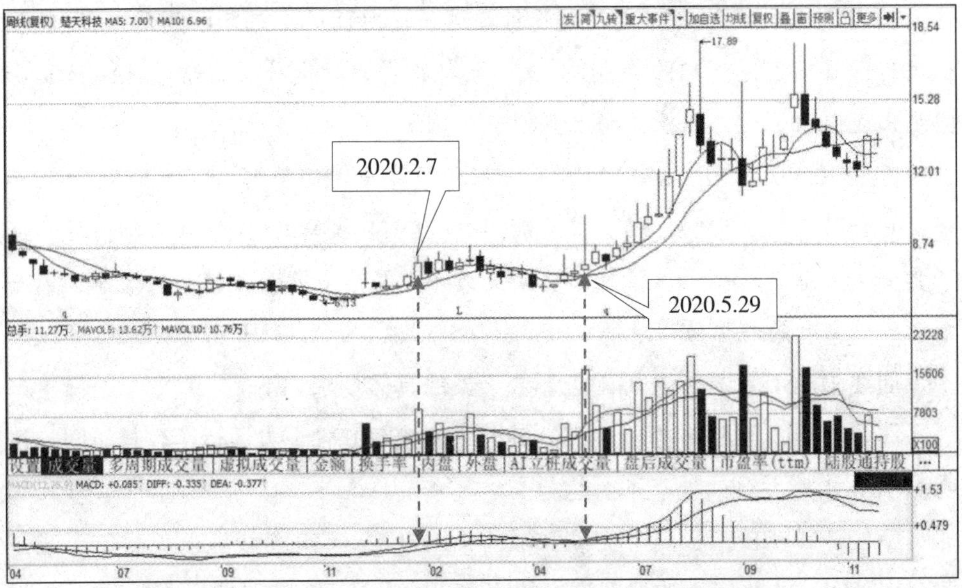

图 7-10　楚天科技（300358）周线 MACD 指标走势图

二、中轨线与 MACD 指标双向确认主升浪

实战中，投资者出于提升指标准确度的考虑，在捕捉主升浪时，还可以在布林线指标的基础上引入 MACD 指标。一般来看，通过 MACD 指标二度金叉与布林线中轨组合分析，可以大大提升捕捉主升浪的准确性。

1. MACD 指标二度金叉形态

通常情况下，当股价自底部反弹时，MACD 指标会出现黄金交叉，此交叉点位于 0 轴下方较远的位置，因而质量不是很高。当股价经过一段时间的上涨后出现回调，MACD 指标出现死叉，其后股价再度回调上扬，MACD 指标很可能会在 0 轴线附近形成二度金叉。此时 MACD 指标形成的黄金交叉的质量要远远高于前一个，未来股价上升的幅度和概率也要远远大于前一个。

如图 7-11 所示，长信科技的股价自 2020 年 4 月初结束下跌走势后，出现了一波振荡上涨行情。该股 MACD 指标在 2020 年 4 月 2 日和 6 月 1 日分别形成了黄金交叉形态。

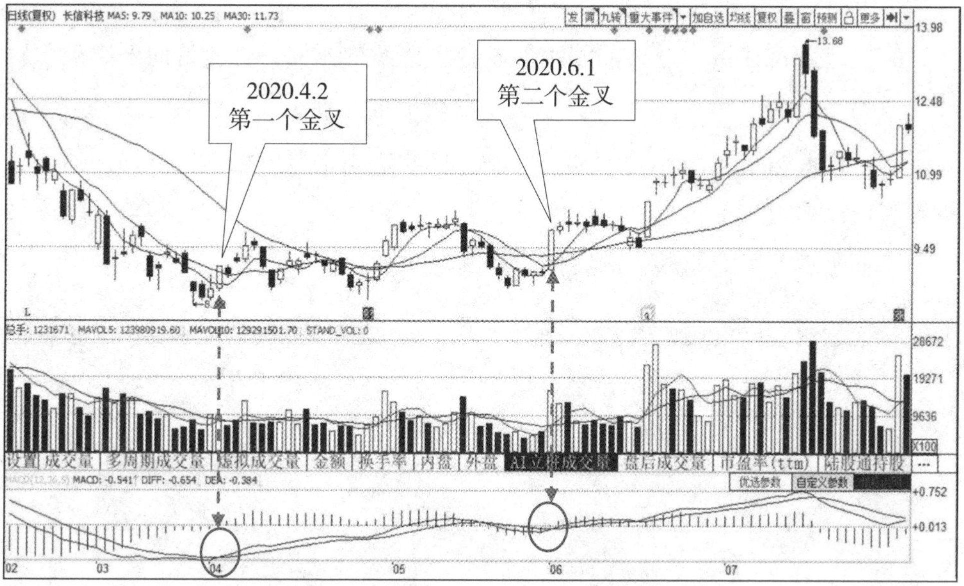

图 7-11 长信科技（300088）日 K 线走势图

4 月 2 日，该股股价自底部反弹，MACD 指标第一次出现黄金交叉，但此交叉点距离 0 轴较远，所以其含金量并不高。其后，该股股价上涨了几个交易日后重新进入横向振荡走势，MACD 指标再次出现死亡交叉。

6 月 1 日，该股股价放量上攻，MACD 指标走出第二个黄金交叉。此交叉点位于 0 轴附近，说明含金量较高。该金叉距离第一个金叉出现的时间不长，也就意味着在短期内该股走出了二度金叉，这属于典型的强烈买入信号。

此后，该股股价走出了一波快速上升走势。

2. MACD 指标二度交叉与布林线指标组合捕捉主升浪

布林线指标发出主升浪启动信号时，若 MACD 指标同步出现二度金叉，则可增强主升浪信号的有效性。

该技巧的操作要点如下。

第一，股价 K 线运行于布林通道内，且二度向上突破中轨线（或遇中轨线支撑）上行，布林通道的喇叭口开始放大。

第二，MACD 指标不久前刚刚形成初次金叉与死叉，当股价向上突破中轨线（或遇中轨线支撑）上行时，MACD 指标出现二度金叉，且该金叉点位于 0 轴附近。这说明 MACD 指标与布林线指标同步发出了股价进入主升浪的信号，投资者可以提前入手建仓该股。

下面来看一下立讯精密的案例，如图 7–12 所示。

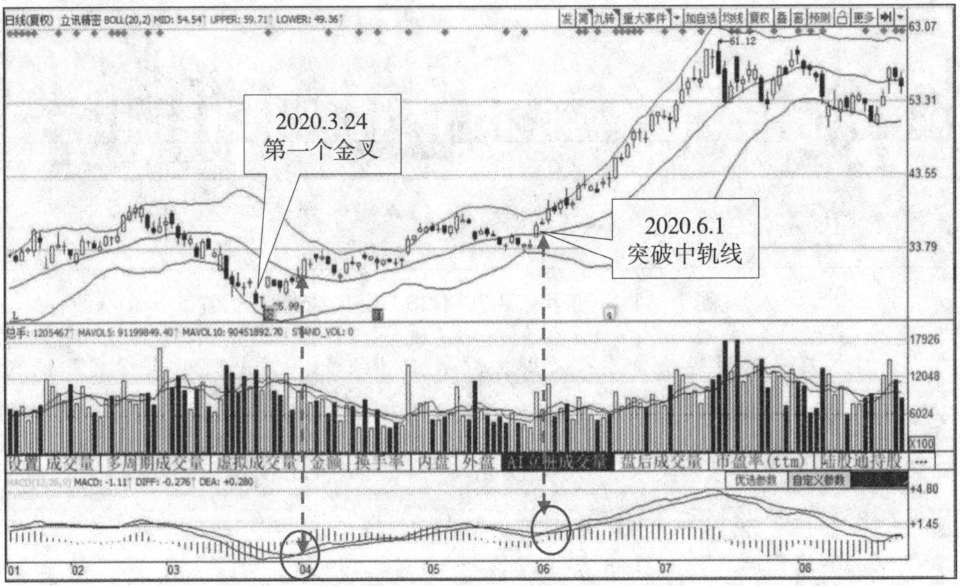

图 7–12　立讯精密（002475）布林线指标走势图

如图 7–12 所示，立讯精密的股价自 2020 年 3 月 24 日触底反弹后开始出现了一波上升走势，该股股价很快突破布林线中轨线。与此同时，MACD 指标同步在底部出现了第一次黄金交叉。不过，该交叉点距离 0 轴线较远，可以看出此时的金叉成色有所不足，未来股价上涨的空间有限。

此后，随着股价的上行，布林通道的喇叭口开始放大，但由于股价上升速度较慢，因而布林通道的喇叭口放大的速度也比较慢。

该股股价触及上轨线后出现回落，布林通道的喇叭口随之出现收缩。到了5月下旬，该股股价回调至布林线下轨附近，给人一种股价无力上攻的感觉，MACD 指标也出现了死亡交叉。

6月1日，该股股价放量上攻，成功突破了布林线中轨，布林通道的喇叭口随之出现了大幅放大。此时，MACD 指标也出现了拐头向上态势，次日（6月2日），MACD 指标在0轴附近位置出现了二度金叉。通过之前的分析可知，MACD 指标此时出现的金叉成色较足，结合之前布林线捕捉主升浪的相关技巧，可以大致预判股价未来进入主升浪的概率很大，投资者可考虑提前入场。

此后，投资者可将 MACD 指标高位死叉看成是减仓信号，并在股价跌破中轨线且中轨线没有拐头向下时执行卖出操作。

三、周均线金叉与 MACD 二度金叉组合抓主升浪

前面曾经介绍过 MACD 指标在短线交易中的应用。若将分析周期调整至周线，则 MACD 指标周线二度金叉更可为投资者捕获主升浪提供重要的支撑。MACD 指标周线二度金叉时，如5周均线向上突破10周均线，则股价很可能进入主升浪。

如图 7-13 所示，维维股份的股价 2020 年年初启动了一波上涨行情，周线 MACD 指标在0轴下方出现黄金交叉形态。此后，该股股价经过一段时间的上升后出现了调整走势。2020 年7月中旬，该股股价重新上攻，5周均线向上突破了10周均线，MACD 指标在0轴附近形成了二度金叉，这属于典型的看涨形态，投资者可积极入场买入股票。

结合图 7-13 的案例，可以看出周线 MACD 指标二度金叉猎取主升浪的操盘要点如下。

第一，周线 MACD 指标在短期内连续出现两次金叉，且第二次交叉时，股价明显要高于第一次交叉。

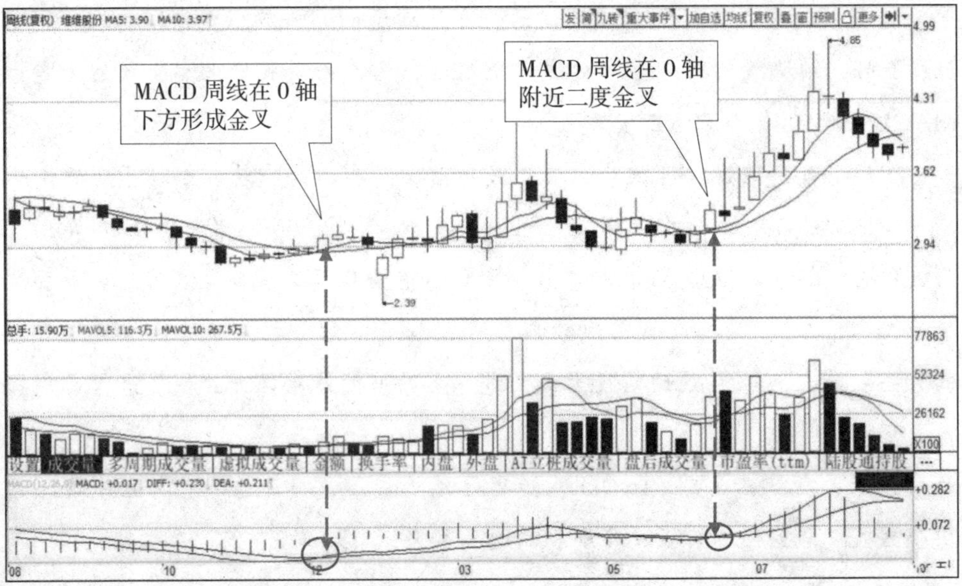

图 7-13 MACD 周线二度金叉抓主升浪

第二，周线 MACD 指标形成二度金叉时，交叉点应该位于 0 轴附近，以 0 轴上方附近位置为最佳。

第三，周线 MACD 指标出现二度金叉时，均线系统中 5 周均线向上突破 10 周均线，则可印证股价主升浪的来临。

下面来看一下扬农化工的案例。

如图 7-14 所示，2019 年 1 月，扬农化工的股价终结了下跌趋势，开始出现振荡盘整走势，MACD 指标自底部反弹向上。

1 月 25 日，MACD 指标中的 DIFF 快线向上穿越 DEA 慢线形成交叉，其交叉点位于 0 轴下方。由于 MACD 指标的金叉距离 0 轴较远，因而其成色欠佳。

11 月 15 日，该股股价周 K 线启动上扬，MACD 指标出现二度金叉，且交叉点位于 0 轴附近位置。在此之前，5 周均线刚刚完成了对 10 周均线的突破，形成了黄金交叉形态。11 月 15 日的股价还要明显高于 1 月 25 日的股价，这说明此时该股股价很可能要启动第三浪走势，投资者可积极入场建仓。

其后，该股股价出现了一波快速上涨走势。

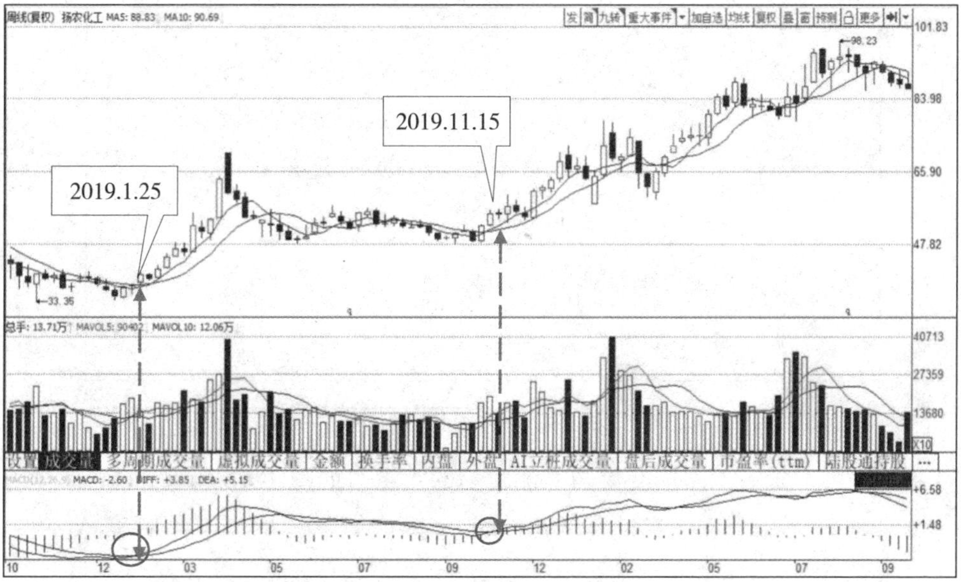

图 7-14　扬农化工（600486）周 K 线走势图

第三节　MACD 指标与左侧、右侧波段交易系统

左侧交易与右侧交易是股市中常见的两种交易模式。左侧交易是指在一个操作周期内，在股价下跌至波谷前买入股票，并在股价上涨至高峰前卖出的一种交易模式。右侧交易是指在一个操作周期内，在股价走出波谷后买入股票，并在股价顶部形成后卖出股票的一种交易模式。

一、左侧交易与右侧交易

按照左侧交易与右侧交易的定义，先来看一下左侧交易与右侧交易的买点，如图 7-15 所示。

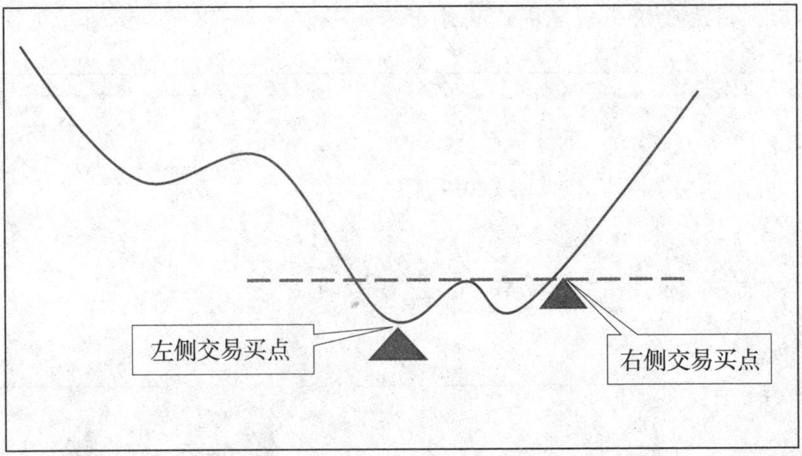

图 7-15 左侧交易与右侧交易的买点

下面再来看一下左侧交易与右侧交易的卖点，如图 7-16 所示。

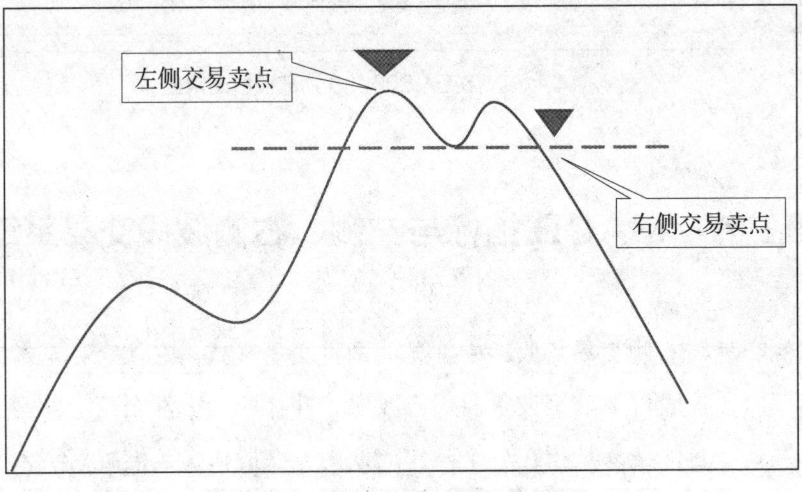

图 7-16 左侧交易与右侧交易的卖点

从图 7-15 和图 7-16 中可以看出以下几点。

第一，从表面上来看，左侧交易的买点与卖点均较右侧交易提前，而且从图中的表现来看，左侧交易似乎更容易使收益最大化。

第二，从实际应用角度来看，左侧交易的应用难度明显大于右侧交易，因为谁也无法保证买入点位就是最低点，卖出点位就是最高点。在实际交易过程中，在一个低点买入股票后，后面可能还有更低的低点；在一个高点卖出股票后，后面可能还会有一个更高的高点。右侧交易相对更为科学一点，毕竟买入点位已经是股价上升趋势确立的时刻，卖出点位也是股价下行趋势得以确立的时刻。尽管我们仍然不能保证买入后股价一定会上涨，卖出后股价一定会下跌，但至少从概率上来讲，右侧交易肯定要比左侧交易更为安全。

不过，现实交易中，左侧交易与右侧交易的拥护者都不在少数，这是由其背后的设计原理所决定的。

1. 左侧交易

从表面上来看，左侧交易试图精准地寻找股价的低点，并提前入场、离场。但是，在交易过程中，没有人能够准确地预判股价的最低点或最高点。左侧交易的本质其实就是价值投资理论，即通过对股价内在价值的分析，为股票进行合理估值，然后将当前的股价与估值进行对比。

股价处于下行趋势时，当股价低于其估值时，投资者自然认为此时的股票就是值得投资的标的，因而，当股价创出阶段新低时，投资者往往就会入场建仓。毕竟，从价值投资的角度考虑，股价低于内在价值的时候就是值得投资的标的，因此，短期内无论股价上涨还是下跌，这些投资者也不会离场。只有当股价上涨到一定幅度后，股价已经超过其内在估值了，投资者才会择一高点将其抛售，至于未来股价是否还会创出新的高点，已经不重要了。

2. 右侧交易

相对而言，右侧交易是一种更为安全、合理的交易策略。对于投资新手来说，右侧交易更是能为投资者保命的一种交易策略。通常情况下，只有股价的运行趋势发生了某种扭转或转向，才能认为股票出现了最佳买入时机，比如，股价突破下降趋势线或者突破某一重要均线位等。目前，绝大多数股票技术分析指标给出的交易信号，都是基于右侧交易策略设计的。

比如，前面介绍 MACD 指标时曾强调过，只有 0 轴上方附近的金叉，才是质量最佳的买入信号，该位置的金叉就是从右侧交易策略角度确认的一个比较可靠的买点。

二、利用 MACD 指标构建左侧交易系统

前面说过，左侧交易系统主要是基于价值投资理论设计的，但是在实战中，仍然可以借助 MACD 指标完善整个交易系统，以达到盈利最大化的目标。

1. 主要设计思路

股价低于内在估值后，投资者可根据 MACD 指标发出的背离信号设定入场时机。这里有一个基本的概念需要澄清：基于左侧交易策略的股票，一定是股价低于其内在价值（及估值）的，而不是股价先前下跌了多少。举个简单的例子，比如，某只股票的估值是 10 元，先前的价格已经上涨至 30 元了，那么，此时即使股价下跌了 50%，达到了 15 元，投资者也不应该寻找入场时机，只有当股价低于 10 元，才能找寻合适的入场机会。

2. 买入点位的选择

通常来说，股价触底反弹肯定会有一个过程。很多股票在下跌过程中，都经历了股价与 MACD 指标背离的过程，只是背离持续的时间有所不同。基于左侧交易策略的入场点，可以建立在 MACD 指标底背离的基础之上，即当 MACD 指标与股价产生背离后，股价不再创新低，即 MACD 柱线开始“抽脚”时，投资者就可以第一次入场建仓了。

3. 仓位的控制

相对而言，左侧交易的风险极高，初次建仓的仓位应该控制在 30% 以下。

4. 加仓控制

（1）加仓条件。

投资者建仓后，若股价启动上涨，MACD 柱线回归到 0 轴上方，可考虑第一次加仓买入。DIFF 快线自下而上穿越 0 轴时，可考虑第二次加仓买入。

（2）加仓仓位。

第一次加仓仓位控制在 20% 以下（计划投入资金量的 20%）；

第二次加仓仓位控制在 20% 以下（计划投入资金量的 20%）；

剩余资金留作备用，除非遇到特别好的机会，否则不再加仓。

5. 卖出条件

通常情况下，左侧交易策略的卖出条件包括两类：其一，当股价超过内在价值（20% 以上），投资者就可以在高位择机出货了。其二，MACD 指标进入高位，与股价形成了顶背离形态，投资者就要考虑离场的时机了。

（1）MACD 柱线在 0 轴上方呈红色，经过一段时间的拉伸后，出现明显的“缩头”形态（连续三根红柱依次变短），说明多方力量减弱，股价即将结束上涨。此时，左侧交易的投资者可卖出持有股票的 50%。

（2）DIFF 快线自上而下与 DEA 慢线形成高位死叉，投资者可清空所持有的股票。

6. 止损条件

左侧交易的止损设置相对比较困难，一般来说，止损方法包括两类：其一，固定比例止损，即入场后，股价持续下跌超过一定幅度，如 10% 或 15%，则需要进行止损操作。其二，除非股票的估值系统需要调整，否则，只要股价低于内在价值，投资者就坚定持有不止损，这也是很多左侧交易者坚持的方法。当然，这对投资者的选股能力有很高的要求。

下面来看一下泸州老窖的案例。

泸州老窖是中国白酒市场最具影响力的品牌之一，属于白酒板块中第一阵营的代表。近年来，企业业绩保持了强劲增长，预计 2020 年的每股收益可能达到 4 元左右。按照白酒行业 25 倍的市盈率预估，企业股票的合理估值可能在 100 元左右。当然，投资者使用不同的估值方法，得出的数据也会有所不同，这里所做的估值只是为了说明左侧交易策略，而非真实、明确的企业估值。

2020 年上半年，泸州老窖的股价 K 线走势情况如图 7–17 所示。

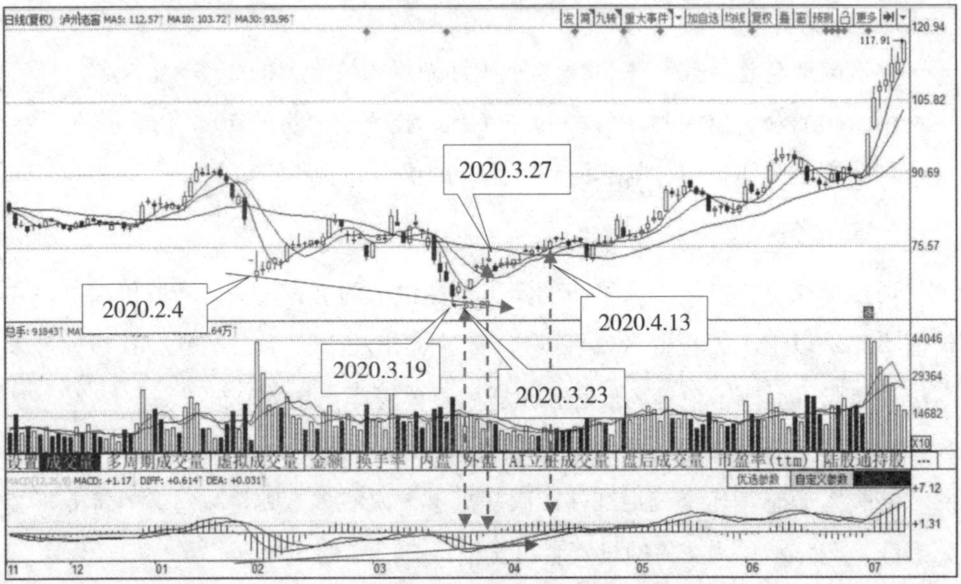

图 7–17　泸州老窖（000568）日 K 线走势图

如图 7–17 所示，泸州老窖的股价进入 2020 年后出现了一波下跌走势。投资者通过对该股估值，可以大致确认该股在 2020 年的合理价格应该在 100 元左右。2 月初，该股股价已经跌至 70 元左右的价格。对于价值投资者或者左侧交易者来说，这已经是一个比较有吸引力的价位了。不过，鉴于疫情的影响还在扩大，市场走势的不确定性极高，激进型投资者可在 MACD 柱线出现“抽脚”形态时少量入场，也可以继续保持观望。

此后，该股股价再度进入下行趋势，并在 3 月 19 日创下阶段新低。与此同时，MACD 指标并未创出新低，即 MACD 指标与股价形成了底背离形态。

3 月 23 日，随着股价的反弹，MACD 柱线出现“抽脚”形态，左侧交易者可在此时尝试进行第一次建仓或加仓。由于 MACD 指标与股价已经形成了底背离，未来股价即使出现下跌，跌幅可能也会非常有限，不过投资者也要控制好仓位，一般不应超过总建仓量的 30%。

3 月 27 日，MACD 指标出现低位金叉，投资者可以尝试加仓，并在 4 月 13 日 MACD 指标向上突破 0 轴时再度加仓。

鉴于左侧交易风险巨大，投资者在基本的建仓与加仓之后，至少还要保留30% 的资金量。

下面再来看一下泸州老窖其后的股价走势情况，如图 7–18 所示。

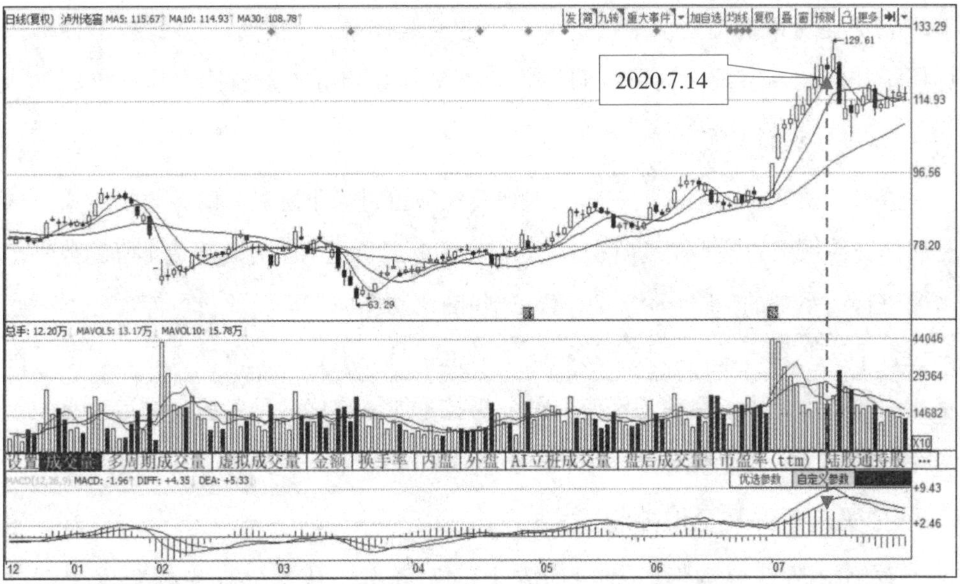

图 7–18　泸州老窖（000568）日 K 线走势图

如图 7–18 所示，泸州老窖的股价经过一段时间的振荡上升后，在 2020 年 7 月已经超过了 120 元的价格。也就是说，当时股价已经超过了预估价格的 20%，此时，左侧交易者可以寻机卖出股票了。

2020 年 7 月 14 日，该股股价出现了高位回调，MACD 柱线出现“缩头”形态，投资者可考虑减仓或清仓操作。其后，MACD 指标出现了高位死叉，投资者宜立即执行清仓操作。

总体上来说，左侧交易需要建立在对股票内在价值准确评估的基础之上，否则投资者很难找准入场时机。与此同时，左侧交易虽然可能将股价卖在最高点，但也可能会错过其后的涨幅。比如图 7–18 中，泸州老窖的股价后来一度上涨至 200 元左右，但是采取左侧交易的策略，就会很容易错过后来较高的涨幅。

这也是大多数投资研究者并不建议投资新手建立基于左侧交易的交易系统

的原因，毕竟风险很大，还可能会错过利润最为丰厚的阶段。

三、利用 MACD 指标构建右侧交易系统

右侧交易系统是目前应用最为广泛的交易体系，也是绝大多数技术分析指标所依托的交易系统。这里我们尝试借助 MACD 指标构建右侧交易系统。

1. 主要设计思路

在股价进入上升趋势时，买入股票；在股价进入下降趋势时，卖出股票，这是右侧交易系统的核心精髓所在。不过，在判断股价进入上升趋势或下降趋势时，需要进行一系列的信号确认。当然，这些确认动作完成后，股价可能已经不在底部位置了。换句话说，右侧交易系统本身也不是寻求在最低价格买入、在最高价格卖出的技术，毕竟目前还没有哪种分析技术能够准确地预判股价的启动点位，只要做到在保证投资安全的前提下，在相对低位买入、在相对高位卖出即可。

2. 买入条件及仓位控制

右侧交易系统需要寻找更为安全的入场点，从 MACD 指标角度来看，MACD 柱线低位“抽脚”或 MACD 指标低位金叉都不足以构成入场条件。一些带有多空力量对比发生逆转的条件，才能作为投资者入场的条件。

（1）股价处于上涨途中。MACD 指标自下而上突破 0 轴，可以作为投资者的第一个入场点位，但必须将仓位控制在 30% 以下。

（2）更加保守的投资者可以等待 MACD 指标在 0 轴上方附近位置出现黄金交叉时，再大胆入场，同时将仓位控制在 30% 左右。

3. 加仓条件及仓位控制

只有股价运行趋势与投资者的判断一致时，才能进行相应的加仓操作。

（1）加仓条件。

投资者建仓后，若股价持续上涨，DIFF 快线出现回调遇 DEA 慢线支撑再度上涨，可考虑加仓买入。

若 DIFF 快线与 DEA 慢线在高位出现二次黄金交叉，可考虑第二次加仓买入。

（2）加仓仓位。

第一次加仓仓位控制在 20% 以下（计划投入资金量的 20%）；

第二次加仓仓位控制在 20% 以下（计划投入资金量的 20%）。

4. 卖出条件

（1）DIFF 快线自上而下与 DEA 慢线形成高位死叉，可卖出大部分持仓股票（具体比例应根据股价上涨幅度决定，上涨幅度越大，卖出比例越大）。

（2）DIFF 快线自上而下穿越 0 轴，则应清空该股。

5. 止损条件

DIFF 快线自上而下跌破 0 轴，则坚决止损。

下面来看一下珈伟新能的走势图。

如图 7-19 所示，珈伟新能的股价在 2020 年 6 月到 11 月期间经历了一波振荡上涨行情。2020 年 7 月 2 日，该股股价放量上攻，DIFF 快线与 DEA 慢线同步向上突破 0 轴，这意味着市场将转入多头主导行情，投资者可考虑入场建仓。

其后，该股股价经过一波振荡后出现回落走势，DIFF 线和 DEA 线回落至 0 轴附近时，因受 0 轴支撑重新上攻，并于 8 月 17 日在 0 轴上方附近位置形成了黄金交叉。由于此位置的金叉含金量较高，投资者可考虑进行加仓。

9 月 23 日，该股已经连续几个交易日下跌，DIFF 快线与 DEA 慢线形成高位死叉，但 MACD 指标仍运行于 0 轴上方，投资者此时可进行一次减仓。

10 月 9 日，该股股价重新上攻，MACD 指标在 0 轴上方再度形成黄金交叉，投资者可执行第二次加仓计划。

10 月 23 日，该股股价收出一根中阴线，MACD 指标形成了高位死叉，投资者可进行第一次减仓操作。其后，该股股价持续振荡下跌，投资者可在 11 月 16 日 MACD 指标跌破 0 轴位置时执行清仓操作。

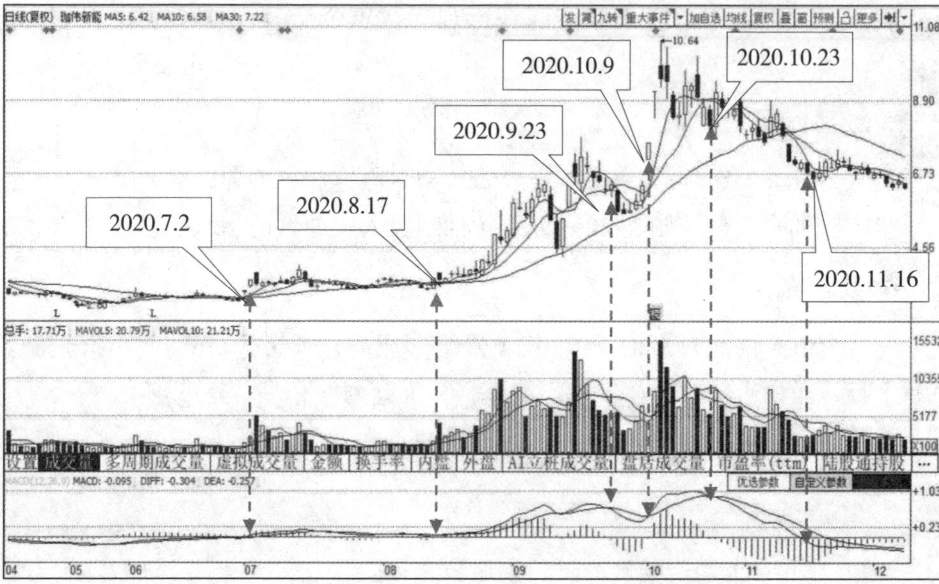

图 7-19 珈伟新能（300317）日 K 线走势图

通过左侧交易系统与右侧交易系统的对比，可以发现这样几个问题。

第一，右侧交易相比左侧交易具有明显的滞后性，这种方法可能会错过股价上涨的第一波浪潮，也可能会让股价下跌蚕食一定的收益，但优势也是比较明显的，即相对安全，投资者可以避免让自己的本金面临较大的风险。保证资金安全，这在投资领域是一个非常关键的问题，即任何时候都不能为了收益最大化而将本金置于高风险的环境当中。

第二，右侧交易系统，从本质上来说就是在判断股价运行趋势成立后再采取相应的交易行动。投资者可通过多种技术指标或分析技术，努力提前觉察或判断股价运行趋势的变化。不过，这里有一点需要提醒投资者，这种趋势变化应该是基于股价运行趋势事实上已经发生的转变，而非投资者自己感觉的趋势变化。

第三，合理的仓位调整计划，也是投资者盈利的保证。根据 MACD 指标的运行态势，适时地加仓与减仓，也可以帮助投资者实现盈利最大化的目标。